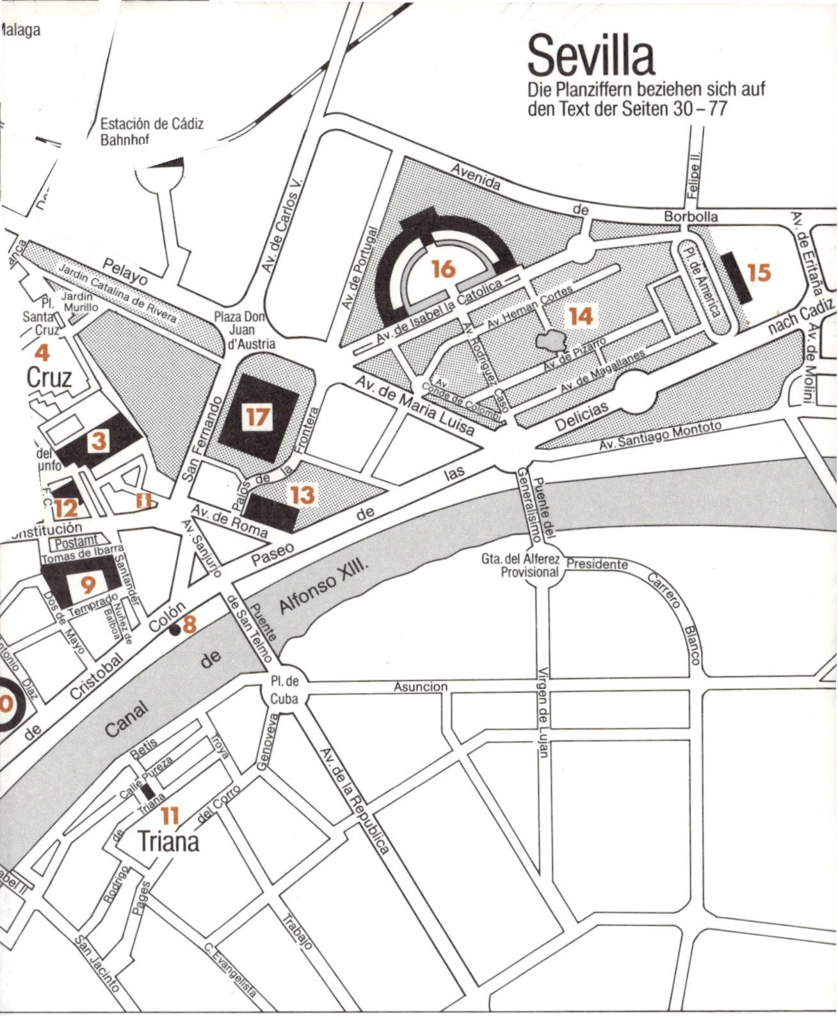

Málaga

Estación de Cádiz
Bahnhof

Sevilla

Die Planziffern beziehen sich auf
den Text der Seiten 30–77

Avenida

Borbolla

Pelayo

Av. de Carlos V.

Av. de Portugal

Jardín Catalina de Rivera

Jardín Murillo

Pl. Santa Cruz

4
Cruz

Plaza Don Juan d'Austria

16

Av. de Isabel la Católica

Av. Hernán Cortés

Av. de Pizarro

14

Pl. de América

15

nach Cádiz

Av. de Eritaña

Av. de Molini

Av. Conde de Colombi

Rodrigo

3

del unfo

San Fernando

17

Av. de María Luisa

Av. de Magallanes

Delicias

12

onstitución

Postamt
Tomas de Ibarra

13

Av. de Roma

las

Av. Santiago Montoto

Palos de la Frontera

Paseo

de

9

Dos de Mayo

Núñez de Balboa

Temprado

Santander

Colón

8

Av. de San Telmo

Puente del
Generalísimo

Gta. del Alférez
Provisional

Presidente

Carrero

Blanco

0

de

Cristóbal

Canal

de

Alfonso XIII.

Pl. de
Cuba

Asunción

Virgen de Luján

Batis

Calle Pureza

Troya

Genovesa

11
Triana

del Corro

Av. de la República

San Jacinto

Rodrigo

Pagés

C. Evangelista

Trabajo

13	Palast San Telmo
14	María Luisa Park
15	Archäologisches Museum
16	Plaza de España
17	ehem. Tabakfabrik (Universität)
18	Rathaus
19	San Salvador
20	San Ignacio
21	Alameda-Park
22	San Lorenzo
23	Santa Clara
24	San Clemente

ℹ Information
P Parkplatz

W0235628

Artemis-Cicerone · Kunst- und Reiseführer

Artemis Verlag Zürich und München

ANDALUSIEN

Von Gustav Faber

Artemis Verlag Zürich und München

Mit 88 Abbildungen, 23 Plänen und Zeichnungen.
Die Pläne auf dem vorderen und hinteren Vorsatz sowie die Stadtpläne auf
den Seiten 56, 108, 140, 155, 200, 208, 221 und 229 wurden von Achim Norweg,
München, die Zeichnungen im Text, wenn nicht anders vermerkt, von Fritz
Urich, München, gezeichnet.

Umschlagfoto: Der Löwenhof in der Alhambra von Granada (Nr. 23)

CIP-Kurztitelaufnahme der Deutschen Bibliothek

Faber, Gustav:
Andalusien / von Gustav Faber.
Zürich ; München : Artemis-Verlag, 1985.
  (Artemis-Cicerone)
  ISBN 3-7608-0786-0

© 1985 Artemis Verlag Zürich und München
Verlagsort München.
Gesamtherstellung: Friedrich Pustet, Regensburg
Printed in Germany

INHALTSVERZEICHNIS

A. HISTORISCHER ÜBERBLICK

Der geschichtliche Schauplatz Andalusien ist vom übrigen Spanien durch die Sierra Morena klar abgegrenzt und bildet heute eine eigene Region, in der sich autonomistische Bestrebungen regen, jedoch geringer als bei Basken und Katalanen mit ihrer sprachlichen Sonderstellung. Die südlichste Region ist in acht Provinzen eingeteilt, die nach deren Hauptstädten benannt sind: *Sevilla, Córdoba, Huelva, Cádiz, Jaén, Granada, Málaga, Almería.*

Vor- und Frühgeschichte

Die vorgeschichtliche *Megalithkultur*, die in großen Teilen Europas und der Mittelmeerwelt Spuren hinterlassen hat (Südengland, Irland, Bretagne, Sardinien, Malta), ist auch auf dem Boden Andalusiens nachzuweisen, wo Höhlen- und Ganggräber ebenso anzutreffen sind wie Felszeichnungen. Unter den Höhlen am bekanntesten sind die Cueva de Menga bei Antequera (Málaga), die Cueva de Zancarrón de Soto (Huelva) und die Cueva de los Muciélagos bei Zuheros (Córdoba). Zeichnungen, meist Tierbilder, fanden sich in den Höhlen von Pileta und Nerja (beide in der Provinz Málaga) sowie auf einem Dolmen bei Trigueros (Huelva). Pileta weist mehr Felsbilder auf als alle anderen spanischen Fundstätten, einschließlich des berühmten Altamira bei Santander. In der Höhle von Nerja haben sich Reste eingelagerten Korns erhalten, das Prof. M. Pellicer mit der Methode Elektrokarbon 14 auf ihr Alter untersuchte. Das Ergebnis entsprach etwa dem Zeitraum 3800 v. Chr.

Die frühesten geschichtlich bezeugten Bewohner von Spaniens Süden sind die *Iberer*, die nachher der ganzen Halbinsel den Namen gegeben haben. Der antike Geograph Strabo spricht speziell vom Stamm der *Turdetanos*. Sie lebten bei den ›Säulen des Herkules‹, worunter man Gibraltar und die Anhöhe Abyla bei Ceuta, jenseits der Meeresstraße, verstand. Hierhin plazierte man auch das sagenhafte *Reich von Tartessos*, von dem antike Autoren aus Judäa, Assur und Hellas berichten. Dessen Reichtum beruhte auf den Vorkommen von Kupfer und Zinn am Río Tinto, so daß die Bronzeindustrie blühte, unverzichtbar für die Herstellung von Waffen. Auch traten die Goldfunde von Ilipa (Sevilla) und die Silberbergwerke von Almería hinzu. Dies erweckte das damalige Weltinteresse.

Vor allem waren es die *Phönizier*, die von Tyros aus auf die Bühne des heutigen Andalusien traten. Sie gründeten als Stützpunkt die älteste spanische Stadt, *Cadir*, das *Gades* der Römer, das heutige *Cádiz*. Dort errichteten sie einen Tempel für ihren Gott Melkart, der dem

Herakles der Griechen entsprach. Die Tartessianer waren sich des Wertes ihrer Metalle auf dem damaligen ›Weltmarkt‹ ebensowenig bewußt wie die Indios Amerikas des Wertes von Gold, das sie gegen Flitter hergaben. Die phönizischen Kaufleute erhandelten die tartessischen Mineralprodukte ebenfalls gegen Tauschobjekte von nur geringem Wert und machten demnach ein gutes Geschäft.

Ins helle Licht der Geschichte gelangte Südspanien und damit das Gebiet Andalusiens mit dem Auftreten der *Karthager*. Karthago war eine Pflanzstadt der Phönizier in Nordwestafrika, die sich verselbständigte und die größte See- und Handelsmacht im westlichen Mittelmeerraum bildete. Auf Sizilien kollidierten die Karthager mit den Römern, der aufstrebenden Landmacht. Es kam 264 v.Chr. zum Ersten Punischen Krieg (Punier = Phönizier), in dessen Verlauf Karthago die Insel verlor. Die Karthager entschädigten sich danach durch die Landnahme des südlichen Spanien. *Hamilkar*, der punische Anführer, zog mit seiner Armee an der Maghrebküste entlang bis zu jenem Punkt, wo Afrika am nächsten an Europa stößt. Dort konnte er seine Truppen per Transportschiffen leicht nach Spanien bringen, worauf er in Cadir-Cádiz, der Phöniziergründung, sein Hauptquartier errichtete. Neun Jahre, bis zu seinem 228 erfolgten Tod, verbrachte Hamilkar im Zeltlager auf iberischem Boden, und das war auch die Umwelt, in der *Hannibal*, sein Sohn und späterer Nachfolger im Kommando, aufwuchs. Bewundernd sah der junge Hannibal zu, wie sein Vater das Hoheitsgebiet Karthagos immer weiter im südlichen Spanien ausdehnte, teils durch Unterwerfung, teils durch Überredung der Stämme, zwar offiziell als Karthagos Feldherr, doch in Wirklichkeit nahezu als Condottiere auf eigene Faust und zur Festigung seiner Sippe, des Hauses der Barkiden. An der mittelmeerischen Küste stieß man nordwärts bis Lucentum vor, nahe Alicante. Hannibal setzte in der Nachfolge die Politik seines Vaters fort, Südspanien fest in den Machtbereich Karthagos zu integrieren.

Es konnte nicht ausbleiben, daß auch hier die Interessensphären von Römern und Puniern aufeinanderstießen. So kam es zum Zweiten Punischen Krieg, der sich 218 im Streit um die Stadt Sagunt (nördlich von Valencia) entzündete. Hannibal zog mit seinen Elefanten über die Alpen und schlug die Römer in mehreren Schlachten (Trebbia, Trasimene, Cannae). Zur Wende des Krieges zugunsten Roms trug danach entscheidend bei, daß Hannibals tüchtiger und umsichtiger Gegenspieler *Scipio* sich in die karthagische Etappe auf spanischem Boden begab und diese nach und nach römisch machte, wodurch Hannibal seiner wichtigsten Subsidien beraubt war. Das maßgebliche Treffen fand bei Ilipa statt, dem heutigen Alcalá del Río in der Provinz Sevilla. Die Karthager, unter Führung der beiden Feldherren Mago und Hasdrubal Gisko, verfügten über 70 000 Mann Fußvolk,

4000 Reiter und 32 Elefanten. Scipio hatte nur halb soviele Truppen, Römer und iberische Bundesgenossen. Doch durch seine trickreiche Taktik trug er den Sieg davon. Nachdem der gleiche Scipio im Jahre 202 in der Schlacht von Zama auf damals karthagischem, heute tunesischem Boden auch Hannibal besiegt hatte, war Rom Herr der Lage. Die Iberische Halbinsel gehörte nun der neuen Großmacht.

Römer und Westgoten

Die allmähliche Romanisierung Spaniens begann damit, daß *Scipio* seine Veteranen in *Hispalis-Sevilla* und im neubegründeten nahen *Itálica* ansiedelte. Hochbegabt in Sachen der Verwaltung und der staatlichen Ordnung, teilten die Römer im Verlauf ihrer Herrschaft die Halbinsel in Provinzen ein, und zwar so klug, daß ›Gebietsreformen‹ auch in den fortschreitenden Jahrzehnten und Jahrhunderten kaum notwendig wurden. Im Osten und Norden entstand die Provincia *Tarraconensis* mit der Hauptstadt Tarraco, dem heutigen Tarragona, im Westen die Provincia *Lusitania*, an deren Spitze die Stadt Emerita Augusta, das Mérida von heute, eine große Bedeutung erlangte. Die dritte Provinz, *Baetica*, nach dem Fluß Baetis (Guadalquivir) benannt, umfaßte ungefähr den Raum des Andalusien unserer Tage. Hauptstadt wurde Hispalis, doch es hat den Anschein, daß das politische Zentrum in Itálica lag, während Hispalis-Sevilla handelspolitisch führte. Wie im übrigen Spanien bekunden auch in Andalusien reiche Funde, vor allem steinerne Relikte, die römische Ära, wobei man annehmen darf, daß die Grundbevölkerung iberisch blieb, während Rom die hohen Militärs und Verwaltungsbeamten an den Fluvius Baetis schickte.

Bildeten die Cives Romani auch die Oberschicht, so konnten mit der Zeit auch Hispanier zu höheren Rängen aufsteigen. Nach Auffassung des spanischen Historikers Antonio Blanco Freijeiro waren die berühmten Familien der *Ulpier, Aelier, Caelier* und *Acilier* urspanisch, während nur die *Fabier* einwandfrei auf ihre römisch-italische Herkunft pochen konnten. Die Ulpier und Aelier, seit langem in Itálica ansässig, stellten Rom zwei Kaiser, *Marcus Ulpius Trajanus* und *Publius Aelius Hadrianus*, die zu den besten Imperatoren der kaiserlichen Jahrhunderte zählten. Auch *Theodosius*, der im 4. Jh. das Christentum zur Staatsreligion erhob, stammte aus Itálica. Der stoische Philosoph *Seneca*, Erzieher, Premierminister und zuletzt Opfer des Kaisers Nero, war Cordobese. Daß Spanier Senatoren wurden, war dem flavischen Kaiser *Vespasian* zu danken, der Trajans Vater, diesen selber und den Vater Hadrians protegierte. Eine politische Aufwertung erlebten die Ibero-Römer insgesamt, als Caracalla das Bürgerrecht auf die Bewohner des ganzen Imperiums ausweitete.

Während der Kaiserzeit erfreute sich auch die Baetica, das römische Andalusien, der ›Pax Romana‹, des augusteischen Friedens, und das während 500 Jahren. Der römische Ordo schuf ein straffes staatliches Gefüge. Latein wurde offizielle Sprache. Eine rege Bautätigkeit hielt an, deren Zeugnisse heute noch wahrzunehmen sind: Magistratsbauten, Tempel, Amphitheater, Theater, Thermen, Leuchttürme, Brücken, Aquädukte. Noch bevor das Römische Weltreich unter dem Ansturm germanischer Wandervölker aus den Fugen geriet, fand die Botschaft des Christentums auch Eingang in die Baetica.

In den Wirren der Völkerwanderung betraten zuerst die ostgermanischen *Vandalen* andalusischen Boden. Sie sollen dem Gebiet den Namen gegeben haben: ›Al-Andalus‹ = ›Land der (V)andalen‹. Nachdem sie unter ihrem Heerkönig Geiserich nach Afrika weitergezogen waren, folgten die westgermanischen *Sueben* (= Schwaben) und ihnen wiederum die ostgermanischen *Westgoten*, die dann 300 Jahre im Land blieben, mit dem Schwerpunkt Andalusien; denn Sevilla wurde ihre erste Hauptstadt, ehe sie die Königsresidenz nach Toledo verlegten. Mit Hispano-Römern, also Lateinern, vermischten sie sich anfangs nicht. Doch nicht Rassenbewußtsein spielte dabei eine Rolle, sondern ihr anderes Verständnis des Christentums. Sie waren, wie die meisten germanischen Stämme, *Arianer*, d. h. sie glaubten an die Gottähnlichkeit Christi (homoiousios), während für die Lateiner (nach *Athanasius*) das Dogma der Gottgleichheit (homoousios) galt. Der Westgotenkönig Alarich II. erließ ein Gesetz, das ›Brevario de Alarico‹ von 506, das Mischehen verbot.

Die Westgoten verfügten über keinen Historiographen, der ihre Geschichte, ihre Heldentaten und ihren Untergang aus ihrer eigenen Sicht aufgeschrieben hätte. Ihre Annalen sind dürftig und beschränken sich auf den spröden Bericht dynastischer Streitigkeiten, einschließlich des Meuchelmords. Kaum einer der Westgotenkönige starb eines natürlichen Todes. Der von ihnen berichtet hat, von diesen etwas farblosen Monarchen mit germanischen Namen, Witerich, Gundemar und vielen anderen, war kein Gote, sondern ein Hispano-Romane, *Isidor* (= ›Geschenk der Isis‹), Kirchenlehrer und Erzbischof von Sevilla. Er wurde später heiliggesprochen, und nach ihm heißen in Andalusien zahlreiche Kirchen. Ebenso ist San Hermengildo, ein gotischer Märtyrer, zwischen Huelva und Almería ein populärer Heiliger.

Hermengildo, Thronerbe und Statthalter der Provinz Baetica, war zum Glauben der Lateiner an die Gottgleichheit Christi – die athanasische oder katholische Lehre – übergetreten. Das mißfiel seinem Vater, dem arianischen König Leovigild. Hermengildo fand im religiös bedingten Vater-Sohn-Konflikt die Unterstützung von Leander, Bischof von Sevilla, und dem größten Teil des Volks der

Baetica. 585 wurde der Thronfolger im Amphitheater von Tarragona von einem Vasallen seines Vaters erdolcht. Hermengildos Bruder Rekkaret, der Leowigild nun auf den Thron folgte, verwirklichte unter dem Einfluß Isidors, was der ermordete Königssohn erstrebt hatte: Er trat mit dem gesamten Volk zum katholischen Glauben über. Dieses Sich-Finden von Hispano-Romanen und Westgoten in einem Bekenntnis war die Voraussetzung für das Verschmelzen beider Volksteile und damit ein wesentliches Element der späteren Bevölkerungsstruktur.

Das maurische Andalusien

Das Ende des Reichs der ›Visigodos‹ war ruhmlos. 711 starb der damalige König Witiza. Er hatte zuvor versucht, seinem Sohn Achila die Erbfolge zu sichern. Oppa, Erzbischof von Sevilla, hatte ihn dabei unterstützt. Doch der Adel wünschte keine Erbmonarchie und hob Herzog Roderich (Rodrigo) auf den Schild. Nach der Legende verging sich der Usurpator an der Tochter des Grafen Julian, des Statthalters im damals westgotischen Ceuta. Als Roderich diesen bat, ihm einen afrikanischen Falken zu schicken, kam er der Bitte nach – der ›Falke‹ war der Araberführer *Tarik*. Die Streiter Allahs besiegten in der 7tägigen Schlacht von Jerez de la Frontera in der heutigen Provinz Cádiz das westgotische Heer, wobei Oppa, der Anführer des linken Flügels, zu den Moslems überlief. Ein neues Volk beherrschte jetzt die Szene Iberiens: die Araber.

Die Eindringlinge, die bei Gibraltar den Boden Spaniens betreten hatten, dachten nicht daran, das Land wieder zu verlassen. Anstelle des Westgotenreiches begründeten sie ihre eigene Herrschaft und blieben acht Jahrhunderte in Iberien. Mit ihnen kamen *Berber* aus dem Atlasgebirge, die den Islam angenommen hatten, über die Meerenge. Man nannte sie *Mauren* nach der ehemaligen römischen Provinz *Mauretania*, von der heute noch Marokko den Namen hat. Da sie die Araber im Laufe der Zeit an Zahl und Bedeutung überflügelten, spricht man von dieser Geschichtsphase als vom ›maurischen Spanien‹, wobei das Schwergewicht ihrer Macht und Kulturäußerung, doch auch des Kampfes der Christen zur Wiedergewinnung der verlorenen Gebiete, im Süden lag, in Andalusien.

Immer stärker profilierte sich Córdoba zum Zentrum eines Emirats, welches das gesamte islamische Spanien umfaßte. Es blieb allerdings anfangs noch vom Kalifat von Damaskus abhängig. Der Kalif aus dem Geschlecht der Omaijaden war weltliches und geistliches Oberhaupt aller moslemischen Länder und somit auch des für Allah eroberten Iberiens. Doch die Omaijaden hatten Rivalen, die Abbasiden von Bagdad, die ihre Gegenspieler aus Damaskus unterwarfen und eine neue Kalifendynastie begründeten, deren Hauptvertreter Harun al-Raschid werden sollte. Die Abbasiden verfolgten die Omaijaden mit Feuer und Schwert. Einem einzigen aus dem Geschlecht gelang die Flucht: *Abd ar-Rahman I.*, der 756 im maurischen Andalusien landete und in Córdoba zum Emir aufstieg. Einer aus dieser kraftvollen Dynastie, *Abd ar-Rahman III.*, nahm später gleichfalls den Titel Kalif an und zog, da es in der islamischen Welt nur einen Kalif geben durfte, den tödlichen Haß des Kalifen von Bagdad auf sich.

Unter *Abd ar-Rahman III.* erreichte das maurische Spanien seinen politischen und kulturellen Höhepunkt. Córdoba wurde eine Stadt der Alkazare, Paläste und Moscheen mit Höfen und Orangenhainen, mit den prächtig in Damast und Brokat gekleideten Würdenträgern, Kaufleuten, Odalisken: Allahs Sonne über Andalusien. Hier war das exquisiteste Reich der Welt entstanden, geistiger und zivilisatorischer Brennpunkt des Kulturkreises, der von Turkestan bis zum Atlantik reichte, dem christlichen Abendland an Lebensart und Luxus überlegen, das Land der besten Staatsmänner, der blumenreichsten Dichter, der exaktesten Astronomen und Mathematiker – erst im 14. Jahrhundert sollte es dem christlichen Europa gelingen, den Vorsprung der Moslems einzuholen. Und worin die Moslems den Christen weiterhin überlegen waren – sie übten eine für das Mittelalter erstaunliche Toleranz. Die christlichen Untertanen fühlten sich unter der grünen Fahne des Propheten keineswegs bedrückt. Sie zahlten eine Sondersteuer, und die Moslems waren zufrieden.

Schließlich aber löste sich durch innere Zwistigkeiten das Kalifat von Córdoba auf. An seine Stelle traten Kleinkönigreiche, Taifas genannt. Die wichtigsten Taifas auf dem Boden von al-Andalus waren Córdoba, Sevilla, Cádiz und Jaén. In Sevilla ergriff im 12. Jh. die maurisch-berberische Dynastie der *Almohaden* das Ruder. Zwar waren sie fanatische Moslems und weniger tolerant als die Omaijaden, doch sie führten einen neuen kulturellen Aufschwung herbei, dessen Niederschlag zum Teil heute noch zu sehen ist (Giralda!).

Reconquista: Kreuz gegen Halbmond

Nach dem elementaren Einbruch des Islam in das morsche westgotische Iberien zogen sich die letzten waffenfähigen Christen in den äußersten Nordwesten der Halbinsel zurück, wo sie unter dem Kommando des Westgoten Pelayo von einer im kantabrischen Bergland versteckten Höhle aus einen Partisanenkrieg gegen das nun muselmanische Spanien eröffneten. Diese *Höhle von Cavadonga* ist spanisches Nationalheiligtum. Im Norden des Landes, am Fuß der Gebirgsketten, bildeten sich kleine Zellen des Widerstandes, aus deren Fusion allmählich drei größere staatliche Einheiten erwuchsen, die

Königreiche Kastilien, León und Aragón. Bald unternahmen sie Vorstöße gegen den Islam, bald verhielten sie sich zu ihm auch im Zustand jahrzehntelanger Koexistenz. Erst im Hochmittelalter geriet die oft erstarrte Front in Bewegung. Man spricht von der sog. ›Reconquista‹ (= ›Rückeroberung‹). Hier nun war der Kriegsschauplatz vor allem Al-Andalus. Die beiden größten Siege christlicher Heere spielten sich auf andalusischem Boden ab, in den Schlachten bei Las Navas de Tolosa 1212 (Provinz Jaén) und am Río Salado 1340 (Provinz Cádiz). Die Vielzahl der landschaftsbestimmenden maurischen Alkazare auf andalusischem Boden zeigt heute noch an, wie hart hier im Verlauf der Reconquista gekämpft worden ist.

Im Zuge des kastilischen Vordringens errang ein König höchsten Ruhm, der zu den führenden Gestalten der spanischen Geschichte gehört und der vor allem in Al-Andalus immer wieder im Bilde erscheint: *Fernando III.* Durch die Vereinigung Kastiliens mit Léon hatte er vor seinen glanzvollen Siegen das kastilische Machtgebilde bereits mächtig erweitert. Nach Überqueren der Sierra Morena nahm er 1225 Andújar und 1236 Córdoba ein; 1246 fiel Jaén. Darauf folgte der König der Talebene des Río Guadalquivir, nahm Carmona ein, stürmte 1248 als wertvollsten Trumpf Sevilla und beendete seinen Siegeszug über Medina-Sidonia, Arcos, Jerez de la Frontera und Sanlúcar in Cádiz. Der später heiliggesprochene kastilische König ist in der Kathedrale von Sevilla mit seiner deutschstämmigen Gemahlin *Beatrix von Hohenstaufen* beigesetzt worden, einer Tochter des 1208 ermordeten deutschen Königs Philipp von Schwaben und seiner Gemahlin Irene von Byzanz. Sie lebte bei ihrer mit dem Welfen Otto von Braunschweig vermählten älteren Schwester. Nach Ottos Tod holte der Stauferkaiser Friedrich II. das Mädchen an seinen Hof. Die Vermählung mit Fernando III. fand 1219 statt. Der Minister des Königs, Ximenes de Rada, sagte in seiner ›Cronica Hispaniae‹ von der Braut, sie sei »schön, wohlgestaltet, klug, von großem Liebreiz«. Ihr Sohn *Alfonso X.* ging als ›der Weise‹ in die Geschichte ein. Zeitweise war er auch deutscher König, 1257 von den staufisch gesinnten Kurfürsten gewählt. Doch nie betrat er deutschen Boden.

Am längsten hielt sich im Auf und Ab der Reconquista auf spanischem Boden das Reich der *Nasriden* mit der Königsstadt Granada. Hier erlebte das maurische Spanien eine letzte gloriose Epoche, von der heute noch die Alhambra zeugt. Es blieb den ›Katholischen Königen‹, *Ferdinand von Aragón* und *Isabella von Kastilien*, vorbehalten, diesen letzten Brückenkopf Afrikas zu liquidieren. Zuvor hatten sie durch ihre Eheschließung die beiden christlichen Königreiche vereint und damit den Grundstein zum einigen Spanien gelegt. Während der Belagerung Granadas 1491/92 trat in das Kriegszelt der Könige in Santafé der genuesische Kapitän Colombo *(Kolumbus)* und trug der Königin seinen Plan vor, zu Schiff auf Westkurs Indien zu erreichen. Isabella genehmigte nach längerem Zögern die Mittel zur Ausstattung einer Flotte, die dann von Palos aus in See stach. Damit wurde die Voraussetzung zur Entdeckung der Neuen Welt geschaffen. Während vor Granada die Reconquista zu Ende ging, begann für die spanische Geschichte die Conquista, die Entdeckung und Eroberung überseeischer Gebiete. Der Nationalheilige *Santiago* (Jakobus d. Ä.), der den christlichen Heeren im Kampf gegen die Ungläubigen als *Matamoro* (Maurentöter) Hilfe geleistet hatte, wurde nun jenseits des Atlantik zum *Mataindio* (Indiotöter).

Habsburger und Bourbonen

Durch die Vermählung der Tochter der Reyes Catolicos, Juana la Loca (Johanna die Wahnsinnige), mit Philipp dem Schönen kam Spanien an die Habsburger. Die Schwerpunkte ihrer Herrschaft lagen im Norden, in Valladolid und dann in Madrid, das Philipp II. zur festen Hauptstadt machte. In Andalusien spiegelte sich die neue Dynastie in Großbauten. *Karl V.* errichtete Paläste im Alcázar von Sevilla und auf dem Gelände der Alhambra von Granada, in die Mezquita von Córdoba setzte er eine Kathedrale. Auch die ihm folgenden drei Felipes (Philipp II., III., IV.) verewigten sich in andalusischen Palacios durch die von ihnen gestalteten und benützten Räume. Andererseits spielten sie in der andalusischen Kunst als Mäzene der Maler des ›Goldenen Zeitalters‹, eine Rolle *(Philipp IV. – Velázquez).* Auch die ihnen nachfolgenden Bourbonen, so Philipp V. und Karl III., traten als Förderer und Bauherren auf.

Während des Guerillakriegs gegen die napoleonischen Insurgenten (in Spanien: Halbinselkrieg = Guerra Peninsular) fand eine der Entscheidungsschlachten auf andalusischem Boden statt, in Bailén (Provinz Jaén), wo der französische General Dupont 1808 zur Kapitulation gezwungen wurde. Noch während des Befreiungskampfes traten 1812 in Cádiz liberal-fortschrittliche Kräfte in Form einer Nationalversammlung zusammen, um unter dem Eindruck der Grande Révolution eine liberale Verfassung zu begründen. Der nach dem Krieg aus dem Exil heimgekehrte Bourbone Ferdinand VII. löste sie wieder auf und ließ die Initiatoren hängen.

Im Bürgerkrieg 1936/39 gehörte Andalusien zum Operationsfeld der Partei Francos und blieb von wesentlichen Schäden verschont, so daß es auch keine Verluste an Kunstschätzen gleich anderen Teilen Spaniens zu beklagen hatte. Opfer des Krieges wurde aber einer der bedeutendsten Andalusier des Jahrhunderts, der 1899 in Fuentevaqueros bei Loja (Granada) geborene Lyriker und Dramatiker *Federico García Lorca* (u. a. ›Bluthochzeit‹, ›Bernarda Albas Haus‹).

B. KUNSTHISTORISCHER ÜBERBLICK

Die Kunstgeschichte Andalusiens erlebte zweimal ihre große Stunde: im *maurischen Spanien* und im *goldenen Zeitalter der andalusischen Malerei.* Zuvor unterschied sie sich nicht vom übrigen abendländisch-mittelmeerischen Kulturraum, und danach sank sie zu Provinziellem herab.

Das Bedeutendste aus der iberischen Frühzeit der Halbinsel ist die berühmte ›Dame von Elche‹, doch sie wurde nicht in Andalusien, sondern in der Region Valencia gefunden und wird heute im Madrider Archäologischen Museum gezeigt. Die römische Herrschaft auf spanischem Boden wird im andalusischen Bereich durch die stattlichen Ruinen von Itálica dokumentiert, der ältesten Gründung der Römer auf der Halbinsel (204 v. Chr.); es folgten Tarragona, Mérida, León, La Coruña, in Portugal Conimbriga und Évora. All diese Städte glichen sich in ihrer Anlage. So gab es keine spezifisch andalusisch-römische Architektur und Kunst.

Nach Einmündung des Römischen in das Byzantinische war auch die Provinz Baetica, die ungefähr dem heutigen Andalusien entsprach, von der Formenwelt von Byzanz, dem ›zweiten Rom‹ geprägt. Die Westgoten, die während der Völkerwanderung Spanien okkupierten, schufen ebenfalls nichts Eigenes, sondern übernahmen, was sie vorfanden. Zwar entdeckte man auf spanischem Boden germanisch geprägten westgotischen Schmuck, so die Weihekrone des Königs Rekenwinth (649–672), doch die Funde stammen aus Gebieten nördlich der Sierra Morena.

Neues entstand in Andalusien erst nach dem Einbruch der Araber 711. Unter den Omaijaden, Almohaden und Nasriden entwickelte sich ein Zweig islamischer Architektur und Kunst wie nirgendwo sonst auf der Halbinsel, trotz ansehnlicher Hinterlassenschaft in Saragossa, Caladayud, Teruel, Toledo. Was das maurische Andalusien uns hinterlassen hat, ist ein Niederschlag der Formensprache des Islam, wie sie sich auf dem Boden des Maghreb herausgebildet hat.

Bauten der Araber und Mauren

Nachdem der von Mohammed (575–632) begründete Islam durch den epochalen Eroberungszug der Araber in die Gebiete des Nahen und Mittleren Ostens sowie Nordafrikas eingedrungen war, gab es weder islamische Architektur noch Kunst. Doch bald nach Ausbreitung der Lehre Mohammeds entstanden die ersten Bethäuser, die sich an die vorgefundene frühchristlich-byzantinische Baukunst anlehnten. Damals besaßen die Kirchen noch Arkadenhöfe, ein Brauch, den der

Mezquita in Córdoba: Bautrakt des Almansor

Islam übernahm und beibehielt (Orangenhöfe von Sevilla und Córdoba), während er in der christlichen Baukunst allmählich verschwand. Inmitten des Hofes befindet sich ein Reinigungsbrunnen. An eine der vier Seiten des Hofrechtecks schließt sich der Gebetsraum an, mit der nach der heiligen Stadt Mekka ausgerichteten Gebetsnische *(Mihrab)* und der Kanzel für das Freitagsgebet *(Mimbar)*, analog der Kanzel christlicher Kirchen. Anstelle des Turms führte der Islam das *Minarett* ein (Manar = Leucht- oder Wachtturm). Im Verlauf der ersten Jahrhunderte des Bestandes des arabisch-islamischen Weltreichs bildeten sich drei wesentliche Moscheetypen heraus: die *Hofmoschee*, die *Schulmoschee*, der eine Theologenschule *(Medrese)* angegliedert ist, die *Kuppelmoschee*, die unter dem Eindruck der Hagia Sophia in Konstantinopel entstand und vor allem im türkischen Bereich anzutreffen ist.

Nachdem die Moslems unter Oquba Ibn Nefi 681 den äußersten Westen (›Maghreb‹) der afrikanischen Mittelmeerküste erreicht und dort ihre Macht begründet hatten, entstand auf dem Boden der heutigen Staaten Tunesien, Algerien und Marokko eine bauliche Sonderentwicklung der Moschee-Architektur, die an den Typus der Hofmoschee anknüpfte, aber den Gebetsraum tiefer gestaltete und mit einem Wald von Säulen versah (Kairouan, Fes, Marrakesch), der an die Stäbe des einstigen arabischen Nomadenzelts erinnert. Das ›Bleistift‹-förmige Minarett erhielt im Maghreb die Gestalt eines aus Hau- und Backstein errichteten massiven Turms mit quadratischem Grundriß, gekrönt von einem kleineren Turm mit einer Stange, auf der Kugeln (›Äpfel‹) aufgereiht sind. Dieser Moscheetyp fand nach dem Einbruch der Araber (und später der dem Atlasgebirge entstammenden Berber) auch in Andalusien Verbreitung. Von den hunderten von Moscheen sind nur Reste vorhanden, meist in Kirchenbauten einbezogen. Nur eine Moschee ist weitgehend in ihrer Ganzheit auf uns gekommen: die *Mezquita von Córdoba* (vgl. Nr. 13). Vom Aussehen der Minarette zeugt die *Giralda* von Sevilla (vgl. Nr. 1.1). Im Verein mit den Moscheetürmen von Marrakesch und Rabat gehört sie zu den drei bedeutendsten Beispielen der Maghreb-Architektur. Neben den Sakralbauten konnten auch zwei Profanbauten auf andalusischem Boden über die Zeiten gerettet werden: die *Torre del Oro in Sevilla* und die *Alhambra in Granada* (vgl. Nr. 23), das beste Beispiel einer Palastanlage im Bereich der gesamten islamischen Welt. Beim Studium des maurischen Andalusien ist es vorteilhaft, daß die Bauten aus verschiedenen Epochen stammen. Während die Mezquita in die Zeit des Kalifats der Omaijaden (912–1031) zu datieren ist, wurden Giralda und Torre del Oro unter den maurisch-berberischen Almohaden (1122–1268) erbaut, während die berberischen Nasriden (1232–1492) die Alhambra schufen. Hier kommt die beliebte Einbeziehung von Gärten und Teichen in das Baukonzept der Mauren deutlich zum Ausdruck.

Dekorationsformen des Islam

Ein Postulat des Islam lautet, daß nur Allah ein Recht habe, Körper zu formen und ihnen eine Seele einzuflößen. Aus dieser Anschauung heraus fehlt bei Arabern und Mauren das figürliche Element. Die Künstler waren gezwungen, sich auf Dekoration zu beschränken. Aus dem Ethos der Begrenzung heraus schufen sie die sog. *Arabesken*, sublime Schmuckformen von einer Delikatesse, die nicht übertroffen werden konnte. Sie erstrebten nicht wie die Baukunst des Abendlandes die Betonung der statischen Struktur, sondern suchten sie zu kaschieren, mit dem Ziel, Schwerelosigkeit zur Darstellung zu bringen. So hatte vor dem Konstruktiven und Lastenden der Dekor den Vorrang; er überzog Mauern und Wände wie ›Spinngewebe Gottes‹.

Dekor mit pflanzlichen und geometrischen Motiven (Alhambra)

Dem dekorativen Liniensystem, von dem man glauben möchte, es sei kaum zu entwirren, liegt indessen mathematische Genauigkeit zugrunde, wie ja bei den Arabern die aus der Antike übernommene Rechenkunst eine große Rolle spielte. In der Arabeskenfülle sieht der Islam aber keine bloße Ornamentik im Sinne von Artistik und Kunstgewerbe; er will mit der Vielfalt der Formen, die alle einen besonderen spirituellen Hintergrund haben, Signale aus dem Übersinnlichen vermitteln.

Die dekorativen Grundformen sind aus geometrischen Mustern entwickelt oder aus Erscheinungen der pflanzlichen Umwelt abstrahiert, etwa aus der Weinranke der Spätantike. Die Ornamentformen wurden entweder reliefartig in Stein gehauen oder aber in Gips geschnitten, oft auch mittels eisernen Modeln schablonenartig in die noch feuchte Masse eingedrückt. In die Arabesken flocht man mit Vorliebe ›kufische Lettern‹ ein, arabische Buchstaben, die religiöse Sprüche wiedergeben, meist Textstellen aus dem Koran oder aber, immer wiederholt, den Namen Allahs. Eine große Rolle, vor allem für Sockel und Paneele, spielten Schmuckziegel *(Azulejos)*, welche die Araber im Zweistromland kennengelernt hatten. Man findet arabische Kacheln, ornamentiert, glasiert und teilweise als Relief behandelt an fast allen maurischen Bauten Andalusiens. Die Spanier haben sie später übernommen und nach der Eroberung Amerikas auch nach dort verpflanzt, so daß man die Azulejos als ›Wanderer zwischen Zeit

Hufeisenbogen der ›Puerta del Perdón‹ (Mezquita)

und Raum‹ bezeichnen könnte. Typisch für die arabischen Fliesen ist eine von den Moslems erfundene schimmernde Lüstertechnik.

Besonders augenfällig in der maurischen Hinterlassenschaft sind die vielfältigen *Torbögen*, denen man symbolhaft-metaphysischen Wert beimaß. Man findet Fächer-, Vielpaß-, Zacken- und Spitzbögen; letztere wandte man lange vor der Gotik an, sie sind ureigener orientalischer Herkunft. Unübersehbar auch die Hufeisenbögen. Man hat sie als typisch islamisch bezeichnet, doch kannten sie bereits die Westgoten (Krypta der Kathedrale von Palencia!), wobei allerdings die Hypothese vertreten wird, sie seien ursprünglich iberisch, und auch die Visigodos hätten sie bereits vorgefunden.

Arabesken beschränken sich nicht auf die Interieurs. Am Außenbau von Moscheen und Palästen kehrt ein rautenförmiges Muster (›Ajaracas‹) immer wieder, das im baugeschichtlichen Vokabular des Islam auch den Namen ›Sebka‹ trägt; die Giralda bietet ein schönes Beispiel solcher aus Backstein gebildeten Ornamentik. Außerdem erkennt man islamische Bauten an den Zwillingsfenstern, ›ajimeces‹ genannt, zweigeteilt durch hyperschlanke Säulchen und oft von einer rechteckigen Leiste umrahmt, die ›Alfiz‹ heißt.

›Stalaktiten‹-Kuppel der ›Sala de las dos Hermanas‹ (Alhambra)

Bei Betrachtung der Innengestaltung darf man die wabenartigen ›Stalaktiten‹ nicht übersehen, die fast immer an den oberen Ecken des Raumgefüges angebracht sind, doch auch an Kapitellen, teils aus Stuck, teils aus Holz; der Begriff aus dem geologischen Vokabular ist wegen des ähnlichen Aussehens in die Kunstgeschichte des Islam übernommen worden. Auch das Innere der Kuppeln weist einen Überzug von Stalaktiten auf, wofür die Alhambra Beispiele von hinreißender Prachtentfaltung bietet (Gesandtensaal). Daneben haben maurische Handwerker die Holzbearbeitung auf eine bewundernswerte Höhe gebracht und Decken wie Türen mit feiner geometrischer Musterung versehen, wobei man sich gerne des sternförmigen Mushrabije-Ornaments bediente, mit Linien, die als Sinnbild des Ewigen nirgendwo enden.

Im 10. Jh. zählte allein Córdoba 500 Moscheen, viele Lustschlösser, Torbögen, Bäder und Brücken, man nannte die Kalifenstadt das ›andalusische Mekka‹. Davon ist wenig übriggeblieben. Doch die Hinterlassenschaft ist großartig genug. Sie genügt, sich die sublime maurische Kultur in ihrer Ganzheit vorzustellen.

Die Reconquista veränderte die andalusische Städtelandschaft total, nicht mit einem Male, sondern je nach dem Zeitpunkt der Rückeroberung (Sevilla 1248, Granada 1492). Nach dem Sieg des Kreuzes über den Halbmond breitete sich die christlich-abendländische Architektur und Kunst im maurischen Andalusien aus. Auf dem Boden zerstörter oder teilzerstörter Moscheen wuchsen Kirchen empor. Sie gehörten der Stilepoche der Gotik an, die damals in Europa vorherrschte. Man wundert sich, nur wenig Romanik zu finden. Doch als sich die Frontlinie der Reconquista nach Andalusien vorschob, war die Romanik, die in Asturien, Navarra und Katalonien so reich vertreten ist, bereits im Abklingen.

Gotik findet man in Andalusien hingegen überall, wenn auch meist an mittleren und kleinen Orten. Allerdings kann Andalusien eine gotische Kathedrale sein eigen nennen, die an Mächtigkeit alle anderen der Halbinsel überragt, ja als größtes der gotischen Gotteshäuser überhaupt gelten darf: die *Kathedrale von Sevilla* (vgl. Nr. 1.1).

Die Gotik südlich der Sierra Morena ist keineswegs ›andalusisch‹, doch sie entspricht der spanischen Sonderform des in Frankreich entstandenen Stils, der originärsten Leistung des Christentums. Der Stil hat auf alle christlichen Länder übergegriffen und in jedem eine eigene Prägung erfahren. Eine gotische Kathedrale Englands ist leicht von einer französischen zu unterscheiden. Das gleiche gilt von der Gotik Spaniens. Die Sanktuarien streben hier nicht in die Höhe. Sie bleiben erdhaft dem Boden verbunden – wie ganz Spanien bei aller Spiritualität ›irdisch‹ ist – und laden eher in die Breite aus. Auch das Diaphane, Lichtdurchströmte liegt dem Spanier nicht; er zieht den mystischen Raum mit kleineren Lichtdurchlässen vor. Darum spielt das bemalte Glasfenster, bezeichnend für gotische Kirchenbauten anderswo, weniger eine Rolle. Was in gotischen Gotteshäusern Spaniens auffällt und für manche Besucher ärgerlich ist: der *Coro* mit dem Gestühl *(Silleria)* für die Chorherren steht mitten im Langhaus und versperrt vom Eingang aus die Sicht zum Hauptaltar. Doch man verdankt dem Coro, Kirche in der Kirche, und seiner Rückseite, dem *Trascoro,* eine große Zahl hier angebrachter, zusätzlicher Kunstwerke, so etwa am Coro der Sevillaner Kathedrale.

Der Altaraufsatz der gotischen Kirchen Andalusiens, auch dies eine spanische Eigenart, steht nicht frei vor dem Halbrund der Apsis, sondern ist als *Retablo* in diese eingefaßt, eingeschmiegt, mehr Bildwand als umschreibares Werk der Plastik. Meist befindet sich ein Ziergitter *(Reja)* vor dem Altarraum. Der größte Retablo erhebt sich in der Capilla Mayor der Kathedrale von Sevilla. Bezeichnend für die Gotik im Lande ist auch die Vorliebe für die gleiche Höhe der Schiffe

(Hallenkirche). Im Gegensatz zum Auseinanderstreben einzelner Bauteile bei der englischen Gotik ist hier das Zusammengefügte, Gesammelte typisch, so daß Dehio mit Recht sagt: »Beseitigung alles Trennenden ist das mit unerhörter Kühnheit der Mittel verfolgte Ziel.« Was das Dekorative betrifft, so lieben die heimischen Baumeister das Netzgewölbe und filigranartig durchbrochenes Maßwerk. Vor allem der Spätstil (Capilla Real in Granada) ergeht sich in üppiger Ornamentik, die man *plateresk* nennt, weil sie an die Erzeugnisse der Silberschmiede *(Plateros)* erinnert.

Neben dieser typisch spanischen Sonderform der späten Gotik, die halbwegs schon der Renaissance zugehört, wartet speziell Andalusien mit Bauelementen auf, die man *mudéjar* nennt. Das Wort ist von den *Mudéjares* abgeleitet, jenen maurischen Werkleuten, die bei Beibehaltung ihrer Religion nach der vollendeten Reconquista im Lande geblieben sind und ihr Können den Monarchen und Feudalherren sowie auch der Kirche zur Verfügung stellten. Man kann dem ästhetischen Verständnis und hohen Kunstsinn der kastilischen Sieger ein hohes Zeugnis ausstellen, daß sie bei aller Intoleranz des christlichen Spanien maurische Architekten und Künstler engagierten und sie bei ihren Bauvorhaben nach der Art des moslemischen Al-Andalus weiterwirken ließen. Dem verdankt die Nachwelt großartige Bauten auf andalusischem Boden wie etwa den *Alcázar in Sevilla* (in dem nur ein kleiner Trakt almohadisch ist) oder in der gleichen Stadt das *Haus des Pilatus.* Noch viel später, als keine Moslems mehr am Werk waren, hat die andalusische Architektur aus dem überkommenen maurischen Formenschatz geschöpft. Die Synthese spätgotischer, renaissancehafter, plateresker und mudéjarer Formen erhielt nach der kastilischen Königin Isabella I. (1474–1504) die Bezeichnung ›isabellinischer Stil‹.

Die Renaissance ist eine in Andalusien besonders reich vertretene Stilepoche. Die Entdeckungsfahrten, die von hier ihren Ausgang nahmen, der Strom der Waren, die in Palos, Sevilla und Cádiz gelöscht wurden, brachten einen Reichtum ins Land, der andalusische Adelsgeschlechter avancieren ließ und ihnen Palastbauten ermöglichte. In Úbeda, Baeza, Carmona, Ronda, Osuna und zahlreichen weiteren Kleinresidenzen baute man Herrenhäuser im Stil des Renacimiento. Man schmückte die Schauseiten mit mythologischer Figuration und römisch-antiken Zierleisten, brachte unter dem Dachgesims Lauben an und setzte Aussichtstürme oder -terrassen *(miradores)* darüber. Paradebeispiel hierfür ist der *Palacio de Jabalquinto in Baeza* (vgl. Nr. 20).

Noch im 16. Jh. nahm die Dekorfreudigkeit ab zugunsten eines nüchtern-rationalen Stils nach dem Vorbild Palladios. Ein Beispiel hierfür ist das monumentale Rund des Palastes, den Karl V. auf das Plateau des Alhambra-Felsens (vgl. Nr. 23) gesetzt hat; der von ihm beauftragte Architekt Pedro Machuca, der den Bau 1526 begann, war in Italien ausgebildet worden. Eine klare Absage an überladenen Schmuck bieten auch die drei großen Kathedralen der andalusischen Renaissance: Jaén, Málaga und Cádiz, deren riesige Kuppeln und Halbkuppeln imponieren, doch zugleich kühl wirken.

Die große Zeit der Malerei

Gegen Ende des 16. Jh. trat Andalusien als Land hervorragender Maler in sein ›Goldenes Zeitalter‹ ein, als eine der führenden Kunstprovinzen Spaniens mit ureigenem, eben andalusischem Kolorit. Unter den spanischen Malerschulen fand die von Sevilla die größte internationale Beachtung. Die Thematik der Bilder ist meist geistlich, verständlich in einer Region, in der orthodoxer Glaube eine überragende Rolle spielt. Der einzige Maler, der weltliche Gegenstände wählte, war *Diego Velázquez de Silva*, der als Hofmaler in Diensten eines Monarchen stand, nämlich des Habsburgers Philipp IV. Von diesem wohl größten Maler Spaniens und einem der weltgültigsten existiert auch der einzige weibliche Akt der älteren spanischen Malerei, ›Venus mit dem Spiegel‹ aus dem Jahre 1655 in der Londoner National Gallery. Von den großen Vertretern der Sevillaner Malerschule ist das meiste auf einer Andalusienreise zu besichtigen; denn viele Hauptwerke hängen in Kirchen, Klöstern und Museen, vor allem in den Kunstsammlungen von Sevilla und Cádiz. Vieles ist aber auch im Prado zu sehen, da es die andalusischen Maler nach Madrid zog, seit es unter den Habsburgern feste Haupt- und Königsstadt wurde und der mäzenatische Hof Aufträge erteilte. Andererseits sind Berühmtheiten von nördlich der Sierra Morena, so der Wahl-Toledaner *El Greco* und der Aragonese *Goya*, auch in Andalusien vertreten.

Anfangs war man noch von italienischen und flämischen Einflüssen abhängig. Italien, das klassische Land der bildenden Kunst im Seicento, wurde von mehreren andalusischen Künstlern aufgesucht, die sich vor allem *Caravaggio* und *Correggio* zu Vorbildern nahmen. Caravaggio wirkte auch indirekt, auf dem Umweg über die Malerschule von Valencia, die den besonderen Malstil des Meisters der Hell-Dunkel-Technik nach Spanien importierte. Die Flamen lernte man kennen, da die Niederlande damals noch spanisch waren und somit, trotz der Freiheitsbestrebungen, kulturelle Verbindungen bestanden. Isabella die Katholische war selber eine große Anhängerin der flämischen Schule, und ihre private Sammlung enthielt Bilder aus Flandern; einige befinden sich im kleinen Museum, das der Capilla Real von Granada angegliedert ist (vgl. Nr. 23.3).

Francisco de Zurbarán: ›Das Wunder des hl. Hugo‹

Indes, mit der Zeit machte sich eine Reaktion in Kreisen der andalusischen und namentlich der Sevillaner Maler geltend, die sich gegen den flämischen ›Romanismus‹ und den italienischen ›Manierismus‹ entschieden wandte. Anführer der Malrichtung, die mehr Eigenständigkeit forderten, waren *Pedro de Villanueva* und *Juan de Roelas* (1558–1625), die mit ihren eigenen Werken ein Programm boten, das zwar nicht provozierte, aber doch Anstöße zum ›Goldenen Zeitalter‹ gab. Nun tauchten mit einemmal in der 1. Hälfte des 17. Jh. Künstler auf, deren Namen bis heute nicht verblaßten und deren andalusische Note in einer seltsamen Mischung von Realismus, ja Naturalismus, und einer tief innerlichen Mystik lag, beides in vielem dem Volkscharakter entsprechend.

Die Anreger hatten Schüler von kraftvoller Pinselführung, reicher Erfindungsgabe und ausgewogener Komposition. Bei Villanueva ebenso wie bei Roelas lernte *Francisco de Zurbarán* (1598–1664), der ›Maler der Mönche‹, der zwar aus Extremadura kam, doch ganz Andalusier geworden ist. Neben dem Prado, dem Kloster Guadalupe im Toledo-Gebirge und dem Kunstmuseum von Sevilla enthält das Museo de Bellas Artes in Cádiz die eindrucksvollsten Bilder dieses am meisten spanischen Malers; die von ihm gemalten Kartäusermönche sind wie von Mondlicht überstrahlt. Um die Jahrhundertwende hat man den Künstler noch nicht in seinem vollen Wert erkannt und über seine Engelserscheinungen ironisch geschrieben, sie sähen aus wie Photographien der von ihm auf Brettergerüsten aufgestellten Knaben und Mädchen in ihren frisch von der Büglerin gekommenen Leinendraperien. Heute erkennt man in Zurbarán einen der größten Vertreter der spanischen Malerei, mit einer bezwingenden Kraft der Darstellung. Eine seiner Heiligen, die in ihren Prunkgewändern Gravität und Noblesse verkörpern, befindet sich in einer der Seitenkapellen der Kathedrale von Sevilla.

Die Größten unter den Malern des ›Goldenen Zeitalters‹, die fast alle der gleichen Generation angehören, lassen sich stammbaummäßig in Verbindung bringen, im verwandtschaftlichen oder im Lehrer-Schüler-Verhältnis. *Juan de Roelas* war auch Lehrer von *Francisco de Herrera d. Ä.* (1576–1656), ausgezeichnet durch farbenkräftige Naturwahrheit und drastische Wildheit. Dieser hatte andererseits auch den hochbegabten *Francisco Pacheco* (1564–1654) zum Lehrer, der übrigens eine ›Arte de la Pintura‹ verfaßte und außer Herrera einen noch größeren, geradezu genialen Schüler hatte: *Diego Velázquez* (1599–1660), der den Einfluß der Atmosphäre entdeckte, die Wiedergabe von Luft und Licht erfand, gewissermaßen als Vorläufer der sehr viel späteren Impressionisten. Die Hauptwerke ›Las Lanzas‹ und ›Las Meninas‹ hängen allerdings in Madrid, wo er seine Triumphe feierte. Velázquez hat mit 19 die Tochter Pachecos geehelicht. Ein anderer Schüler Pachecos war *Alonso Cano* aus Granada (1601–1677), Maler und Bildhauer zugleich, der zahlreiche, ein wenig zu glatte Marienstatuen schuf und einen zweiten Granadenser Bildhauer ausbildete: *Pedro de Mena* (1628–1688), den Meister des Chorgestühls in der Kathedrale von Málaga. Schüler von *Juan de Castillo* (1584–1640) war der einstmals am höchsten eingeschätzte *Bartolomé Esteban Murillo* aus dem Stadtteil Santa Cruz in Sevilla (1618–1682), der eine Unzahl biblischer Sujets malte, denen man die Erschütterung des religiösen Erlebens anmerkt. Viele Bilder empfindet man heute als ›süßlich‹, doch in seinen Hauptwerken gelang ihm poetisch fromme Verklärung, immer in dem ihm eigenen Stil der ›vaporosa‹ (Duftigkeit). Mit seinen Genreszenen sich balgender Knaben spricht Murillo schlicht und real die Sprache des Volkes. Als der Meister im Kapuzinerkloster von Cádiz die ›Verlobung der hl. Katharina‹ malte, fiel er vom Gerüst und starb. Ein anderes Temperament, in seinem Realismus geradezu brutal, ist Murillos Schüler *Juan de Valdés Leal* (1622–1690), der Maler der Vergänglichkeit oder besser noch: der Verwesung, dessen Bilder von der Unerbittlichkeit des Todes man im Hospital de la Caridad in Sevilla begegnet. Der ältere *Juan Martinez Montañés* (1568–1646) zählt

Bartolomé Esteban Murillo: ›Hll. Justina und Rufina mit Giralda-Modell‹

zu den meistbeschäftigten Malern Andalusiens; von ihm stammen
zahlreiche pathetische Pasos (Prozessionsfiguren).
Die Renaissance ging in Spaniens südlichster Region oft unmerklich
ins Barock über, die Grenzen verschieben sich. Bis dann gegen Ende
des 17. Jh. in Salamanca *José Bonita Churriguere* auftrat (1650–1723), der
eine Barockkunst ins Leben rief, die in ihrer Fülle an Dekor geradezu
überschäumt, wobei er Scharen von Putten über Altäre streut. Die
von ihm in ganz Spanien verbreitete neue Stilform ist auch nach
Andalusien gelangt und in vielen Kirchen verschwenderisch vertreten. Nach ihrem Begründer heißt diese Form des spanischen Barock
›Churriguerismus‹.
Das 19. und 20. Jh. hat auf dem Boden Andalusiens nichts Nennens-
wertes hervorgebracht. Zwar ist *Picasso*, das größte Malergenie unse-
res Säkulums, in Málaga geboren, doch mit seiner Heimat hat er sonst
nichts gemein; Katalonien und die Provence sind die Hauptstationen
seines Lebens und Schaffens gewesen.

C. ANDALUSISCHE FOLKLORE

Grundeigenschaften des Andalusiers sind Frömmigkeit und Lebensfreude, würdige Gemessenheit und ausgelassener Frohsinn. Beides kommt in der Folklore zum Ausdruck, die scheinbar Unvereinbares auf einen harmonischen Nenner bringt. Religiöse Feste haben immer einen Zug von Weltlichkeit an sich, weltliche Feste einen religiösen Unterton.

Semana Santa

Dieser Dualismus zeigt sich besonders in der Semana Santa, die während der Karwoche die andalusischen Städte zu einer einzigen Festbühne prächtiger Prozessionen macht. Am fulminantesten wird die Woche in Sevilla begangen, gefolgt von den Umzügen in Córdoba, Granada, Málaga, Jerez und Jaén. Es ist ein unvergeßlicher Eindruck, den man in der Vorosterwoche nicht versäumen sollte, wenn man um Mitternacht des Karfreitags den Umzug der ›encapuchados‹ (Kapuzenmänner) vorbeidefilieren sieht, mit einer Unzahl hoher, brennender Kerzen, bei dumpfem Trommelklang, so etwa in der Calle de Mateos Gago im Barrio de Santa Cruz (Sevilla), mit der illuminierten Giralda als Hintergrundkulisse.

Die Semana Santa-Prozession verzeichnet 52 Züge mit 99 *Pasos* (Heiligenfiguren und -figurengruppen). Die Reihenfolge richtet sich nach dem Alter der Bruderschaften (Confradías), die sich beteiligen; die älteste ist die ›Bruderschaft der Stille‹, die auf das Jahr 1336 zurückgeht. Die langen Büßerkutten sind mit spitzen Kapuzen versehen, die Büßer gehen barfuß, teilweise Ketten nachschleifend oder Holzkreuze tragend. Stumm und gemessen ziehen die Confradías über die Plazas und durch die Straßen. Die realistisch gestalteten Christus-Figuren sind mit blutenden Wunden bedeckt.

Die Züge beginnen bei der Kirche der jeweiligen Bruderschaft und vereinen sich bei der ›Carrera oficial‹, dem Stadtzentrum; in Sevilla geht der teilweise von Tribünen umgebene Prozessionsweg über die Calle de las Sierpas und über den Rathausplatz zur Fassade der Kathedrale. Jede Büßergruppe führt gewöhnlich zwei Pasos mit, deren prächtige Herrichtung schon Tage zuvor in der Kirche der Confradía vonstatten geht. Der ganze Stolz der Bruderschaften gilt dem glanzvollen Ausstaffieren ihrer Pasos.

Der eine Paso gilt Christus, der in einer Szene der Passion wiedergegeben wird, häufig zusammen mit anderen Figuren, die zur dargestellten Bibelszene gehören. Auf rechteckigem Traggestell, von mehreren Kapuzenmännern gestützt, folgt der Paso der Santa María; die Figur steht auf einem juwelengeschmückten Sockel unter gold-

Prozession einer Bruderschaft im Barrio de Santa Cruz (Sevilla)

bestickt-samtenem Thronhimmel. Sie trägt einen Samtmantel, der manchmal mehr als 3 m mißt und den sie hinter sich herschleppt; er ist über und über mit Preziosen bedeckt. Die Marienfigur trägt eine Gold- oder Silberkrone; über die Wange fallen Tränen. Auf dem Traggestell sind 200 Wachskerzen aufgestellt sowie eine große Zahl von Krügen mit Nelken, Kamelien, Rosen und Orangenblüten.

Manche Pasos haben einen hohen kunstgeschichtlichen Wert. Der ›Christus der Studenten‹ ist ein Werk von Juan de Mena. Von Martínez Montañés stammt der Paso ›Jesus der Passion‹, von Luisa Roldán, der einzigen Frau unter den Bildhauern des ›Goldenen Zeitalters‹, die ›Mutter Gottes der Macarena‹ (Macarena = Namen einer Kirche in Sevilla).

In den Tagen der Semana Santa gibt sich die Bevölkerung, die in großer Zahl die Umzüge verfolgt, nicht nur stiller Einkehr und dem Gedanken der Buße hin. In den Bars wird, wie bei anderen Festen und oft auch mitten am Alltag, gefeiert, gesungen und getanzt.

Im April folgt in Sevilla dicht auf die Semana Santa die *Fería* (Jahrmarkt) wie das Satyrspiel auf die Tragödie. Auf dem Prado de San Sebastián ist eine Messestadt aufgeschlagen mit vielen hundert kleinen Häusern; sie bestehen aus Holzgerüsten, bespannt mit rotem,

*Auf dem Weg zur
Romería in Rocío*

blauem oder grünem Segeltuch, innen mit andalusischen Motiven
bemalt. Man lädt Freunde und auch Fremde zum Essen ein. Fiesta-
Euphorie kennt keine Grenzen.

Früher wurden auch Spiele dargeboten, so die ›Moros-y-Cristianos‹-
Kämpfe mit Szenen aus der Reconquista. Während sie in Spanien-
Andalusien selten geworden sind, werden sie in Mexiko immer noch
leidenschaftlich und zu Xylophon-Musik am Leben erhalten – durch
maskierte Indios.

Romarías

Spanien kennt unzählige Romarías (nach Rom benannte Wallfahr-
ten), doch die größte ist die 1758 begründete *Romaría de Nuestra Señora
del Rocío.* Rocío ist ein Dorf bei Almonte in der Provinz Huelva, mit
kaum mehr als 200 Einwohnern, am Rand des Sumpfgebiets der
Marismas am rechten Unterlauf des Río Guadalquivir. Dort hatte ein
Jäger im Mittelalter in einem hohlen Baumstamm zwischen Dorn-
gestrüpp eine Marienstatue entdeckt, für die Alfonso X. 1275 eine
Kapelle stiftete. Von da an wurde die Figur nach dem Fundort als ›La
Rocina‹ verehrt. Seit dem 17. Jh. hieß sie ›Rocío‹, was ›Morgentau‹
bedeutet, damals als Fruchtbarkeitssymbol betrachtet. Nun trug die
Statue den Namen ›Unsere liebe Frau vom Morgentau‹. Auch wurde
sie ›La blanca Paloma‹ (›Weiße Taube‹) genannt und volkstümlich als
›Gattin des hl. Geistes‹ bezeichnet. Ihr gelten die Romarías, die mehrfach im Jahr stattfinden, doch die wichtigste zu Pfingsten, am Jahres-

tag der Auffindung der Marienstatue. Aus allen Teilen Andalusiens kommen bis zu einer Million Wallfahrer nach Rocío.

Die Bruderschaften aus Sevilla starten in Triana, dem Stadtviertel jenseits des Río Guadalquivir. Ein langer Zug blumenverzierter Planwagen, von Ochsen oder Mauleseln gezogen, schaukelt in Richtung des Wallfahrtsortes. Viele Wallfahrer sind beritten, breitrandige Sombreros auf dem Haupt, hinter sich im ›Partnersitz‹ die jeweilige Señora im Rüschenkleid. Da man für die Fahrt einige Tage braucht, wird an jedem Abend ein ›Heerlager‹ aufgeschlagen. Die Wagen bilden einen Kreis, in der Mitte brennt ein Lagerfeuer. Schon hier herrscht Fiesta-Stimmung. Man feiert drei Tage lang in Rocío weiter, wobei Landarbeiter ebenso wie Großgrundbesitzer sich gemeinsam dem Genuß von Speise und Trank hingeben, ein Volksfest, bei dem sich die harten sozialen Gegensätze verwischen.

Der letzte Tag gehört der Prozession, der vom Bischof von Huelva zelebrierten Messe in der Kirche von Rocío sowie der Huldigung der ›weißen Taube‹. Hierzu wird die Figur des Marienbildes auf silbernem Thron aus dem Gotteshaus getragen und der freudig wartenden Menge vorgestellt. Der Umzug ist begleitet vom Dröhnen der Schellentrommeln und dem Knallen der Feuerwerkskörper, all dies zu Ehren von ›Nuestra Señora sin peado‹ (Unsere Herrin ohne Sünde).

Flamenco

Zur andalusischen Folklore gehört der Flamenco, der aus dem Stegreif überall getanzt werden kann, wo Menschen zusammenkommen, oft unvermittelt in irgendeiner Bar eines Sevillaner Viertels. Gerade das Improvisierte macht seinen Reiz aus, nicht die einstudierte Zurschaustellung. Man kennt die verschiedensten, aus der jeweiligen Gegend gewachsenen Formen des Flamenco, seien es die Sevillanas, Granadinas, Fandangos oder Malagueñas. Der Tanz zu Gesang und Gitarreklang ging aus dem ›Canto jondo‹ hervor, der ältesten Liedform. Über sie hat *Manuel de Falla*, Andalusiens berühmtester Komponist, geschrieben, der sich um eine ›Intellektualisierung‹ des Flamenco bemühte. Nach seiner Meinung geht der Tanz auf byzantinische, griechische, hebräische, arabische Einflüsse zurück, wobei vor allem die Zigeuner sich seiner annahmen und ihn weitertrugen. Ebenso wie de Falla hat sich auch der Dramatiker *Federico García Lorca* ernsthaft mit dem Flamenco beschäftigt. Er betonte, daß die Tänzer und Tänzerinnen den *Duente* (Dämon) in sich haben müßten, anspielend auf die Intensität, die ein echter Flamenco besitzen muß. Man denkt, wenn von dem andalusischen Tanz die Rede ist, an den Wirbel bunter Röcke, das Gestampf von Männerstiefeln, an das Klappern der Kastagnetten und an Händeklatschen. Für den Andalu-

Flamenco-Tänzerin

sier ist aber bei den Flamencotänzerinnen besonders wichtig die anmutige Bewegung der Arme.

Der Tanz drückt Lebensfreude ebenso aus wie Verzweiflung. Einige Gitarristen, Sänger, Tänzer und Tänzerinnen sind berühmte Stars geworden. Am populärsten war die von Lorca hoch geschätzte *Pastora Pavon Cruz*, bekannt unter dem Namen *Niña de los Peines* (Kämme). Die Flamencosängerin und -tänzerin starb 1969 in Sevilla mit 79 Jahren. In der Nähe ihres Geburtshauses in der Calle de Calatrava, auf der Alameda de Hercules, wo alljährlich Fiestas veranstaltet werden, hat Niña oft Proben ihrer Kunst gegeben. Dort hat man der Tochter des sevillanischen Volkes auch ein Bronzedenkmal gesetzt.

Stierkampf

Bei den großen Ferias und Fiestas, auch in der Semana Santa, darf die Tauromachie nicht fehlen, der Stierkampf. In der Folklore Andalusiens nimmt er einen besonderen Platz ein; die Region ist das klassische Land der Aficionados, der Kenner des Zeremoniells; aus dem andalusischen Volk stammen berühmteste, verwegenste Toreros wie *Manolete, El Cordobés* und *Paquirri*. Andalusien hat die älteste Arena Spaniens (Ronda) und die größte (Sevilla). In Andalusien sieht man auch am häufigsten Toros bravos (Kampfstiere) auf der Weide; hier, in den Provinzen Huelva, Sevilla, Cádiz, werden sie gezüchtet

und zweijährig im Rodeo, dem Sammelplatz, getestet. Nur die kräftigsten und agilsten erhalten die ›Auszeichnung‹, später in der Arena anzutreten. Das geschieht, wenn sie bei zusätzlicher kräftiger Ernährung das 5. Lebensjahr erreicht haben.

Die ›Schönheiten‹ der Tauromachie, so wurde gesagt, offenbaren sich nur dem Spanier. Auch Fremde, die einer Corrida beiwohnen, bewundern den farbigen Einzug der Quadrillas, das Zeremoniell, die Musik, die tänzerische Eleganz der Toreros, den virtuosen Umgang mit den Capas, ihren roten Mänteln. Doch niemals bejahen sie das blutige Handwerk des Matadors, der den Todesstoß führt. Und doch gerade durch die beklemmende Gegenwart des Todes erhält die Tauromachie ihre metaphysische Dimension. Ohne diesen Bezug wäre der Stierkampf nicht spanisch par excellence und seines grausam überhöhten Sinns beraubt.

Trotz der konkurrierenden Großmacht Fußball lebt die Tauromachie zugkräftig weiter. Denn der Kampf zwischen Mann und Tier im Rahmen eines strengen Reglements entspricht tiefen Bedürfnissen der Volksseele, dem Gefühl für Repräsentation, feierliches Gepränge und kalten Realismus, all dem, was wir auch in der Kunst Andalusiens beobachten. Leben und Tod als schicksalhafte, sich ergänzende Einheit, das Leben bedingt durch den Tod, der Tod durch das Leben – das sind archaisch-altiberische Vorstellungen.

D. DIE KUNSTDENKMÄLER DER PROVINZ SEVILLA

I Sevilla

Die Lage

Sevilla ist mit 650 000 Einwohnern die Hauptstadt der gleichnamigen Provinz sowie der Region Andalusien, Sitz eines Erzbischofs und Standort einer der ersten Universitäten Spaniens. Sie liegt im Schwemmland des Río Guadalquivir, der 1927 reguliert worden ist, so daß auch kleinere Hochseeschiffe die Hauptstadt des Landes erreichen können, die über den einzigen Binnenhafen des Königreichs verfügt. Die viertgrößte Stadt Spaniens zählt zu den heißesten Europas, mit einem sommerlichen Rekord von 45 °C. Unter den Wirtschaftszweigen spielt die Keramikerzeugung eine große Rolle, vor allem in der Vorstadt Triana am rechten, dem Stadtkern gegenüberliegenden Ufer. Sevilla ist sechs Bahnstunden und 45 Flugminuten von Madrid entfernt. Der Hauptbahnhof (Estación de Córdoba) liegt nahe beim Strom, etwa auf der Höhe der Isabel-Brücke. 12 km trennen das Stadtzentrum vom Flugplatz San Pablo.

»Quien no ha visto Sevilla, no ha visto maravilla.« (»Wer Sevilla nicht gesehen hat, der hat noch kein Wunder gesehen.«) Das Sprichwort galt für das maurische und das christliche Sevilla des Mittelalters, und es gilt auch für die heutige Stadt. Sie besitzt ihr eigenes Flair durch ihre Bauten, ihre Geschichte, Kunst- und Literaturgeschichte, Stadt des ›Don Juan‹ und des ›Barbiers von Sevilla‹, Schauplatz auch von Bizets ›Carmen‹, klassische Stätte des Stierkampfs (die Arena hat 14 000 Plätze) und des Flamenco, der turbulentesten Fiestas und der Semana Santa, der Karwoche mit der Pracht ihrer Umzüge. Sevilla vermittelt die Impressionen inbrünstigen Glaubenseifers und ausgelassener weltlicher Fröhlichkeit. Ortega y Gasset hat die Kapitale Andalusiens als ›Stadt der Reflexe‹ bezeichnet und das Bonmot geprägt, der Fremde werde hier von einem Schwarm Bienen überfallen, die in seiner Seele gleichzeitig ihren Stachel und ihren Honig hinterlassen wollen. »Es gibt keine Stadt«, so räsoniert er weiter, »mit gelösterer Zunge; denn an anderen Orten sprechen gewöhnlich nur die Menschen; dort spricht alles, das schattige Sträßchen und das sonnige Plätzchen, der Fetzen Himmel und der Turm, der hineinragt, der Backstein der Mauer und die Blume auf dem Balkon. Von überallher kommen Stimmen, Gesten, Augenzwinkern . . .«

Geschichte

Am Anfang der Stadtgeschichte stehen, wenn auch mit schwachen Konturen, die Keltiberer. Desgleichen lokalisiert man an den Unterlauf des Guadalquivir das sagenhafte *Reich Tartessos*, das auf dem Boden des heutigen Sevilla vielleicht sein Zentrum hatte. Schon deutlicher im Licht der Geschichte steht die Präsenz der Phönizier in *Sephala* (= Niederung), wie die Stadt damals hieß. Aus der Zeit der Karthager, die während ihrer Großmachtstellung 236–206 v. Chr. Spaniens Süden besetzt hielten, ist der Name *Hispalis* bekannt. Die Römer nannten sie nach ihrer Einnahme im 2. Punischen Krieg *Colonia Julia Romula.* Caesar befestigte sie, um ein Gegengewicht zu Córdoba zu schaffen, das zu seinem Bürgerkriegs-Gegner Pompejus hielt.

441 geriet die Stadt wie ganz Spanien in die Hände der Westgoten, 712 nach einmonatigem Widerstand in die Gewalt der Araber, ein Jahr nach deren Landung auf der Halbinsel. Sie gaben ihr den Namen *Ichebiliya* und überließen das Stadtregime den Nachkommen des Königs Witiza.

Der erste Omaijaden-Kalif von Córdoba, Abd ar-Rahman III., setzte 913 der relativen Eigenständigkeit Sevillas ein Ende. 1146 geriet die Stadt unter das Regiment der berberischen Dynastie der Almohaden, denen sie die Bereicherung mit maurischen Bau- und Kunstwerken verdankt, an erster Stelle Giralda und Goldener Turm. Einen entscheidenden Einschnitt vermerkt die Stadtgeschichte mit der sechsmonatigen Belagerung und endlich geglückten Einnahme Sevillas durch den kastilischen König Fernando III., der 300 000 ›Ungläubige‹ vertrieb. Die Stadt nahm allmählich wieder ein christliches Gesicht an. Als Fernandos Nachfolger Alfonso X. über seinen aufsässigen Sohn Sancho gesiegt hatte, verlieh er der ihm treuen Stadt den Ehrentitel ›sehr nobel, sehr loyal, sehr heldenhaft und unbezwungen‹. Als heraldisches Zeichen der Einheit zwischen Krone und Untertanen führt Sevilla im Wappenbild eine Kordel unter der Königskrone mit den Buchstaben NO-DO, was ›nudo‹ (=›Knoten‹) bedeutet.

Nach der Entdeckung Amerikas erhielt die andalusische Hauptstadt von der Krone das Monopol für den Überseehandel. Mit der neuen kommerziellen Zielrichtung über den Atlantik setzte sich Sevilla an die Stelle Barcelonas, dessen auf das Mittelmeer ausgerichteter Handel nunmehr bedeutungslos geworden war. Die Stadt am Río Guadalquivir wurde auch politisch-rechtliche Instanz für die überseeischen Belange, als hier das Tribunal de las Indias seinen Sitz erhielt. Handelshäuser aus ganz Europa begründeten am Fluß ihre Faktoreien, so auch die deutschen Fugger und Welser. Die Blütezeit erlitt eine Einbuße, als die Habsburger das Indien-Tribunal nach Cádiz verlegten, hinzu kam 1649 eine Pestepidemie, welche die Bevölkerungszahl um ein Drittel verringerte (Seuchen forderten damals mehr Tote als Kriege).

Nach dem napoleonischen Überfall auf Spanien erhob sich Sevilla am 2. Mai 1808 unter Capitán Daoíz (Bronzedenkmal bei San Lorenzo) gegen die französische Besatzung; dennoch hielt sich General Soult bis 1812. Zu Beginn des Bürgerkriegs trat Sevilla durch ein ›Husarenstück‹ des Generals Queipo de Llano auf die Seite Francos; Zerstörungen blieben ihr weitgehend erspart. Nach dem General wurde eine der Hauptverkehrsadern genannt, die indessen heute wieder Avenida de la Constitución heißt.

Die Kathedrale (1)

Lage: Die Kathedrale *Santa María de la Sede,* auch *Heilige Patriarchalische Domkirche* genannt, ist eines der größten christlichen Gotteshäuser der Welt (neben St. Peter in Rom, der St. Pauls-Kathedrale in London, der Kathedrale in Mexico-City). Ein spanisches Sprichwort rühmt die Kathedrale von Toledo wegen ihres Reichtums, die von León wegen ihrer Schönheit, die von Sevilla wegen ihrer Ausmaße. Sevillas bemerkenswertestes Bauwerk liegt inmitten der Altstadt. An der Westfassade führt die beliebte *Avenida de la Constitución* vorbei, während das Ostwerk mit dem Eingang für Besichtigung (Puerta de los Palos) zur *Plaza Nuestra Señora de los Reyes* ausgerichtet ist, in deren Mitte eine Kandelabergruppe steht und die auch der Erzbischöfliche Palast flankiert. Die Südseite der Kathedrale berührt die *Plaza del Triunfo* mit einem Denkmal von 1758 zur Erinnerung an das große Erdbeben von 1755, dem Lissabon zum Opfer fiel, bei dem aber Sevilla verschont geblieben ist.

Geschichte: Wahrscheinlich befand sich zur römischen Zeit (Colonia Julia Romula) an der Stelle der Kathedrale ein römischer Tempel. Nach der Besetzung der Iberischen Halbinsel durch die Westgoten errichteten diese ein christliches Gotteshaus von beträchtlichen Ausmaßen. Als dann die moslemischen Araber dem Westgotenreich 711 ein Ende bereitet hatten, ließen sie in ihrer oft geübten Toleranz das westgotische Sanktuarium weiter für den christlichen Kult offen. Erst unter der fanatischen berberischen Dynastie der

Kathedrale: Südseite mit Puerta de la Lonja

Almohaden wurde die westgotische Kirche zerstört und 1172 durch die Große Moschee abgelöst, die wir uns ungefähr wie die Mezquita in Córdoba vorstellen können und die damals zu den größten Bethäusern der islamischen Welt zählte; Erbauer war der almohadische Emir *Abu Jakub Jusuf*, der schon wenige Jahre nach Baubeginn starb. Nach der Einnahme Sevillas im Zuge der Reconquista übergab der kastilische König *Fernando III.* den Bau am 23. Nov. 1248 den Christen, die in ihm ihre Gottesdienste abhielten. Doch als sich zu Beginn des 15. Jh. erhebliche Schäden zeigten, plante man einen Neubau, der ein überragendes Zeugnis des christlichen Glaubens darstellen sollte. Aus dem Jahre 1401 ist der Ausspruch des Domkapitels überliefert: »Bauen wir einen so schönen und großen Tempel, daß die Nachwelt uns für verrückt halten muß.« Die Kathedrale, mit deren Bau man 1420 im gotischen Stil begann, wurde durch Erzbischof Gutierre der *Santa María de la Sede (Hl. Maria des Bischofssitzes)* geweiht. Gegen Ende des Jahrhunderts bediente man sich bereits der Formen der Renaissance, bis zur Vollendung im Jahre 1506.

1511 stürzte die Kuppel samt Laterne ein, »mit einem Getöse, das die ganze Stadt in Schrecken versetzte«. Der angesehene Architekt *Juan Gil de Hontañón* erhielt 1519 den Auftrag zur Erneuerung; auf ihn geht in hohem Maße das heutige Aussehen der Patriarchalischen Domkirche zurück, die mit der neuen Kuppel eine Höhe von 56 m erreicht und sieben Schiffe mit 40 Säulen, 69 Gewölben, 74 Fenstern und 9 Portalen aufweist. 67 Bildhauer und 38 Maler wurden am Bau beschäftigt. Die Domherren beanspruchten von ihrem Einkommen nur das Lebensnotwendige, um das Ersparte der Finanzierung des riesigen Bauprojektes zukommen zu lassen. Von der ehem. Moschee blieb nur das Minarett (Giralda) neben einem Rest von Gemäuer und Bögen erhalten (namentlich im Orangenhof). Insgesamt wurde an der Großkirche 104 Jahre gebaut. 1888 stürzte durch ein Erdbeben ein Pfeiler mit einem Teil des Daches ein; die Schäden behob man aber sogleich ohne bauliche Änderung.

Der Außenbau

Mit seiner wuchtigen Baumasse überragt der mächtige und ausladende Komplex der Sevillaner Kathedrale weithin deren Umgebung; der Turm der *Giralda* (A) ist als Wahrzeichen von vielen Standorten aus einzusehen und beherrscht auch im weiteren Umland das Weichbild der andalusischen Hauptstadt. Die ehem. Moschee ist am rechteckigen Grundriß (130 × 76 m) und am *Orangenhof* (B) erkennbar. Eine Vielzahl von Strebebögen stützt das Dach mit dem Kuppelaufbau über der Vierung. Am Ostwerk rundet sich das Gemäuer zur apsiden Bauchung der erst später errichteten *Capilla Real* (a). Die Fassade im Westen ist im Vergleich zum Rang der Kathedralkirche wenig aufwendig. Die Außenfront im Süden, zur Plaza del Triunfo hin, besticht durch den hochragenden Bautrakt des Seitenportals, der *Puerta de la Lonja* (C), der mit seinem üppigen platteresken Dekor an den ›Horror vacui‹ der moluskenhaft ornamentierten Kirchen im altkastilischen Valladolid (Colegio de San Pablo!) erinnert. Über dem Spitzbogen der Pforte steigt ein krabbenbesetzter Dreiecksgiebel empor, in dessen Lünette sich Blendmaßwerk nach Art des spätgotischen französischen Flamboyant verschlingt. Das beiderseits freibleibende Feld ist mit vertikalen Schmuckleisten versehen. Im Oberteil der Portalzone umgibt ein Strahlenmuster ein großes Rundfenster, während eine zierliche Bordüre den Abschluß nach oben bildet. Die das Portal umrahmenden pfeilerförmigen Mauerpartien sind mit einem Gespinst filigranartigen Zierats überzogen. Der Aufbau über der Südpforte gleicht mit seiner prunkhaften, wahrhaft an die Kunst der Silberschmiede erinnernden Gestalt einem nach außen projizierten Retabel.

Das Innere

Das Innere der Patriarchalkirche wirkt nach Eintreten durch die *Puerta de los Palos* (D) überwältigend, unübertroffen in der mystischen Wirkung, majestätisch mit den langen Reihen monumentaler Bündelpfeiler. Das Kreuzgewölbe weist nach normannischem Muster – Normannen sollen am Bau mitgewirkt haben – Scheitelrippen auf; neben dem Kreuzgewölbe sind auch Netz- und Sterngewölbe vertreten, und über dem *Cruzero*, der allerdings kaum wahrnehmbaren *Vierung*, sind die Rippen mit platereskem Schmuck massiv angereichert. Das Kathedralinnere stellt mit seinen Kapellen und Nebenräumen zugleich ein Museum von Kunstschätzen und geschichtlicher Dokumentation dar.

Die *Farbfenster* stammen aus dem 16.–19. Jh., so daß die Gotik nicht mehr vertreten ist. Zu den ältesten Glasmalern zählen Flamen wie *Arnao de Flandres* (1525) und *Arnao de Vergara* (1558). Das Glasfenster, das im Renaissancestil eine ›Hirtenanbetung‹ wiedergibt, ist eine Kopie des Altarbildes von *Luis de Vargas* in der 1. rechten Seitenkapelle (c; *Capilla San Laureano*). Trotz der Fenster ist das Innere der Kathedrale nicht hell und durchscheinend (diaphan), wie man es von der Gotik eigentlich erwartet. Doch eine gewisse Düsternis entspricht ja auch der Besonderheit der spanischen Religiosität.

Wie in Spanien vielfach üblich, verstellen Einbauten im Längsschiff den Blick vom Haupteingang zum Chor, gleich dem Lettner in der deutschen Gotik. In der Kathedrale von Sevilla fällt dies bei der Höhe und Weite des Innenraums weniger störend ins Gewicht. Außerdem möchte man die Einbauten – *Capilla Mayor* (b) und *Coro* (d) – als typische spanische Eigenart nicht missen, auch im Hinblick auf die Kunstwerke, die damit verbunden sind. Zur Seite des Coro steigt eine *barocke Orgel* bis zur Gewölbezone empor; die Tonfülle wird gerühmt.

In den Boden zwischen der Eingangspforte im Westen und dem Coro ist die *Grabplatte* des 1539 verstorbenen *Fernán Colón* (e) eingelassen, des Sohnes von *Kolumbus* und *Beatriz Enriques* aus Córdoba, mit der der Entdecker nie verheiratet war. Kolumbus hatte ihn ebenso ins Herz geschlossen wie seinen legitimen Sohn *Diego* aus der Ehe mit der Portugiesin *Felipa Moniz*. In der Karwoche wird an der Bodenplatte ein 32 m hoher vierstöckiger Holzaufbau aufgestellt, den *Antonio Florentín* im 16. Jh. gefertigt und mit Figuren und Laternen ausgestattet hat. In der Nacht zum Karfreitag werden über der Platte 120 Silberlampen und 440 Kerzen entzündet.

Im rechten Seitenschiff, vor der Innenseite der *Puerta de la Lonja*, erhebt sich das stattliche *Grabmonument des Kolumbus* (f) selber, in dessen Lebensgang Sevilla eine so beachtliche Rolle spielte. Das 1902 von *Arturo Mélida* sehr naturalistisch gestaltete Denkmal zeigt 4

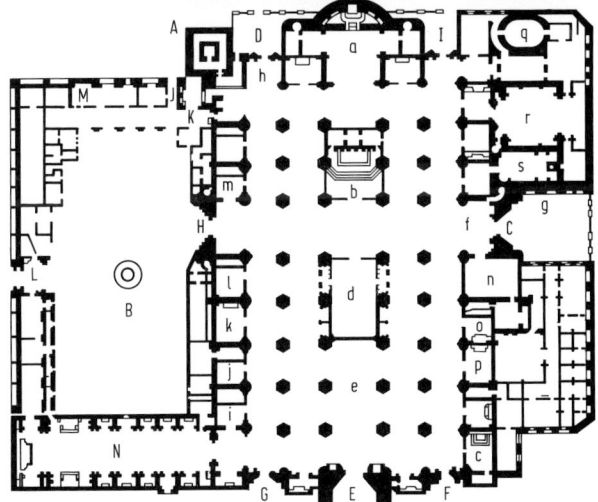

Kathedrale: Grundriß

A Giralda – B Patio de los Naranjos – C Puerte de la Lonja – D Puerta de los Palos – E Puerta Mayor – F Puerta del Nascimento – G Puerta de Bautismo – H Puerta de los Naranjos – I Puerta de las Campanillas – J Puerta Oriente – K Puerta de Lagata – L Puerta del Perdón – M Bibliothek des Domkapitels – N Sagrario – a Capilla Real – b Capilla Mayor – c Capilla San Laureano – d Coro – e Grabplatte Fernán Colón – f Grabmal Christoph Kolumbus – g ›Cristóbal‹ – h Capilla de San Pedro – i Capilla de San Antonio – j Capilla de las Escalas – k Capilla de Santiago – l Capilla de San Francisco – m Capilla de la Virgen del Pilar – n Capilla de la Virgen de la Antigua – o Capilla de San Hermengildo – p Capilla de San José – q Kapitelsaal – r Sacristía Mayor – s Sacristía de los Cálices

überlebensgroße Herolde, die als allegorische Figuren die Königreiche Kastilien, León, Aragón und Navarra symbolisieren und den Sarkophag auf ihren Schultern tragen. Die Gewänder der Figuren, die Goldkronen tragen, sind mit den jeweiligen Wappen ihrer Länder geschmückt. – Nach seinem Tod in Valladolid 1509, 17 Jahre nach seiner epochemachenden Entdeckung der Neuen Welt, war der ›Descobridor‹ zunächst in Las Cuevas bei Sevilla bestattet worden. Von dort brachte man seine sterbliche Hülle 1596 nach Santo Domingo auf Haiti, dem Zentrum des spanischen Kolonialreiches in Amerika und Sitz des Indienrates. Als Santo Domingo 1795 an Frankreich verloren ging, transponierte man den Sarg in die Kathedrale von Havanna. Beim Verlust Kubas im spanisch-amerikanischen Krieg kehrte Kolumbus in seiner postumen Odyssee 1898 nach Spanien zurück, wo er in der Kathedrale von Sevilla seine letzte Bleibe fand. Ob sich in dem Grabmonument wirklich seine Gebeine befinden, ist allerdings nicht gesichert.

Die Capilla Real (a)

Wendet man sich vom Kathedral-Eingang nach links, so gelangt man, an der *Capilla de San Pedro* (h) vorbei, zur *Capilla Real,* der *Königlichen Kapelle.* Wegen ihres Reichtums an Geschichte und Kunstgeschichte verdient sie besondere Aufmerksamkeit. Sie wurde erst nachträglich (1551–1575) in Apsisform und kuppelüberwölbt in das Westwerk eingefügt, wobei als Baumeister *Martín Gainza, Hernán Ruiz* und zuletzt *Juan de Maeda* wirkten. Die großenteils plateresk ausgestattete Capilla ist der würdige Raum für die in Sevilla hochverehrte ›Virgen de los Reyes‹ (›Jungfrau der Könige‹), die, aus Lärchenholz gefertigt, aus der Mitte des 13. Jh. stammt, aber nur schwache romanische Stilmerkmale erkennen läßt; das ausdrucksarme Antlitz wirkt eher puppenhaft. Die schmuckübersäte Figur ist allerdings, wie das Kind auf dem Schoß, fast ganz in Gewänder gehüllt (weißes Seidenkleid und roter Samtumhang mit Goldbordüren); ein Spitzentuch bedeckt das Haupt. Die schweren Goldkronen wurden ihr und dem Kind erst 1904 aufgesetzt. Der silberne Thronsessel trägt die kastilischen Wappen-Embleme, Kastell und Löwe, was die enge Verquickung irdischer und himmlischer Macht anzeigt, worauf die spanischen wie die portugiesischen Königshäuser Wert legten. Die Figur der ›Virgen‹ thront in einer goldfarbenen, von vegetabil ornamentierten Rundsäulen flankierten Nische. Über einem Baldachin sieht man das Relief von Gottvater. Sich nach oben verjüngende kannelierte Pilaster umsäumen das um das Verehrungsbild geschaffene Arrangement. Es heißt, die Marienstatue sei ein Geschenk des französischen Königs Saint Louis an seinen kastilischen, ebenfalls später heiliggesprochenen Vetter *Fernando III.* Dieser, der ›Erobererkönig‹, ist in einem reichverzierten Schrein des Jahres 1729 aus Silber und Bronze der Tradition nach ›unverwest‹ beigesetzt; der Schrein ist ein Geschenk des spanischen Bourbonenkönigs Philipp V. aus dem Jahre 1717. Vom ursprünglichen Sarkophag, in Auftrag gegeben von Fernandos Sohn Alfonso dem Weisen, ist nur der Sockel mit hebräischen, arabischen, lateinischen und altspanischen Inschrift-Resten erhalten. Die Capilla verwahrt ferner die (freilich 1531 stark geflickte) Fahne des hl. Ferdinand, sein Schwert, das am 23. November bei der Prozession mitgetragen wird, seine Gürtelschnalle und seine Sporen, außerdem in einem Silberreliquiar einen Finger des kastilischen Königs.

Hinter dem Silberschrein führen Stufen in die *Krypta* hinab, in der auf einem Altar die 40 cm hohe Elfenbeinstatue der ›Virgen de las Batallas‹ (›Jungfrau der Schlachten‹) steht, eine französische Arbeit aus dem 14. Jh. Die Überlieferung sagt, daß Fernando III. sie in der Schlacht am Sattelknopf mit sich geführt hat, in den sie eingedübelt war. Messingbeschlagene Särge der Krypta enthalten die sterblichen Reste des kastilischen Königs *Peter des Grausamen* und seiner Geliebten *María de Padilla* (vgl. Alcázar), dazu mehrerer Infanten.

Besondere Beachtung verdienen auf halber Höhe der Seitenwände der Kapelle zwei gefaßte kniende Grabfiguren. Die rechte stellt *Ferdinands Witwe Beatrix* dar, die linke deren Sohn *Alfonso X. (den Weisen)*. Die Statuen sind das Werk eines Künstler-Teams, in dem sich neben *Antonio Cano Correa* und *Juan Luis Vassalo* auch – eine Seltenheit! – eine Frau befunden hat. Zu den Schätzen der Kapelle zählen ferner Gemälde von *Pacheco, Cano* und *Murillo*; von letzterem ein Porträt des in Sevilla oft abgebildeten heiligen Königs. Vom Entdeckungszeitalter zeugen liturgische Geräte und ein Elfenbeinkreuz, Begleiter des *Hernán Cortés* bei der Eroberung Mexikos 1519. Ein Bogen über dem Eingang der Capilla Real trägt *Apostelstatuen* von 1555, à jour von *Lorenzo de Vao* gearbeitet. Die kunstvolle *Reja* darunter macht der Kathedrale alle Ehre; sie ist eine Stiftung König Karls III., der nach Niederlegung der Krone von Neapel sich in Spanien durch seine Verwaltungsmeriten im Volk den Namen eines ›Bürgermeisters von Madrid‹ erworben hat. Das Ziergitter bietet eine historische Figurengruppe: ›Fernando III. empfängt zu Pferd die Schlüssel des kapitulierenden Sevilla‹. Der Monarch trägt die Sporen, die in der Capilla ausgestellt sind.

Die Capilla Mayor (b)

Von der *Capilla Real* gelangt man nach kurzem Weg zum unübersehbaren Komplex der *Capilla Mayor*, der *Hauptkapelle*, in der Mittelachse des Kathedralinnern. Auch hier erfreut eine *Reja* das Auge, in diesem Fall von gigantischem Ausmaß und dreiseitig, geschmückt mit Medaillons, ein Werk der Kartäuser *Francisco de Salamanca* und *Sancho Muñoz*; von letzterem stammen auch die seitlichen Gitter. Erzbischof Diego de Deza, dessen Grabmonument sich in der *Capilla de San Pedro* (h) befindet, hat für die Fertigung und Vergoldung 100 000 Golddublonen gestiftet, wodurch verständlich wird, warum unten am Gitter sein Wappen erscheint.

Durch das Gitter hindurch schaut man auf den *größten gotischen Hochaltar der Welt*, der mit 23 × 20 m die Rückwand der Kapelle füllt, ja diese an Höhe überragt. 45 Felder von je 1 m Höhe bilden einen Wald von Schnitzereien mit Szenen aus dem Leben Jesu und seiner Mutter sowie einiger Sevillaner Heiliger. Die Überfülle der Figuren veranlaßte den Engländer *Henry Vollam Morton* zu dem Ausspruch, hier sei »die gesamte Einwohnerschaft einer mittelgroßen gotischen Stadt versammelt«. Die Bildhauerarbeiten des 1482 erstellten *Retablo* sind durchweg Meisterwerke und stammen von einer Elite von Skulpteuren: u. a. *Pieter Dancart, Bernardo* und *Francisco de Ortega, Jorge Fernandez, Juan Lopez, Pedro de Heredia, Diego Vasquez*. Die nachträgliche Fassung besorgten 1526 *Alejo Fernández* und *Andres de Cavarru-*

Retablo der Capilla Mayor

bias. Die Mitte der kassettierten Bilderfolge nimmt die ›Verehrung Marias‹ und darüber die ›Auferstehung Christi‹ ein. Um perspektivische Verzerrungen auszugleichen, haben die Schöpfer des Altars den oberen Figuren ein größeres Format gegeben, ein Trick, dessen sich später in ähnlicher Weise auch das Barock bediente. Die zweireihige *Predella* zeigt als Flachreliefs Szenen und *Stadtansichten Sevillas*, darunter eine Wiedergabe der Kathedrale noch vor Erhöhung der Giralda und Anbau der Capilla Real sowie die Stadtheiligen *Justina* und *Rufina* mit Sevilla im Hintergrund.

Vor dem Retablo der Capilla Mayor steht, teils silbergefaßt, teils polychrom, die aus Zypressenholz geschnitzte ›Virgen de la Sede‹, gleich dem Kind auf ihrem Schoß mit Goldkrone. Wie der ›Virgen de los Reyes‹ wird auch der ›Jungfrau des Sitzes‹ aus dem späten 13. Jh. als der Namengeberin der Kathedrale besondere Verehrung zuteil.

Durch eine Tür hinter dem Retablo gelangt man in die sog. *Sacristía Alta*, in der eine platereske *Artesonadodecke* sehenswert ist; auch hängen hier drei gute Gemälde von *Alejo Fernández*, der mit seinem Hauptwerk im Alcázar vertreten ist.

Grabmal des Erzbischofs Juan de Cervantes (1453)

Coro und Trascoro (d)

Jenseits des *Cruzero*, der sich an die *Capilla Mayor* anschließt, erreicht
man den ebenfalls frei im Kathedralinnern stehenden *Coro* (Chor)
von *Sancho Muñoz* (1519). Auch hier bildet eine der *Rejas*, deren Spanien so reich ist, den frontalen Abschluß; *Fray Francisco de Salamanca*,
bereits vom Gitter der Hauptkapelle bekannt, hat auch dieses hier
geschaffen. Hohen Rang beansprucht das *Gestühl (Silleria)* mit gotischen, mudéjaren und platteresken Elementen. Die 117 Sitze sind mit
Schnitzereien und Intarsien verziert. Unter den dargestellten Motiven erkennt man auch die *Giralda*. Am 2. Sitz zur Linken, der mit dem
Königswappen versehen ist, steht der Satz: »Nufro Sánchez, der
Holzschnitzer, den Gott erhalten möge, machte diesen Coro, vollendet 1478.« Erwähnenswert auch die *Chorpulte* von *Bartolomé Morel*
(1570), deren eines den Verwendungszweck für ›Cantate et Exultate
et Psalite‹ angibt. Auf den Pulten liegen aufgeschlagen kostbare
Skripte.

Der Umfang des Coro erlaubt es, daß sich an jeder äußeren Seitenwand zwei
Kapellen befinden. An der Rückseite vermittelt der sog. *Trascoro* etwas kühle
Renaissance in Form von Marmorreliefs. Doch man übersehe nicht ein kleines Bild von *Pacheco* von 1633, das die ›Übergabe Sevillas an Fernando III.‹ darstellt, ein bis in die Glanzzeit der andalusischen Malerei hinein immer wieder
beliebtes Motiv der nationalen Geschichte.

Portale und Kapellen

Acht Portale führen in die Kathedrale: Die neuere *Puerta Mayor (E)*
der Westfassade, die wenig Kunstwert besitzt, wird flankiert von der

Puerta del Nascimento (F; Pforte der Geburt) rechts und der *Puerta del Bautismo (G; Taufe)* links; beide Portale weisen Terrakottareliefs auf, die Biblisches mit Folklore verbinden, so etwa tanzende Hirten auf einer Bildgestaltung von *Pedro Millán* um 1500. – An der Nordseite führt die unvollendete *Puerta de los Naranjos (H)* zum *Orangenhof (B)*; über ihr hängt ein Bild von *Murillo*, der in der Kathedrale am häufigsten vertreten ist; vielleicht hat der Künstler früher deshalb eine so unmäßige Schätzung erfahren, weil seine Werke in so repräsentativer Zurschaustellung jedermanns Blick zugänglich waren. Nach außen präsentiert sich die Orangenpforte als prächtiges, nur leicht abgewandeltes Gegenstück zur Puerta de la Lonja.

Die heutige Eingangspforte im Osten, *Puerta de los Palos (D)*, wurde 1520 von dem Franzosen *Miguel Perrín* mit einem Giebelrelief versehen, das die ›Anbetung der Könige‹ in einer feierlichen Szene zeigt. Unter ›Palos‹ ist ein ehem. Holzgitter zu verstehen, das zu einem Versammlungstrakt für Dekan und Kapitel führte. Die zweite Pforte der Ostseite trägt den Namen *Puerta de las Campanillas (I)* mit dem im Giebelfeld versinnbildlichten ›Einzug in Jerusalem‹, ebenfalls von *Perrín* und leicht an dessen künstlerischer Handschrift zu erkennen. Die Puerta heißt nach einer Glocke, die einst Anfang und Ende der Arbeitsstunden des Dienstpersonals der Kathedrale anzeigte.

Gegenüber der *Puerta de los Naranjos (H)* auf der Höhe des *Cruzero*, befindet sich die Südpforte, *Puerta de la Lonja (C; vgl. S. 33)*. Links von ihrer Innenseite erhebt sich al fresco ein riesiger ›Cristóbal‹ (g; 1584) von *Mateo Pédrez de Alesio* aus dem damals spanischen Lecce in Unteritalien – sinnig, daß dieser ›Cristóbal‹ (›Hl. Christophorus‹), der das Jesuskind über das Wasser trägt, neben dem Grabmonument eines anderen ›Christusträgers‹ steht, des *Cristóbal Colón* (Kolumbus).

Die Portale unterbrechen den Kranz der Kapellen. Kaum eine, die nicht Kunstobjekte erster Güte enthält. Folgt man dem Uhrzeiger, so bietet die *Santo Antonio* geweihte erste Seitenkapelle links (i) wiederum einen *Murillo*, dazu einen weltberühmten aus dem Jahre 1656: Der hl. Antonius steht extatisch vor dem ihm erscheinenden Jesuskind, ein in warmem Goldton gehaltenes, volkstümliches Bild voll rührender Gläubigkeit, vor allem in der Darstellung des Staunens im Gesicht des *Antonius*. Die Capilla enthält ferner Malereien von *Valdés Leal, Pacheco* und *Zurbarán*, von diesem die leitmotivisch vielerorts auftauchenden Märtyrerinnen *Justina* und *Rufina*.

Es folgt die *Capilla de las Escalas (j)*, wo man unerwartet auf typisch blauweiße Keramikreliefs des Florentiners *Della Robbia* stößt, der auch in der *Capilla de Santiago (k)* vertreten ist. Wie der ›Maurentöter‹ Jakobus in die Schlacht von Clavijo eingreift, versinnbildlicht daneben ein historisches Tableau von *Juan de las Roelas* von 1609. In der

Capilla de San Francisco (l) – neben der Orangenpforte – hängt die ›Verklärung‹ des *Poverello* nach der Auffassung *Herreras* (1657). *Valdés Leal* wird das Bild der ›Jungfrau mit dem hl. Ildefonso‹, dem großen Sevillaner Glaubenslehrer, zugeschrieben. Anklänge an niederländische Gotik verrät die liebliche ›María‹ von *Pedro Millán* in der *Capilla de la Virgen del Pilar (m)*, geweiht der in Saragossa verehrten ›Jungfrau auf der Säule‹; die im Volk sehr beliebte Madonna fällt neben der Eingangspforte sogleich in den Blick.

Die *Capilla de San Pedro (h)* zwischen Eingang und *Capilla Real* enthält auf neun Tafeln einen Zyklus über das Leben des heiligen Fischers aus der Werkstatt des ›Malers der Mönche‹: *Zurbarán*. In der Mitte sieht man ›St. Peter mit Papstkrone‹, eine Vorstellung, die auch die Kunst Portugals kennt, etwa *Grão Vascos* ›São Pedro‹.

Die linke, nach Süden gelegene Kapellenreihe der Kathedrale weist die größte und prächtigste Kapelle auf: die *Capilla de la Virgen de la Antigua (n)*. Ein platereskes Grab von *Domenico Fancello* (1509) verwahrt die sterblichen Reste des Kardinals Mendoza. Bei einem Fresko der Jungfrau aus dem 14. Jh. dürfte eine Ikone Pate gestanden haben, doch kennt man solche Anklänge ja auch von der italienischen Frührenaissance. – Als nächstes folgt die Kapelle für den in ganz Spanien vertretenen westgotischen *hl. Hermengildo (o)*, welcher der ›Irrlehre‹ des Arianismus abgeschworen hat. In der Capilla befinden sich eine prächtig gekleidete Heilige von Zurbarán sowie das ergreifendste steinerne Grabbild der Kathedrale: die von Lorenzo Mercadante stammende *Liegestatue des Erzbischofs Juan de Cervantes* († 1453). Zu Füßen des Kirchenmannes sieht man einen Hirsch, wohl wegen der Wortähnlichkeit Cervantes–Cierva. Einen ähnlichen Eindruck des Friedens im Ewigen gewährt sonst nur noch die gleichfalls liegende, porträtähnliche Gestalt des Erzbischofs *Juan de Aragón* in Tarragona, eines Nachkommens der Staufer. – Auch die nun folgende *Capilla de San José (p)* enthält ein kirchenfürstliches Grab, nämlich des *Arzobispo Tarancón. Valdés Leal* ist mit einer ›Hochzeit Mariä‹ würdig vertreten.

Sakristeien und Kapitelsaal

Rechts von der *Puerta de las Campanillas (I)*, in der Südostecke der Kathedrale, gelangt man in den ovalen *Kapitelsaal (q; Sala Capitular)*, Baubeginn 1530. Betritt man ihn durch den Vorraum (mit Reliefs und Halbmedaillons von *Pedro de Pesquera*), fällt der Blick sofort auf den Scheitelpunkt der Ellipse, wo *Murillos* vielleicht populärste ›Inmaculada‹ zu sehen ist, ein den Raum dominierendes Gemälde, großzügig und konzentrisch, ohne den süßlichen Beigeschmack, von dem der Maler nicht immer loskommt. Basreliefs der Renaissance reihen darunter biblische Szenen aneinander, mit der ›Himmelfahrt Mariä‹ in der Mitte. Die ausschließlich von Sevillaner Künstlern *(Céspedes, Velasco, Vasquez, Cabrera)* gestalteten Szenen sind durch ionische Säulen getrennt. Unter anderen Heiligenbildern sieht man auch hier ›San Fernando‹ von dem in der Kathedrale mehrfach vertretenen Maler *Francisco Pacheco*, der die Schule von Sevilla begründet hat und zugleich Lehrer und Schwiegervater von *Velázquez* war.

Die neben dem *Kapitelsaal* gelegene *Sacristía Mayor (r)* wurde von *Diego de Riaño* gotisch begonnen, von *Gainza* im Stil der Renaissance vollendet. Die korinthischen Säulen, die die Decke tragen, sind üppig ornamentiert, riesige Muscheln breiten sich über Ecken und Nischen. Philipp II. soll den Domherren ihre Pracht vorgeworfen haben: ihre Sakristei sei reicher als seine Kapelle.

Das prächtigste Stück aus der Vielzahl sakralen Kunstgewerbes ist eine 3 m hohe, ca. 300 kg schwere *Prozessionsmonstranz* von *Juan de Arfe* (1581). Hinter dem Namen des Künstlers verbirgt sich ein *Hans von Harfe*, vermutlich ein Deutscher. Er ist Sohn und Schüler von *Heinrich von Harfe*, der in Toledo ein Gegenstück, ein gotisches Sakramentshaus, schuf. *Juan de Arfe* hingegen ist mit einer ›Custodia‹ auch in der Kathedrale von Ávila vertreten; er hat den Hostienbehälter 1564 noch nicht 30jährig gefertigt. Die Monstranz von Sevilla weist fünf übereinandergesetzte Ebenen auf, jede enthält eine biblische Szene, wobei die Figurengruppen nach oben immer kleiner werden. – An zweiter Stelle nennenswert ist ein 7 m hoher, 15armiger *Bronzeleuchter* von *Bartolomé Morel* (1562). In der Karwoche wird der ›Tenebrario‹ in der Vierung aufgestellt und mit 13 Kerzen versehen, die nacheinander, stets während des Miserere, ausgelöscht werden, um den Weggang der Apostel anzudeuten – nur die dreizehnte brennt weiter als Sinnbild der Jungfrau.

Unter den Malereien nimmt die in Diagonalen komponierte, kräftig kolorierte ›Kreuzabnahme‹ *Pedro de Campañas* von 1548 einen besonderen Platz ein. Der Flame mit dem originalen Namen *Pieter de Kempeneer* zeigt starke Anlehnung an das Rinascimento Italiens; *Murillo* hat ihn hochgeschätzt. Reliquiare in Triptychonform (Tablas Alfonsinas) sind ein Geschenk Alfonsos des Weisen von 1284. San Fernando trägt in anachronistisch-barockem Kostüm eine mächtige Krone; Schaukästen bieten Sakralobjekte in Gold; die Sevillaner Heiligen *Leander* und *Isidor* sind bemerkenswert, weil sie von *Murillo* stammen, wobei ein Freund für letzteren Modell stand. Im Annex, der sog. *Schatzkammer*, prunkt eine moderne Krone der Jungfrau mit 12 000 Edelsteinen.

Neben der Hauptsakristei liegt die *Sacristía de los Cálices (s)* vom gleichen Architekten *Diego de Riaño*. Auch hier Erstklassiges an Kunst: ein Christuskopf von *Murillo* sowie von *Goya* die beiden Heiligen

Justina und Rufina, dargestellt vor der Giralda, mit Palmzweigen, Töpferwaren und einem zerborstenen heidnischen Idol. *Goya* spielte darauf an, daß die beiden ›Santas‹, Töpferinnen aus Triana, in der römischen Ära das Martyrium erlitten, weil sie ein Götterbild zertrümmerten. Neben 40 Gemälden aus ersten Werkstätten von *Valdés Leal* und *Zurbarán* bis *Pacheco* und *Vargas* stößt man auch auf einen *Tizian*. Die Altarfigur des Gekreuzigten stammt von *Juan Martínez Montañés*, jenem Andalusier, den man ein wenig willkürlich den ›Sevillaner Phidias‹ genannt hat.

Die Giralda (A)

Bei der Puerta de los Palos an der Seite des Ostwerks steht man vor dem Eingang zu jenem Teil der Kathedrale, der als der staunenswerteste und attraktivste gilt und als das *Wahrzeichen Sevillas* angesehen wird: die *Giralda*. Der gleich einem Campanile vom Gesamtkomplex getrennt aufragende Turm, geradezu ein ›Fanal des Glaubens‹, mißt eine Höhe von 93 m und ist bis zur 70 m hohen Plattform, dem oberen Abschluß des maurischen Baus, besteigbar.

Der 1176 unter den *Almohaden* – 465 Jahre nach dem Einbruch des Islam in Spanien – begonnene mächtige Turm ist im unteren Teil mit Haustein gemauert und darüber, unter Almansor Jakub, mit schmalen Ziegeln (nach der Art, wie sie unter dem römischen Kaiser Trajan aufgekommen sind) bis oben weitergeführt. Das stark patinierte Ocker geht auf den ursprünglichen maurischen Anstrich zurück. Die Namen der Architekten sind überliefert: *Ahmed Ibn Basso* und *Ali el Gomarí*. Sie haben sich nach der im Maghreb (Nordwestafrika) gebräuchlichen Minarettform gerichtet, die im Gegensatz zu den ›Bleistiftminaretts‹ am östlichen Mittelmeer und in der Türkei einen quadratischen Grundriß aufweist. Die beiden Gegenstücke zur *Giralda* – und mit dieser zusammen die hervorstechenden Beispiele dieses Bautyps – sind der sog. *Hassanturm* in Rabat und das Minarett der *Kutubiya* (Buchhändler-Moschee) in Marrakesch (Marokko). Wie dort sind auch bei der Giralda die ausgewogenen Proportionen und die Feinheiten der Oberflächenbehandlung bewundernswert. Lisenenartige Streifen gliedern das Gemäuer, zwischen denen Zwillingsfenster (Ajimeces) mit kleinen Balkonen angebracht sind; die Kapitelle der Marmorsäulchen stammen aus dem damals schon zerfallenden Kalifenpalast von Medina Azahara bei Córdoba (vgl. Nr. 14). Zu beiden Seiten der Fensterzone bedeckt ein Sebkamuster (Ajaracas) textilartig den Baukörper, ein spitzenartiges Gespinst wellenförmiger Diagonale. Den oberen Abschluß des Minaretts bildet ein Saum sich überschneidender Spitzbögen.

Die Plattform war zur Zeit der Almohaden von einem kleineren

*Giralda: Drei
Bauphasen und
Längsschnitt*

Turm mit Keramikkuppel (wie noch heute bei den Moscheen des Maghreb üblich) gekrönt, auf dem sich an einer Stange 4 Himmelskugeln reihen, die sich nach oben verkleinern. Die Vergoldung im Jahre 1198 soll 100 000 Denare gekostet haben. Im Innern des Minaretturmes führt eine bis heute erhaltene sanft aufsteigende Holzrampe spiralenförmig zur Plattform empor, die für zwei Berittene nebeneinander benützbar war.

Erst etwa 300 Jahre nach der Rückeroberung Sevillas durch die Christen wurde der kandelaberartige heutige Turm (anstelle eines einfachen Glockentürmchens von 1395) auf den quadratischen maurischen Bau gesetzt, um weithin den Triumph des Christentums zu dokumentieren. *Hernán Ruiz* aus Córdoba hat den Aufsatz 1568 gebaut, unten quadratisch, oben kreisförmig, bei harmonischem Zusammenklang mit der maurischen Bausubstanz. *Bartolomé Morel*, der Meister des Leuchters in der Sakristei, schuf die heute noch den Turm krönende 4 m hohe und 1288 kg schwere Bronzefigur des ›Glaubens‹ (›Fides‹). Die Figur, die sich gleich einer Wetterfahne im Wind dreht, hält in Händen eine Standarte und einen Palmzweig. Von dieser Figur – ›Giraldilla‹, die ›Sich Drehende‹ – hat der gesamte Turm den Namen bekommen. – In der *Glockenstube* hängen 25 Glokken; die älteste stammt von einem 1400 gefertigten Uhrwerk.

Der Aufstieg zur *Plattformterrasse*, der mit äußerster Bequemlichkeit zu bewältigen ist, gehört unabdingbar zum Programm eines Kathedralbesuchs. Von der Balustrade rundum überblickt man in überwältigender Sicht die Dachkonstruktion der Großkirche, die Altstadt von Sevilla, ihre Gärten und Türme, deren einige ebenfalls den maurischen Ursprung verraten, den Río Guadalquivir und das jenseits des Stromes gelegene Viertel *Triana*, wo heute noch wie zur Zeit der Stadtheiligen Justina und Rufina die Töpfer ihre Quartiere haben.

Patio de los Naranjos (B)

Der *Orangenhof*, der sich an die Nordseite der Kathedrale anschließt, entspricht dem ehem. Vorhof der almohadischen Hauptmoschee. Erhalten geblieben ist ein oktogonales Becken als Relikt des islamischen Reinigungsbrunnens; man nimmt an, daß es auf die frühere westgotische Bischofskirche zurückgeht. Nach dem Bericht des Augenzeugen *Morgado*, der den Hof noch vor der Restaurierung 1618 gesehen hat, waren außer den Orangenbäumen auch Palmen, Zypressen und Zitronenbäume angepflanzt. Man erreicht den Hof von der Plaza Nuestra Señora de los Reyes aus durch die *Puerta Oriente (J)* dicht neben der Giralda, vom Kathedralinnern aus durch die *Puerta de Lagata (K; Eidechsenpforte)*. Dem Tor ist als Relikt der Moschee ein Hufeisenbogen vorgelagert. Über der Puerta hängt ein hölzernes Krokodil, zur Erinnerung an das Tier, das der Sultan von Ägypten 1260 Alfonso dem Weisen geschenkt haben soll, außerdem ein Elefantenzahn und das angebliche Zaumzeug *Babiecas*, des Streitrosses des *Cid*.

Den östlichen Abschluß des Orangenhofes bildet das Gebäude der *Bibliothek des Domkapitels (M)*, einschließlich der *Bibliothek des Fernán Colón (Biblioteca Colombina)*, die der Sohn des Kolumbus dem Domkapitel vermacht hat und von deren angeblich 500 000 Folianten noch etwa 3000 vorhanden sind. Die Stiftung hat vielleicht mit dazu beigetragen, daß man den Kolumbussohn mit der Bodenplatte in der Kathedrale geehrt hat. Zur Sammlung gehören Bücher aus dem Besitz des Entdeckers vor und nach 1492, teilweise mit eigenen Randglossen in Spanisch, Portugiesisch und Italienisch, sowie Stundenbücher aus dem 13. bis 15. Jh. Besonderen Wert hat auch die Bibel Alfonsos des Weisen. Gezeigt wird ferner das Schwert von Fernán Gonzales, der an der Eroberung Sevillas beteiligt war, und ein Bildnis *San Fernandos* von *Murillo*.

An der Westseite des Orangenhofes liegt, bekannt unter dem Namen ›Sagrario‹, eine *barocke Kirche (N)*, erbaut von *Zumárraga* und *Iglesias*. Den ›Einzug in Jerusalem‹ bietet ein Relief von *Pedro Roldán* am Hauptaltar; Statuen der Evangelisten und Kirchenväter stammen von *José de Arce* (1657).

Von der *Calle de los Alemanes* im Norden aus gelangt man in den Hof durch die *Puerta del Perdón (L)*, dem bedeutendsten aller Eingänge, vor allem deswegen, weil der Hauptteil der Pforte noch aus maurischer Zeit stammt. Besonders die Innenseite des Tors zeigt dies an: über dem Hufeisenbogen ein Mauerstück mit Schmalziegeln, ein Ajimeces-Fenster und Nischen mit Sebka-Musterung, als oberer Abschluß typisch arabische Lebensbaumzinnen. Die Außenseite der Puerta wurde 1522 von *Bartolomé López* plateresk umrahmt. Ein Flachrelief, ähnlich denen der anderen Pforten, zeigt die ›Vertreibung der Händler aus dem Tempel‹ mit einem Architekturhintergrund der italienischen Renaissance; die Arbeit stammt von einem Florentiner namens *Miguel* aus dem Jahre 1519. Die Apostelfürsten flankieren das Tor, dessen Türflügel mit Bronzeplatten aus maurischer Zeit armiert sind, erkennbar schon an den kufischen Lettern.

Palacio Arzobispal *(Erzbischöflicher Palast)* (2)

Das repräsentative Gebäude des Palacio Arzobispal an der Plaza de la Virgen de los Reyes bildet zusammen mit dem Ostwerk der Kathedrale und dem barocken Convento de la Encarnación (Konvent der Fleischwerdung) ein geschlossenes Ensemble, einen ›Saal im Freien‹. Der Palast des geistlichen Oberhauptes von Sevilla ist ein Renaissancebau, dessen Schmuck sich überschäumend auf die Portalzone konzentriert; zwischen dekorativen Elementen tummeln sich über dem Torbogen Putten, deren einer eine Tiara in den kleinen Händen hält. Der bis zum First aufsteigende Schmuck erinnert an die Arbeit spanischer Altarschnitzer.
Der Erbauer des Palacio ist der Figueroa-Schüler *Lorenzo Fernández de Iglesias* (1704). Miguel Ramos schuf im Innern eine mehrfarbige Marmortreppe. Unter den Gemälden des Palacio befinden sich ein Murillo und ein Velásquez (›Einkleidung des hl. Ildefonso durch die Jungfrau‹). Den hinter dem Palast gelegenen Hof schließt eine noble, schmucklose Renaissance-Front ab.

Der Alcázar (3)

Geöffnet: 9.00–12.15 und 16.00–18.30 Uhr, im Winter 15.00–17.30 Uhr.

Das nach der Kathedrale wichtigste Besichtigungsobjekt Sevillas liegt in ihrer unmittelbaren Nachbarschaft, an der *Plaza del Triunfo*. Die ehem. Maurenburg setzt sich aus verschiedenen Partien zusammen: dem Rest des arabischen Baus, den Palästen Peters des Grausamen und Karls V. sowie den Gärten. Die Anlage besitzt 5 Höfe. Die Vielzahl der Innenräume ähnelt denen der Alhambra in Granada. Doch trifft man hier, außer geringen Relikten, keinen original-islamischen Stil an, sondern die als ›mudéjar‹ bezeichnete Nachahmung durch die kastilischen Könige.

Geschichte: Der Alcázar entstand bereits 712, ein Jahr nach der arabischen Invasion auf die Halbinsel unter Tarik und Musa, am Platz des römischen Prätoriums der Stadt Hispalis. Doch erst Abu Jakub Jussuf, der die Hauptmoschee errichtete, baute die Festung als wichtigsten Punkt der Stadtbefestigung aus. Nachdem Fernando III. 1248 das kastilische Banner auf die Torre de Abd-el-Aziz aufgepflanzt und Sevilla eingenommen hatte, übernahm er den Alcázar als königliche Residenz.

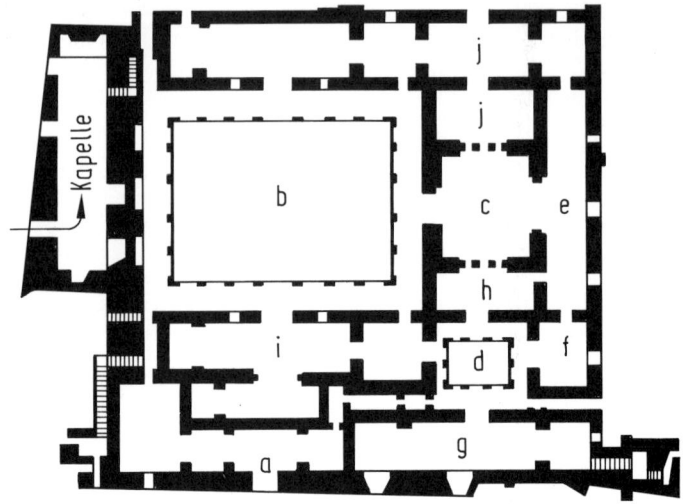

Alcázar: Grundriß des Palastes Peters des Grausamen
a Hauptpforte – b Patio de las Doncellas – c Sala de Embajadores – d Patio de las Muñecas – e Speisesaal – f Sala de los Reyes Católicos – g Sala de los Principes – h Schlafzimmer Philipps II. – i Schlafsaal der Maurenkönige – j Gemächer der María de Padilla

Die heutige viel kleinere Anlage des Alcázar, zugleich Festung und Residenz, geht zurück auf *Pedro el Cruel* (1350–1369), der 1362 dem vertriebenen Nassridenherrscher Mohammed V. in Granada wieder zu seinem Thron verholfen hat. Als Dank schickte Mohammed Handwerker für seinen Palastbau. Es ist ein Glücksfall der Kunstgeschichte, daß die kastilischen Eroberer nicht alles Islamische als heidnisch vernichteten, sondern den hohen Wert der übernommenen Bauten erkannten und sich weiterhin des Formenschatzes bedienten. Für die Errichtung seines Palastes ließ Pedro Material islamischer Herkunft aus Sevilla, Córdoba, Azahara und Valencia zur Baustelle heranschleppen. Weil er ihn zum Wohnsitz seiner Geliebten María de Padilla erkor, schenkte Pedro dem Palacio so hohes Augenmerk.
Die Katholischen Könige und ihre Nachfolger nahmen sich nicht weniger des Sevillaner Alcázar an. Isabella I. ließ im Oberstock eine Kapelle einfügen. Ihr Enkel Karl V. baute im Festungsbereich einen eigenen Palast (wie auch im Areal der Alhambra von Granada). Er feierte hier seine Vermählung mit Isabella von Portugal und verlebte in den Mauern des Alcázar mit ihr seine glücklichste Zeit. Die ihm folgenden Habsburger und Bourbonen ließen (nicht immer homogene) Restaurierungen durchführen. Felipe V., der erste Herrscher aus dem Hause Bourbon, lebte hier zurückgezogen zwei Jahre. Das historisch eingestellte 19. Jh. befaßte sich ebenfalls mit Erneuerungen und Zutaten, wobei man sich an der Alhambra als Modell hielt; vor allem die Farben fielen an manchen Orten zu penetrant aus. Ein Teil des Alcázar steht heute dem Königshaus bei Aufenthalten in der andalusischen Hauptstadt zur Verfügung.

Palast Peters des Grausamen 49

Die Umgürtung des Alcázar ist mit arabischen Zinnen versehen, die kleine Pyramiden tragen. Der Eingang in das Kastellinnere ist die *Puerta del León*, leicht auffindbar durch den auf Keramikplatten abgebildeten gekrönten Löwen über der Pforte, der ein Kreuz hält sowie ein Spruchband mit der heute unklaren Aufschrift ›Ad utrimque‹ (›Von beiden Seiten‹).

Man tritt in den – nur mit Anmeldung betretbaren – originalsten Teil der Anlage, der den *Patio de Yeso* umgibt, einen kleinen Hof mit langgestrecktem Teich, der wie eine verkleinerte Wiedergabe des Myrtenhofes der Alhambra erscheint. Dem Wasser entlang öffnen sich Arkadenbögen auf nadelschlanken Säulen, über denen sich filigranartige Durchbrüche und das Gespinst von Blendmaßwerk hinziehen. Der folgende *Patio de la Montería* war Treffpunkt des Jagdgefolges bei königlichem Ausritt zur Pirsch. Von hier erreicht man den *Cuarto del Almirante*, in dem Isabella I. Magalhães vor seiner Erdumseglung und Kolumbus nach der Rückkehr von seiner 2. Reise empfangen hat. Der mit schönen Gobelins des 17. und 18. Jh. ausgestattete Raum beansprucht auch deswegen historischen Rang, weil die kastilische Königin hier 1503 die ›Casa de Contratación de Indias‹ ins Leben rief, welche die Verwaltung der entdeckten überseeischen Gebiete regelte und eine Seefahrerschule miteinschloß. Das Paradestück der Besichtigung ist die ›Virgen de los Navegantes‹ von *Alejo Fernández* aus dem Jahre 1540. Die in zahllosen Seefahrerkirchen verehrte Protektorin der Schiffahrt ist repräsentativ wiedergegeben, wie sie ihren Schutzmantel über Karavellen und Exponenten der christlichen Seefahrt des Entdeckungszeitalters breitet, unter denen man bekannte Persönlichkeiten erkennen will; so Ferdinand von Aragón, Karl V., Kolumbus, die Brüder Pinzón.

Ein *Treppenhaus* – die Fliesenverkleidung der Mauern zeigt die Wappen Kastiliens und Karls V. – führt zum *Obergeschoß* mit Privaträumen der kastilischen Monarchen. Dem *Oratorium* ist eine *Saleta* (Vorraum) vorgesetzt mit den Insignien der Katholischen Könige: Joch und Pfeile. Der Altar des *Betraumes* zeigt ein kunstvolles Kachelbild mit dem Motiv der ›Visitación‹ (›Mariä Heimsuchung‹), von dem Italiener *Francesco Niccolò Pisano* (1504 angefertigt); auch ein ›Baum Jesse‹ ist wiedergegeben. Im *Schlafzimmer Peters des Grausamen* grinsen uns über der Tür fünf gemalte Totenköpfe an, stellvertretend für fünf ungerechte Richter, die Don Pedro hat hinrichten lassen. Im Musikzimmer hängen Porträts von *Anton Raphael Mengs*.

Vom *Patio de la Montería* gelangt man in den anschließenden *Patio de los Leones (Löwenhof)*, der einmal eine Menagerie enthalten haben soll. Hier liegt der bemerkenswerteste Teil des Alcázar, der *Palast Peters des Grausamen*.

Die Frontseite mit ihren zweistöckigen Arkadenbögen und einem betont hervorgehobenen Mittelstück voll ausgewogenem mudéjarem Dekor und vorkragendem Sonnenschutzdach über einem Stalaktitenfries hat etwas von fernöstlicher Leichtigkeit. Ein Drillings- und zwei Zwillingsfenster mit Vielpaßbögen, schlank und elegant, zieren den Oberstock. Der Palast wird von einem kubischen Aufbau gekrönt, der nach islamischer Manier eine Stange mit vier ›Äpfeln‹ aufweist. Ein Schriftband über den Fenstern besagt: »Der sehr hohe und sehr edle und sehr mächtige und sehr eroberungslustige Pedro, durch Gottes Gnaden König von Kastilien und León, befahl die Errichtung dieser Alcázares und Paläste und dieser Türen 1364.« Ein weißblaues Fliesenband, ebenfalls über der Fensterreihe, verkündet in kufischen Lettern, für den Unkundigen nicht entzifferbar: »Es gibt keinen Eroberer außer Allah«. Möglicherweise haben die maurischen Handwerker den Satz, mehr Ornament als Schrift, ohne Wissen ihres königlichen Auftraggebers an dem Gebäude angebracht. In der Mitte des Palastes, durch einen Pasillo genannten gewinkelten Gang zugänglich, liegt der *Patio de las Doncellas (b; Hof der Mädchen)* mit seinen auf Doppelsäulen gestützten Fächerbögen, die rautenförmig dekorierte Oberwände tragen. Mit dem Grundriß eines Kreuzgangs vermittelt der Hof vom Dekor her ausgesprochene Alhambra-Effekte. 1569 hat der Patio Veränderungen erfahren; vor allem hat die Renaissance einen galerieartigen Oberstock daraufgesetzt, der wegen seiner Schwere viel Kritik erfahren hat, aber andernorts das Auge erfreut hätte. Dennoch genügt der erhaltene untere Teil des Hofes, um erkennen zu lassen, daß sich hier ganz besonders die in christlicher Ära fortlebende arabisch-islamische Bauweise dokumentiert. Den Höhepunkt einer Alcázar-Besichtigung stellt zweifellos die *Sala de Embajadores (c; Gesandtensaal)*, dar, die an festlichem Glanz dem gleichnamigen Raum der Alhambra entspricht. Zweistöckig bis zur Kuppel aufsteigend, ist sie vollständig mit arabischen Mustern überzogen, bemaltem und vergoldetem Stuck, Schmuckkacheln und Lärchenholzleisten mit geometrischer Linierung. Die dreifachen Bögen an drei Wandseiten tragen auf vergoldeten Kapitellen der Kalifenzeit Hufeisenbögen. Unter der Freskomalerei sieht man Pfauen, Elstern und anderes Getier. Die Luken über den Eingängen zeigen in Stuck geschnittene Sternmuster. Ein Achteckstern, mit Waben gebildet, leitet vom quadratischen Grundriß des Saales zum Rund der Kuppel über, die von einem delikaten Gespinst aus Sternen überzogen ist.

Philipp II. hat im Gesandtensaal eine Galerie mit Bildnissen der kasti-

Sala de Embajadores (links) und Patio de las Doncellas (rechts)

lischen Könige anbringen lassen, die man gerne missen oder sich
anderswo denken wollte, und die Farbgläser der Kuppel wurden
durch Spiegel ersetzt. Unter den geschichtlichen Vorgängen, die sich
in dem von Gold lodernden Saal abgespielt haben, ist der vielleicht
erfreulichste die *Vermählung Karls V. mit Isabella.* Durch Augenzeugen sind wir bis auf zeremonielle Einzelheiten und die an jedem Tag
gewechselte Kleidung beider ausführlich unterrichtet.

Die Tochter des portugiesischen Königs *Manuel des Glücklichen, Isabella,* wurde
nach langen Verhandlungen zur Gemahlin *Karls* bestimmt, einer der vielen
spanisch-portugiesischen Ehekontrakte, von denen aber keiner zur Wieder-
vereinigung führte. Beide Länder hatten sich geschichtlich, sprachlich und in
ihrer Mentalität zu sehr auseinandergelebt. Perioden politischer Spannung
wechselten mit solchen gutnachbarlicher Verhältnisse ab. Im Februar 1526
kam die 23jährige Infantin in Badajoz, Extremadura, an und wurde mit großem Gepränge empfangen. Noch überwältigender war die Aufnahme in
Sevilla. Man errichtete, Kreuzwegstationen gleich, durch die ganze Stadt festlich hergerichtete Ehrenpforten mit allegorischen Figuren und den Bildnissen des Paares, jeweils einer Eigenschaft gewidmet, die den Majestäten zu-
kam; der Klugheit, der Stärke, der Milde, der Gerechtigkeit, dem Ruhm. Die
Feierlichkeiten im Palast Don Pedros wurden mit üppigem Aufwand begangen, wobei sich die Renaissance in ihrer ganzen Pracht entfaltete. Der in
Sevilla geschlossene dynastische Bund wurde eine der wenigen aus Staats-
räson begründeten Ehen, die den Opfern der politischen Räson auch mensch-
liche Erfüllung brachte. Karl V. hat Isabella voll vertraut, sie mehrmals als
Regentin eingesetzt. *Tizian* mußte sie malen. Bekanntlich nahm der Kaiser
das Bild später mit nach San Yuste. Bei der Geburt des siebten Kindes starb
Isabella 1539 in Toledo. Karl ging keine neue Ehe mehr ein.

Patio de las Muñecas

Stellte der *Patio de las Doncellas* die Mitte jenes Bautraktes dar, welcher den politischen Geschäften gewidmet war, so gruppierten sich um den *Patio de las Muñecas (d)* die privaten Räume. Der Hof heißt nach den puppenartigen Gesichtern (Muñeca = Puppe) in den Zwikkeln der Arkaden. Der *Speiseraum Philipps II.* trägt den Namen ›Salón de Techo‹ *(e)*, wegen der kunstvoll geschnitzten Decke von *Juan de Sinancas.* Daran schließen sich die *Gemächer der Katholischen Könige (f)* und der Infanten an, dieses mit drei meisterlichen Artesonados. In der *Sala de los Príncipes (g)* kam 1478 *Juan,* der einzige Sohn der Katholischen Könige, zur Welt. Er starb bereits 1497; über seinem Grab in der Klosterkirche San Tomás in Ávila befindet sich die vielleicht schönste Liegestatue aller feudalen Begräbnisstätten Spaniens; man glaubt der porträtecht wiedergegebene Prinz lebe. Hätte er die Krone geerbt, so hätte es nie eine habsburgisch-spanische Allianz mit ihrer Prosperität, doch auch mit ihren verhängnisvollen Folgen gegeben. – Ein anderer Raum in Don Pedros Palast trägt den willkürlichen Namen eines *Schlafsaals der Maurenkönige (i).* Zwei Gemächer *(j)* werden *María de Padilla* zugeschrieben, nach der auch ein Patio mit Zypressen und Myrten heißt, angeblich die Bäder der Favoritin, die man in Zisternen unter einer Galerie erkennen will; der Hof war ursprünglich bedeckt. Das genaue Aussehen läßt sich schwerlich rekonstruieren, da Philipp V. nach einem Erdbeben den Hof beim Wiederaufbau umgestalten ließ.

Vor allem die angebliche Benützerin der auf sie bezogenen Räume und Bäder ist im Bereich des Palastes Peters des Grausamen, der auf einem Spruchband des Eingangshofes als ›Sultan‹ bezeichnet wird, von Geheimnis umgeben.

Pedro el Cruel hatte seine Gemahlin *Doña Blanca de Borbón* vier Jahre lang im Kastell von Sigüenza in Altkastilien inhaftiert; er fand die französische Angetraute fade, obwohl Poeten ihre Schönheit feierten. Besser gefielen Pedro jedenfalls seine vielen morganatischen Verbindungen, vor allem die berückende *Padilla.* Um einen Vorwand zu haben, sich seiner Gemahlin zu entledigen, beanstandete der König die ihr zuteil gewordene magere Mitgift. Da dieser Vorwurf zur Annullierung der Ehe nicht ausreichte, konstruierte er das Delikt, Blanca de Borbón habe einen Liebhaber. Aus der Haft von Sigüenza ließ er sie nach Andalusien bringen, nach Jerez de la Frontera und dann nach Medina-Sidonia, wo die unglückliche Inhaftierte 1362 mit 25 Jahren verstarb. Für die Favoritin María de Padilla ließ der König seinen Palast im Alcázar von Sevilla besonders prächtig ausbauen. Er überlebte María um acht Jahre.

Der Palast Karls V.

Karl V. ließ sich an der Seite des Palastes Don Pedros seinen eigenen, ›Salón‹ genannten Palast errichten, den man gesondert betritt. Das Gebäude steht am Platz eines gotischen Baus, von dem Reste erhalten sind. Die etwas kühlen, pompösen Räume des neuen Palastes, Renaissance und später hinzugefügtes Barock, können rasch durchschritten werden. Außer prächtigen Azulejos von *Cristóbal de Augusta* (1577) betrachte man die Sammlung von *Gobelins* des Jahres 1554, die in Form eines Zyklus die Belagerung von Tunis 1535 durch den Habsburger-Kaiser wiedergeben, seine einzige kriegerische Tat neben dem Sieg über die protestantischen deutschen Fürsten bei Mühlberg. Bei den Tapisserien ging es ihm darum, seinen Kampf gegen die Feinde des Kreuzes ins rechte Licht zu setzen. Darum hatte er den Dichter *Garcilaso de la Vega* und den Brüsseler Maler *Jan Vermeyen* als Augenzeugen und Berichterstatter mit auf den Feldzug genommen. Nach *Vermeyens* Schilderung wurden die Gobelins von *Wilhelm Pannemaker* ausgeführt. Man besorgte Seiden- und Wollgarne aus Granada, Goldfäden aus Mailand. Die Gobelins wurden, bevor sie nach Sevilla kamen, in London ausgestellt, anläßlich der Vermählung des Kaisersohnes Philipp (II.) mit Maria Tudor, der katholischen Tochter Heinrichs VIII., in die Geschichte eingegangen als Maria die Blutige. In der Ecke eines der Gobelins sieht man das kleine Porträt *Vermeyens*, das er auf die Kartonvorlage gezeichnet hatte. Die Spruchzeilen des Zyklus sind in Latein und Spanisch abgefaßt. Die gewebte Bilderfolge stellt einen unschätzbaren kultur- und militärgeschichtlichen Wert dar, vor allem auch deswegen, weil man sich in der Renaissance um naturgetreue und porträtechte Darstellung bemühte.

So entdeckt man in einer der Kriegsszenen unverkennbar den Kaiser selbst, hoch zu Roß und mit blondem Bart. Topographisch interessant ist ein Gobelin, der in Breitwandformat das Mittelmeer und seine Küsten wiedergibt, nach der Vorstellung jener Zeit und merkwürdigerweise auf den Kopf gestellt. Daß ein Wandteppich das portugiesische Wappen mit den 7 Kastellen wiedergibt, verwundert nicht: Es war eine Huldigung an Karls Gemahlin aus dem Haus Avis des Nachbarlandes.

Die Gärten des Alcázar

Durch Jahrhunderte gerühmt wurden die Alcázar-Gärten, die sich, von Gemäuer umgeben, südlich an das Kastell anschließen und die man in maurische, Renaissance- und Kaisergärten sowie Gärten von Las Damas einteilen kann. Sie zeugen sowohl von der islamischen Freude an Ziergärten, gewissermaßen Sinnbildern des Paradieses, wie auch von der rationaleren Gartenkunst der Renaissance. Man trifft beim Rundgang auf Tropfsteingrotten, Fischteiche, Wasserspiele, Zierbrunnen, kostbare Marmor- und Bronzefiguren, auf Zedern, Zypressen, Orangenbäume, Myrtensträucher, Buchs- und Taxushecken, Blumenrabatten, teils abgezirkelt, teils frei gestaltet. Die Bourbonenkönige haben Azulejo-Mauern mit Rocaille-Mustern hinzugefügt. Mitten in der Großstadt herrscht hier die Stille absoluter Abgeschiedenheit. Der venezianische Gesandte am Hof Karls V. sprach vom ›ruhevollsten Fleck Spaniens‹.

Unter den Attraktionen der Gärten seien erwähnt die *Galería de los Grotescos*, der *Bronzemerkur Diego de Pesqueras* in einem Zierbecken, der *Pabellón (Pavillon) Karls V.*, den *Juan Hernández* fast schon rokokoesk gestaltet hat, mit Säulenumgang, einer Mauerverkleidung mit 3 m hohen Paneelen aus Cuenca-Kacheln (mit dunkler Umrahmung der Bildteile), mit einer kassettierten Zedernholzkuppel. Erst in neuerer Zeit wurde in den Gärten die *Puerta de Marchena* aufgestellt, die aus einem der Paläste der Herzöge von Arcos stammt. Der Türsturz ist mit einem feinen Muster von Blendmaßwerk verziert, an beiden Seiten sind die Statuen keulenbewehrter wilder Männer angebracht. Ein dreifach geschwungener gotischer Bogen mit Kielbogen, Dreipaß-Ornamenten und Adelswappen krönt die Portalzone, die die gotisch-platereske Formenwelt in den Bereich der blühenden Gartenlandschaft versetzt.

Von den Gärten erreicht man durch einen langen Gang den Ausgang aus dem Alcázar-Komplex. Man tritt in den geräumigen *Patio de Banderas* (Hof der Banner) hinaus, der von der Plaza del Triunfo auch unabhängig von der Besichtigung des Alcázars (ohne Eintritt) aufgesucht werden kann. Der Hof ist mit Orangenbäumen bestanden, die sich um einen Sechseckbrunnen gruppieren. Der Aufenthalt lohnt sich wegen des günstigen Blicks auf die Giralda.

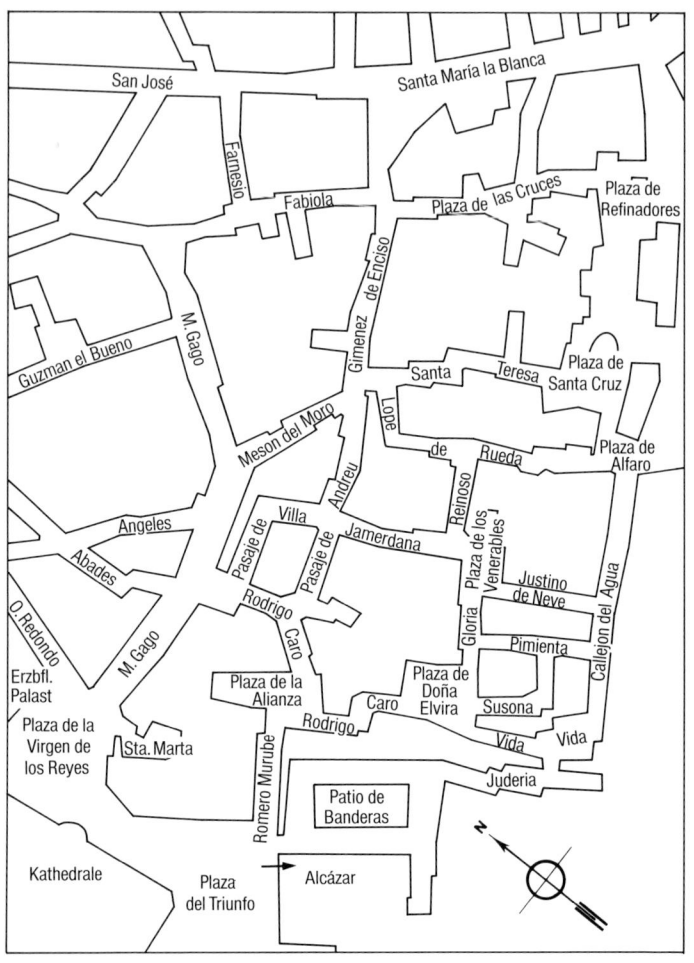

Barrio de Santa Cruz: Orientierungsplan

Das reizvollste Viertel der historischen Altstadt ist der Barrio de Santa Cruz, benannt nach dem pittoresken Platz inmitten des Viertels, auf dem ein kunstvolles schmiedeeisernes Kreuz aus dem Jahre 1692 steht (Cruz de la Cerrajería), an dessen vier Seitenarmen Engel Lampen tragen. Der Barrio wird umgrenzt von der *Calle de Mateos Gago* (die sich zur Plaza Virgen de los Reyes hin verengt, aber den Blick auf die Giralda freiläßt), der *Calle Santa María la Blanca*, dem *Murillopark* und dem Komplex des *Alcázar.* Er besteht aus einem Labyrinth schmaler, gewundener Gassen, Häusern mit Weiß- oder Gelbanstrich, Eisen- und Holzerkern und überschäumt von einer Fülle von Blumen. Der Duft von Orangenblüten, Jasmin und Levkojen durchzieht den gesamten Barrio.

Das romantische Viertel wird vielfach als ehem. ›Judería‹ deklariert, doch Bewohner bezweifeln dies. Zwar zieht sich eine Calle de Judería den Alcázar entlang, doch diese Benennung kann neueren Datums sein. Vielleicht hat die Ähnlichkeit mit dem alten Judenviertel Córdobas zu der Annahme geführt, hier sei die Judería gewesen, die man eher jenseits der Calle Santa María la Blanca vermuten darf; denn dort steht die gleichnamige Kirche auf den Grundmauern der nachgewiesenen ehem. Synagoge. Der Barrio de Santa Cruz ist hingegen bespickt mit Adelspalästen und trägt ein aristokratisches Gepräge. Zwar gehörten Juden im toleranten maurischen Sevilla der reichen Oberschicht an, doch seit den Verfolgungen unter Isabella und den Habsburgern allenfalls als Conversos (Bekehrte); aus dieser Zeit aber stammt die Bebauung.

Das Viertel mit seinen Restaurants, Bars, Läden, darunter ein reiches Angebot aus dem Töpferviertel Santa Ana in Triana, besitzt eine Reihe anmutiger Plätze. Die dreieckige *Plaza de las Cruzes* heißt nach den drei kreuztragenden Säulen, deren eine römisch sein soll. Die *Plaza de Doña Elvira* mit ihren Wandlaternen und Miradores (Aussichtsterrassen), an der sich einst ein Komödientheater befand, trumpft mit einer Fülle von Blumentöpfen – eine arabische Erfindung! – auf. Die *Plaza Enamorada* (Verliebten-Platz) weckt lyrische Reminiszenzen. An der *Plaza de Alfaro* steht Murillos Geburtshaus (Nr. 2), der irgendwo auf der Plaza de Santa Cruz bestattet ist, und die *Plaza de los Venerables Sacerdotes* ist wegen der einstigen Herberge für bejahrte Priester – heute Hospital – bemerkenswert. Im idyllischen Hof rundet sich in mehreren abwärtsführenden Stufen ein geziegelter Kreis, auf jeder Stufe Topfpflanzen. Auf den Freskenbildern von Valdés Leal in der zugehörigen Kapelle erscheinen u. a. Barbarossa und Attila. Der einstigen Herberge ist das *Museo de Semana Santa* zugeordnet, das die Schätze der Bruderschaften ausbreitet.

Patio eines Hauses im Barrio de Santa Cruz

Ganz in der Nähe befindet sich das *Kloster der Unbeschuhten Karmeliterinnen*, das an die hl. Teresa von Ávila erinnert. Nach Gründung des Stammklosters vor den Mauern Ávilas zog Teresa mit einem von Mauleseln gezogenen Karren bis Andalusien und gründete weitere Klöster. Ihrer menschlichen Ausstrahlung, ihrem religiösen Eifer gelang es, stets neue Geldquellen zu erschließen, hochgestellte Stifter und Stifterinnen zu gewinnen, um das umfängliche Werk so vieler Nonnengemeinschaften möglich zu machen. Ihre Aussprüche von erfrischender Lebensnähe sind berühmt. In Sevilla rügte sie die allzu betonte Weltlichkeit, indem sie von dem Feuer spricht, das die Seele auffrißt; hier habe der Teufel anscheinend mehr Hände zum Verführen. Das Kloster San José enthält Handschriften und Gegenstände der Vorkämpferin der Gegenreformation.

Als Barockstatue mit Glasaugen, von Putten umgeben, sieht man die Heilige von Ávila in der letzten Kapelle der *Kirche Santa Cruz* in der Calle de Mateos Gago. Das mächtige Gotteshaus, das den Platz einer ehem. Moschee einnimmt, wird von einem schmalen und hohen, offenen Glockenträger gekrönt, der das Viertel überragt und den Anschein erweckt, im nächsten Augenblick umzukippen.

Von der Plaza de Santa Cruz zur Calle de Vida (= Straße des Lebens) führt der *Callejón del Aqua*, über den schon die Römer das Wasser des Aquädukts in das Viertel geleitet haben. Die *Calle de Pimienta* war die Straße der Paprika- und Pfefferhändler, deren Reichtum daran zu ermessen ist, daß Pfeffer mehr wert war als sein Gewicht in Gold. Die *Calle Susóna* erinnert an die Jüdin Susóna, die, in einen jungen Christen verliebt, ihren Vater verriet und ihrem Glauben abschwor. Bald darauf verließ sie der Geliebte. Testamentarisch bestimmte sie reuig, daß ihr Kopf über der Tür ihres Hauses angebracht werden solle, und dort hing in der Tat bis zum 18. Jh. ein Totenschädel.

Was aber beim Durchstreifen des Barrio den größten ästhetischen Genuß bereitet, sind die vielen Höfe, die durch Ziergitter einzusehen sind und meist um einen Brunnen eine Fülle von Blumen und Schmuckkacheln darbieten, so liebevoll angeordnet, als ginge es um einen Wettbewerb der schönsten Ausstattung. Sie gehen auf altrömische und maurische Vorbilder zurück und sind die ›Visitenkarten‹ der meist adligen Hauseigentümer.

Im *Murillo-Park* wurde 1974 ein Denkmal für Don Juan Tenorio aufgestellt, das der Klischeevorstellung von Mozarts Opernhelden entspricht – ›en homenage a sa figura universal‹ (›zur Ehrung seiner universalen Gestalt‹). In der *Calle Santa María la Blanca* am nordöstlichen Ende des Barrio de Santa Cruz, liegt, in die Straßenzeile einbezogen, die gleichnamige Kirche. Gleich Santa María la Blanca in Toledo war sie einst Synagoge (bis 1391). Ihr Inneres ist vollständig mit moluskenhaften, graufarbenen Stuckornamenten überzogen. Die Kirche birgt einen Murillo (›Abendmahl‹) sowie Bilder von Morales und Luis de Vargas.

Die Straße stößt im Osten auf die breite und verkehrsreiche *Avenida de Menendez Pelayo*, die dem Verlauf der früheren Stadtmauer entspricht; diese führte vom Alcázar um die Altstadt bis zur Höhe der *Calle de Muñoz* im Norden, wo noch Teile der Steinumwallung erhalten sind. Nach der anderen Seite geht die *Calle de Santa María la Blanca* in die enge, ein wenig düstere *Calle de San José* über, in der sich, neben einem gedrungenen Palast mit Holzvordächern über den Fenstern und einer Loggia im Oberstock (1725), die St. Joseph geweihte Kirche befindet. Über dem Barockportal mit Keramikknöpfen auf den Giebelsegmenten sieht man die Hochzeit der Eltern Jesu, darüber, von Putten umgaukelt, Gottvater. In der Fortsetzung der Straße reihen sich einige Kirchen aus dem 17. und 18. Jh. aneinander, zwar nicht erste Güte, aber atmosphärebildend.

Im Barrio nördlich dieses Straßenzuges sind ein Konvent (San Leandro) und eine Kirche (San Ildefonso) örtlichen Heiligen geweiht. Den ›Tod des hl. Ildefonso‹ hat der Begründer der Sevillaner Malerschule, Juan de las Roelas, gemalt. Bedeutender ist die nahe *Kirche San Esteban* (5) in der gleichnamigen Straße, dem ersten Blutzeugen Christi geweiht und am Ort einer ehem. Moschee gleich der Kirche Santa Cruz in der Calle de Mateo Gago. In der Grundsubstanz ist sie gotisch; der Altaraufsatz stammt von Zurbarán.

Haus des Pilatus (6)

Eine erstklassige Sehenswürdigkeit in diesem Stadtbereich, nur wenige Schritte von San Estebán entfernt, ist das sog. Haus des Pilatus. Man kann das Gebäude kunstgeschichtlich dem Alcázar an die Seite stellen, da es in christlicher Epoche neben gotischen und renaissancehaften Elementen ein maurisches Gepräge erhielt. War der Alcázar als herrschaftlicher Bau konzipiert, so bietet das Pilatushaus Maurisches im Privaten. Es stellt ein gutes Beispiel des mudéjaren Stiles dar, wurde 1492 von Pedro Enriques und seiner Gemahlin Catalina begonnen und von seinem Sohn Fadrique, Marquis von Tarifa, vollendet. Dieser hatte 1519 eine Pilgerfahrt nach Jerusalem unternommen; danach habe er, nach einem sehr viel späteren ›on dit‹, das Prätorium des Pontius Pilatus nachahmen wollen, das freilich schon damals garnicht mehr bestand. Der Überlieferung wegen lassen manche Bruderschaften in der Semana Santa ihren Umzug beim Pilatushaus beginnen, was durch ein Jaspiskreuz beim Eingang markiert ist. Die Via Crucis führt an den 14 Leidensstationen vorbei, die angeblich Don Pedro Enriques in Jerusalem abgemessen hatte, bis zur Kirche Cruz de Campo an der Carretera de Alcalá, die Isabellas I. Statthalter in Sevilla, Diego de Merlo, außerhalb der Mauern im Mudéjar-Stil hatte errichten lassen.

Durch den in Genua gefertigten Marmorportikus gelangt man in den *Haupthof,* der nach der Art von Renaissance-Patios aus zweistöckigen Arkadenreihen besteht, mit einer filigranartigen Balustrade im Oberstock. Die Mauern des Arkadenumlaufs sind mit 4 m hohen, teppichartigen Azulejo-Paneelen überzogen, die Kacheln vom Cuenca-Typ mit leicht erhabener Musterung. Alfiz-umrahmte Biforien bilden die Fenster der dahinterliegenden Räume. Goldfarben prangt über den Arkadenbögen das Gespinst mudéjarer Ornamentik. In der Hofmitte steht ein Brunnen, dessen Oberschale von Delphinen getragen wird; über den Wasserstrahlen zeigt ein Januskopf seine beiden Gesichter. In den vier Ecken stehen hellenistische Sta-

Haus des Pilatus: Verzierte Arkadenbögen im großen Hof

tuen, zweimal Athena, kriegerisch und friedvoll, sowie die Früchte-
göttin Demeter und eine Muse. Römische Cäsarenköpfe blicken aus
Wandnischen herab.

Rechts betritt man den *Salón del Pretorio* – alle Räume sind nach Er-
eignissen der Passion benannt. Eine Rarität stellen die in Mudéjar
geschnitzten Fensterläden dar. Von der mit Elfenbeinintarsien und
Wappenbildern geschmückten Kassettendecke hängen kegelför-
mige hölzerne Gebilde herab, die in der Kunst des Islam häufigen
›Racimos‹ (Trauben). Der folgende Patio ist mit Ziegelsteinen
gepflastert, in deren Lücken Miniaturfliesen mit blauen Vignetten
(Olambrillas) eingelassen sind, eine in Spanien bis heute vielfach
übliche Bodengestaltung. Die Kapitelle der Säulen stammen aus dem
omaijadischen Lustschloß Medina Azahara bei Córboda (vgl. Nr. 14).
Zwei wirklichkeitsnah skulpturierte kniende Frauen fallen im Vorraum der Kapelle auf; eine davon soll Doña Catalina, die Frau des
Gründers, sein. Die *Kapelle* selbst weist vergoldete gotische Rippen
auf und an den Wänden mudéjaren Schmuck, mittels Modeln ein-
gestanzt. Eine geborstene Säule ist eine Kopie der Geißelungssäule
in San Prassede in Rom (die Tradition kennt übrigens zwei Säulen,
die der Praxediskirche und eine andere in der Grabeskirche in
Jerusalem).

Der *Salón de la Fuente* erhielt seinen Namen von dem kleinen Becken
in der Mitte. Die Wände sind hier mit Azulejos in Cuerda-Seca-
Technik belegt. Sternmuster zieren die hölzerne Decke, und an den

Ecken sind Stalaktiten angebracht. Der sog. *Römische Saal* dahinter enthält ein Lapidarium, das der Sammeltätigkeit der Hausherrn entstammt. Von hier öffnet sich der Große Garten, Zeugnis der Gartenfreudigkeit der Sevillaner von maurischer Zeit an. Im Arbeitszimmer steht ein Tisch mit einer intarsien-verzierten Platte; er trägt den Namen ›Mesa de los treinta dineros‹; denn auf ihm wurden nach der Legende Judas die 30 Silberlinge ausbezahlt.

Das Treppenhaus, dessen Wände gleichfalls mit Fliesen und Stuckornamenten verkleidet sind, trägt eine gerippte und vergoldete Kuppel, die man in der islamischen Kunst mit einer Halborange vergleicht. Die Decke des Obergeschosses hat *Juan Pacheco* 1603 mit Fresken versehen.

Museo de Bellas Artes *(Museum der Schönen Künste)* **(7)**

Geöffnet: 10–14 und 16.30–19.00 Uhr; im Juli und August 17–20 Uhr.

Das an der Plaza del Museo gelegene Museum der Schönen Künste ist nach dem Prado in Madrid die *bedeutendste Kunstsammlung Spaniens.* Gleich jenem hat es den Vorzug der Unterbringung in einem würdigen historischen Gebäude, nämlich dem ehem. Kloster des Ordens der ›Beschuhten Mercedarier‹ (Merced Calzada), dem übrigens im frühen 17. Jh. Tirso de Molina angehört hatte. Das aufwendige Stiftsgebäude bietet nach außen eine klarlinige Renaissancefront mit einem Portal, das beiderseits von ornamentierten Doppelsäulen flankiert wird; darüber öffnet sich zwischen zwei torsierten Säulchen eine Nische mit barocker Madonnenplastik. Die Museumsräume im Innern gruppieren sich um drei Kreuzgänge: den Claustro Mayor sowie zwei kleinere, der eine rechteckig, der andere trapezoid. In letzterem sieht man in glasierter Keramikkachelung eine Jungfrau mit Kind, die ihren Mantel über knieende Mönche und Nonnen breitet; merkwürdigerweise trägt eine der Klosterfrauen über ihrem Kopftuch eine Dornenkrone. Offensichtlich hat Meister Cristóbal de Augusta, der die Arbeit 1577 fertigte, damit auf Zurbarán eingewirkt; denn diese Darstellung ist früher zu datieren als die ›Schutzmantelmadonna‹ des Meisters aus Extremadura. – Die früheste Bauperiode des Klostergebäudes fällt in das Jahr 1612; die Bauleitung hatte der Architekt und Bildhauer *Juan de Oviedo y de la Bandera.* Zutaten von 1724 stammen von *Leonardo Figueroa.*

Vier Jahre nach der Säkularisierung des Stifts, 1839, brachte man in den Klosterräumen das Kunstmuseum unter; im Erdgeschoß die früheren Jahrhunderte, im 1. Stock das 19. und 20. Jh. Die Hauptschätze befinden sich demnach im unteren Trakt, dessen Säle man einschließlich Klosterkirche und Patios nach einer übersichtlichen Ordnung durchschreitet. Der ursprüngliche Bestand der Exponate

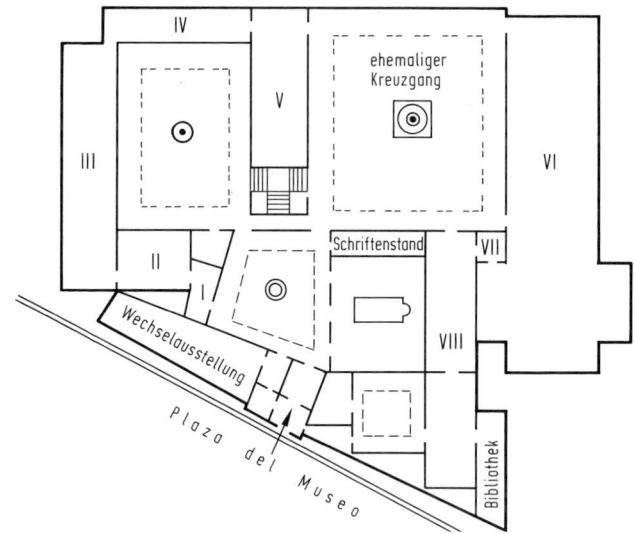

Museo de Bellas Artes: Orientierungsplan: Erdgeschoß

rührte von der zwangsweisen Auflösung des Klosters her. Hinzu kamen immer wieder Schenkungen; so stiftete die Fábrica de Tabacos aus Anlaß der Krönung Fernandos VI. die beiden Goyas ›Kriegsszene‹ und ›Porträt des Kanonikers Duaso‹.

Die *Sala Mercadante (I)* enthält Bilder des 13.–15. Jh., während die *Sala Millán (II)* dem späten Mittelalter gewidmet ist, vertreten u. a. durch Millán selber, dessen Plastikgruppe ›Grablegung Christi‹ unverkennbare Anklänge an das von Juan de Juní behandelte gleiche Motiv erkennen läßt, sowie den frühen realistischen Ironiker Berruguete. – In der *Sala Torrigiano (III)* trifft man bedeutende Ausländer, u. a. Cranach, Teniers, Claude Lorrain, Caracciolo, dessen ›Enthauptung Johannes d. T.‹ zwar eine glänzende Licht-Schatten-Behandlung aufweist, doch nicht die packende Aussage eines Caravaggio (Malta) hat. Auch begegnet man dem ›Göttlichen‹ (El Divino), dem in Badajoz geborenen Luis de Morales.

Die *Sala Pacheco (IV)* ist ganz dem spanischen und andalusischen Bereich gewidmet. Neben El Greco, der seinen gleichfalls malenden Sohn Jorge Manuel porträtierte, entdeckt man Francisco Pacheco, den Lehrer und Schwiegervater von Velázquez, u. a. mit dem ›Bildnis zweier Alter‹. Barockkunst gibt die *Sala Velázquez (V)* wieder, wo außer des Sevillaner Großmeisters farblich delikater ›Einkleidung

Bartolomé Esteban Murillo:
›Madonna‹ (1665)

San Ildefonsos‹ der Andalusier Alonso Cano (San Francisco de Borja
mit gekröntem Totenschädel gleich einem spanischen Hamlet) und
José de Ribera mit meisterlichen Porträts vertreten sind. Ribera, der
Schule von Valencia zugehörig, hatte lange im damals spanischen
Neapel gelebt, dort italienische Einflüsse erfahren und den Beinamen ›Il Spagnaletto‹ erhalten. Er erfreute sich der Gunst dreier
Vizekönige.
Die *Sala Murillo (VI)* ist, wie man versteht, ein Kernstück der Samm-
lung; der populäre Sevillaner ist hier wie kaum sonst vertreten, ja seinen Werken sind sogar Vierung und Chor der ehem. Klosterkirche
überlassen. Hier ist die Essenz seiner Darstellungsweise aus vielen
Beispielen zu ersehen: u. a. der fast dreidimensional wiedergegebe-
nen ›Mater Dolorosa‹, einer ›Inmaculada‹ – seinem immer wieder
variierten Motiv – von rührend kindlichem Ausdruck, daher ›La
Niña‹ genannt, dem Caritas übenden San Tomás, einem Bild, dessen
Ruhm nicht ganz zu verstehen ist. Von der nahezu schon impressio-
nistisch gemalten ›Jungfrau mit dem Mundtuch‹ (›La Virgen de la
Servilleta‹) wird erzählt, der Künstler habe in Ermangelung von
Leinwand sich einer Serviette bedient. Murillo hat sich auch der
Stadtheiligen Justa und Rufina, mit der Giralda in Händen, angenom-
men, bei Differenzierung der Psyche beider und verinnerlichter, als
es der erdnahe Goya bei seiner Gestaltung des gleichen Themas in

der Kathedrale getan hat (vgl. Abb. S. 23). Montañés aus Jaén, der Vielbeschäftigte, hat mit der fast naturalistisch gestalteten, großformatigen Figur des hl. Bruno im gleichen Saal seinen Platz. Und schließlich ist Juan de Roelas, der Altmeister der Sevillaner Schule, mit einem ›Martyrium des hl. Andreas‹ gegenwärtig, einem theatralischen Tableau, auf dem kaum ein Flecken ausgespart ist.

Höhepunkte liefern die *Sala Barroca (VII)* und die *Sala de Zurbarán (VIII)*, nämlich den Andalusier Juan Valdés Leal und den zum Andalusier gewordenen Extremeño Francisco de Zurbarán. Valdés Leals ›Padre Cabanuelas‹ verneigt sich am Altar bei aller Demut mit spanischer Grandezza; von seiner ›Versuchung des hl. Hieronymus‹ schreibt der Brite Alfonso Lowe, der Heilige werde hier von den vier reizlosesten Frauen der Versuchung ausgesetzt, die je gemalt worden seien; sie erscheinen nämlich in hochgeschlossenem Barockkostüm, mehr Pompadour als Venus. Zurbarán, der ›Maler der Mönche‹, übersteigt an Darstellungskraft alle in Sevilla vertretenen Malerkollegen. Von der ihm eigenen kalten Glut ist das ›Wunder des hl. Hugo‹ erfüllt (vgl. Abb. S. 24), der einen Mönch beim Übertreten des Fastengebots entlarvt. Gemessen sitzen sich auf einem breit angelegten Gemälde Papst Urban II., der Kreuzzugserwecker, und San Bruno gegenüber. Schwächer in Idee und Ausführung sind die Arbeiten der ›Josephskrönung‹ und des ›Kindes mit den Dornen‹. Auf der gegenüber dem Gesamtwerk oft überschätzten ›Apotheose des hl. Thomas von Aquin‹ sieht man kniend Karl V. und den mutmaßlich als Selbstporträt wiedergegebenen Künstler. Ganz italienische Renaissance der ferne Architekturausschnitt im Hintergrund. Schwestern der von Zurbarán festlich gemalten Damen (Prado in Madrid) sind die Heiligen Inés und Marina, mehr Hofdamen als Gottesdienerinnen, bei minutiöser und doch großliniger Wiedergabe der pompösen Gewandung. Der ›Maler der Mönche‹ hätte auch zum ›Maler der Könige‹ das Zeug gehabt.

Zum Verständnis der Sevillaner Malerschule, der südspanischen Gläubigkeit und des andalusischen Lebensgefühls ist ein Besuch des Museo de Bellas Artes unerläßlich.

Torre del Oro *(Goldener Turm)* **(8)**

Neben der Giralda ist die Torre del Oro am Río Guadalquivir die sichtbarste Hinterlassenschaft des maurischen Andalusien in Sevilla. Der Turm entspricht der Torre de Belém bei Lissabon, im Mündungstrichter des Río Tejo, für die portugiesische Seefahrt: Wehr-, Wacht- und Leuchtturm, letztes Signal der zur Weltentdeckung auslaufenden Flotten.

Der Turm, *Sevillas zweites Wahrzeichen*, wurde zu Beginn des 13. Jh.

Torre del Oro, im Hintergrund die Giralda

von Abul-Ula, dem almohadischen Statthalter, zur Sperrung des
Stromes errichtet, fiel aber schon ein knappes halbes Jahrhundert
später in die Hände der Christen, als Fernando III. 1248 beim ›Silber-
nen Turm‹ die Stadtschlüssel empfing; dieser Turm, achteckig und
weniger ansehnlich, steht ebenfalls heute noch am Stromufer.
Nicht als Verwahrungsort des Goldes, wie man zeitweise glaubte,
hat die Torre del Oro ihren Namen, sondern wegen der einstigen
vergoldeten Kuppelziegeln.
Der größere Unterteil des mächtigen, zwölfeckigen Baukörpers ist
sparsam mit rundbogigen Fenstern und Schlitzen versehen. Über
einem Gesims läuft ein Kranz von Blendbögen mit leichter Hufei-
sen-Tendenz um den Turm. Pyramidalzinnen unterstreichen seine
Wehrhaftigkeit. Gleich den Minaretts des Maghreb erhebt sich über
der Plattform ein schlankerer, ebenfalls zwölfeckiger Turm, der reicher dekoriert ist, Zwillings- und Vielpaßbögen aufweist und zwischen den Bögen und dem jeweiligen Alfiz darüber Keramikschmuck darbietet. Während der Unterbau mit Hausteinen gemauert ist, fanden gleich der Giralda für die oberen Partien Ziegel
Verwendung. Der laternenartige Aufsatz stammt aus dem 18. Jh.

Die Torre del Oro war ursprünglich mittels einer Sperrkette mit einem nicht mehr vorhandenen Turm auf der Gegenseite Triana verbunden, einer ähnlichen Kette, wie sie auch das Goldene Horn zur byzantinischen Kaiserzeit aufwies. Die Torre del Oro beherbergt jetzt ein *Marinemuseum.* Während heute das Stromufer verhältnismäßig still ist, herrschte zur Entdeckerzeit pulsierendes Leben. Hier kamen die Lastensegler mit Gold, Silber, wertvollen Hölzern und Gewürzen von Übersee an, hier wurde die Fracht von königlichen Beamten überprüft und verzollt. Veduten aus dem 16. Jh. zeigen ein Bild der Vielzahl von Masten, die den Turm umgaben. Das suggestiv eindrucksvolle Gebäude hat in seiner reizvollen Umgebung immer wieder Poeten herausgefordert, so Gerardo Diego: ›Arenal de Sevilla,/Torre del Oro,/Azulejo a la orilla/del río moro‹ (Sandufer von Sevilla,/Goldener Turm,/Kachel am Ufer/des maurischen Stromes).

Hospital de la Caridad (9)

Geöffnet: 9.00–13.00 und 15.15–19.00 Uhr.

Geht man auf dem Paseo de Cristóbal Colón am linken Stromufer in nördlicher Richtung, so sieht man bald das etwas zurückgesetzte ehem. Hospital (Calle Trembrado), das neben dem Kunstmuseum die wichtigste Gemäldesammlung enthält. Beim Einbiegen in die Calle Balboa achte man darauf, daß im Gemäuer eine jener über ganz Sevilla verteilten Keramiktafeln eingelassen ist, die jeweils auf eines der hier spielenden Werke von *Cervantes* Bezug nehmen, vor allem auf die ›Novelas exemplares‹. Das Hospital stellt sich mit einer Barockfassade vor, in die gekachelte Heiligenfiguren hineinkomponiert sind, deren Entwürfe man Murillo zuschreibt.

In einem blütenreichen tropischen Garten gegenüber vom Hospital steht die Skulptur eines Mannes, der in seinen Armen einen Sterbenden trägt. Es ist *Don Miguel de Mañara*, Vicentelo de Leca, der das Hospital gegründet hat und hier als Verfechter der Caritas wiedergegeben ist. Mañara war in seiner Jugend den Eitelkeiten dieser Welt sehr zugetan. Die Wende von einem äußerlichen, flachen Dasein zu innerer Einkehr teilt er mit manchem Heiligen, z. B. Augustinus, Franziskus, Ignatius. Mañara sollen zwei Todeserlebnisse umgestimmt haben: Als er bei einem Leichenbegängnis nach dem Toten fragte, hob man das Laken hoch, und er sah sein eigenes Antlitz. Als eine verschleierte Dame ihren Schleier lüftete, blickte er auf einen Totenschädel. Mit 34 wurde er Witwer; der Verlust der geliebten Frau soll ebenfalls zu seinem ›Damaskus‹ geführt haben. Der Calatravaritter – die Mitgliedschaft bei einem der großen Militärorden war eine hohe Ehre – widmete sich fortan der Caritas und gründete das Hospital, in dem man sich u. a. die Aufgabe stellte, Verbrechern ein ehrliches Begräbnis zu geben. Doch außer dem Geist der Nächstenliebe muß auch Mañaras untrüglicher Instinkt gerühmt werden,

Juan de Valdés Leal: ›Finis Gloria Mundi‹

mit dem er zwei der Größten des ›Goldenen Zeitalters‹ Spaniens zur Ausstattung des Hospitals berufen hat: *Valdés Leal* und *Murillo*. Ihretwegen vor allem empfiehlt sich der Besuch der 1647 von Pineda erbauten Krankenherberge. Der Gründer ließ sich unter der Schwelle des Eingangs beisetzen und wählte den Grabspruch: ›Hier ruhen die Gebeine und die Asche des schlechtesten Menschen, der jemals war.‹ Die Confratres betteten ihn jedoch sieben Monate später zu Füßen des Hochaltars der Hospitalkirche um. – Die Nachwelt setzte Mañara mit der Figur des Don Juan gleich, was jedoch biographisch unbegründet ist, da Tirso de Molina die unsterbliche Gestalt des Verführers bereits vor der Geburt Mañaras (1638) geschaffen hatte. Mehr Wahrheitsgehalt zeigt die Bronzeplastik im Murillopark.

Durch die Pforte tritt man in den *Patio de Acceso* (Eingangshof), der durch eine Bogenreihe im Stil Palladios in zwei Hälften geteilt ist; in jeder steht ein achteckiger Brunnen mit den allegorischen Barockfiguren von ›Erbarmen‹ und ›Wohltätigkeit‹. Auf Fliesen an den Mauern sieht man biblische Kompositionen: ›Jonas mit dem Fisch‹, ›Opferung Isaaks‹ und andere bekannte Szenen, jedoch mit der unzutreffenden niederländischen Aufschrift ›De tien Geboden‹.

Die *Kirche* ist einschiffig, mit Fresken von Valdés Leal im Gewölbepart. Von Pedro Roldán stammt als Altaraufsatz eine ›Grablegung Christi‹, wobei die Gruppe im Vordergrund skulpturiert, der Hintergrund mit dem leeren Kreuz jedoch gemalt ist; die Fassung ist wiederum das Werk von Valdés Leal. An den Seitenwänden hängen zahlreiche Bilder von Murillo. Johannes d. T. ist als Kind mit dem Lamm im Arm dargestellt. Das ›Wunder der Brotvermehrung‹ ist ebenso wie die ›Caritas des San Juan de Dios‹, der Kranke zum Hospital bringt und dabei von einem Schutzengel sachte gestützt wird, im typischen Chiaroscuro des Meisters gehalten, jenem Helldunkel, das er mit der Schule von Valencia gemein hat. Doch das bedeutendste Gemälde Murillos zeigt ›Santa Isabel de Hungría bei der Heilung von Leprakranken‹, wobei sie in realistischer Darstellung gerade einen Knaben über einer Wasserschüssel vom Kopfgrind befreit; eine andere Szene der Caritas ist nach italienischer Manier im Kleinbild des Hintergrundes, gesehen durch ein Fenster, wiedergegeben. Das Gemälde hing lange im Prado.

Bei der sehr spanisch gemalten Isabel, die ahistorisch eine Goldkrone trägt, handelt es sich um die auf der iberischen Halbinsel hochverehrten hl. *Elisabeth von Thüringen*, die man nur bedingt als Ungarin bezeichnen kann. Sie war die Tochter des Königs Andreas II. von Ungarn und seiner Gemahlin Gertrud von Andechs. Als Elfjährige wurde sie dem späteren Landgrafen Ludwig von Thüringen vermählt und auf der Wartburg erzogen. Vom franziskanischen Armutsideal ergriffen, gab Elisabeth nach dem frühen Tod des Landgrafen Rang und Eigentum auf und gründete in Marburg ein Hospital. Dort starb sie 1231 mit 24 Jahren; sie wurde in der nach ihr benannten berühmten Marburger Hallenkirche beigesetzt.

Mehr Aufmerksamkeit als Murillo finden im Sevillaner Hospital de la Caridad die Beiträge von *Valdés Leal*, die dem Gedanken der Vergänglichkeit eine krasse und nahezu brutale Deutung verleihen. Auf dem düsteren Bild ›Finis gloriae mundi‹ sieht man zwei Tote: einen von Würmern zerfressenen Erzbischof und einen Calatravaritter mit dem Emblem seines Ordens, der wahrscheinlich die Züge Mañaras trägt. Murillo sagte, er müsse sich bei Betrachten des Bildes die Nase zuhalten. Das Gegenstück heißt ›In ictu oculi‹; der Tod löscht als Knochenmann das Licht des Lebens aus, indem er über Sinnbilder des Irdischen hinwegschreitet: einen Globus, eine Rüstung, Papst- und Königskrone, kostbare Stoffe und Bücher, eine Architekturskizze der Renaissance.

Mañara ist im Bild noch zweimal vertreten, als Porträt von Valdés Leal auf der Galerie der Kirche, als Büste auf einer Säule im hinteren Hof. Dort können auch Reste der Schiffswerft von Alfonso XI. besichtigt werden.

Folgt man dem Stromlauf weiter nach Norden, so kommt man zur *Stierkampfarena (10)*, der größten Spaniens, aus dem 18. Jh. – Über die Brücke Isabel II. erreicht man den Vorort des rechten Stromufers, *Triana (11)*, dessen Markt

La Lonja

orientalische Basar-Atmosphäre verbreitet. Triana bestand bereits in römischer Epoche und leitet seinen Namen von Trajan ab. Die *Kirche Santa Ana* inmitten des Töpferviertels gilt als die älteste Sevillas. Sie stammt aus dem 13. Jh., besitzt aber viele mudéjare Partien und schönen Azulejoschmuck.

La Lonja *(Börse)* (12)

An der Calle Fray Gonzáles, gegenüber dem prächtigen Südportal der Kathedrale, liegt das Renaissance-Gebäude der Börse, das von *Juan de Herrera*, dem Architekten Philipps II. und Erbauer des Escorial, stammt. Für Herrera sind die Türme mit flachen Pyramidaldächern typisch, die man als Herreratürme bezeichnen kann und die in Sevilla reichlich vertreten sind. Die Lonja von Sevilla ist eine von zahlreichen historischen Börsen in Spanien, so in Valencia (die schönste), Barcelona, Palma de Mallorca. Sie wurde 1583/98 errichtet, weil man die bisherige lebhafte Handelsbörse im Orangenhof der Kathedrale als störend empfand. Indem man das Gebäude als ›Miniatur-Escorial‹ auffaßte, hat man es als ›Schinkenschnitte‹ von San Lorenzo (dem Philipps Klosterburg geweiht ist) bezeichnet. Karl III. brachte in der Lonja 1784 das *Archivo General de Indias* unter, das 38 000 Aktenbündel zur Entdeckungsgeschichte birgt und dessen wichtigste Dokumente zu besichtigen sind: u. a. Erinnerungen an Cortés und Pizarro, die Eroberer Mexikos und Perus, Balboa, den Entdecker des Stillen Ozeans, und Magalhães, den ersten Weltumsegler, der Portugiese war und während der Reise umkam, so daß Elcano die Fahrt zu Ende führte; auch dieser ist im Archivo vertreten.

Palast San Telmo (13)

Von der Lonja gelangt man auf kurzer Wegstrecke zur Avenida de Roma, die schräg zum Ufer des Guadalquivir führt. Gegenüber der gepflegten Anlage der Jardines (Gärten) de Cristina liegt die breite Front des Palastes San Telmo, die man insofern mit der Fassade des Palacio Arzobispal vergleichen kann, als sich der ganze Prunk des Dekors auf die Portalzone beschränkt. Ziselierte Säulen und Figuren umgeben Pforte, Balkonnische und Aufsatz mit offenem Rundbogen, in dem der Heilige steht, nach dem das Sankt-Elms-Feuer heißt, das die Seeleute auf den Spitzen ihrer Masten erblickten. Der 1734 errichtete Bau, ursprünglich eine Lotsenschule, wurde von María Luisa Fernanda, der Schwester Königin Isabellas II., gekauft und auf dem Sterbebett zur Aufnahme eines geistlichen Seminars bestimmt.

Parque María Luisa (14)

Nach María Luisa heißt der riesige, französisch abgezirkelte Park, der sich unweit, von der gleichnamigen Avenida aus, nach Süden erstreckt; Freizeitgelände der Bewohner Sevillas. Der Park, der ursprünglich zum Gelände des San Telmo-Palastes gehörte, hatte englisches Gepräge mit Baumgruppen, war aber dann aus Anlaß der Iberoamerikanischen Ausstellung 1929/30 von dem Gartenarchitekten Le Forestier im Stil französischer Anlagen umgestaltet worden, mit Rasen und Hecken, Teichen und Fontänen, Statuen und Keramikamphoren. Die Alleen, die den Park durchziehen, heißen nach Konquistadoren, wodurch das Thema Iberoamerika angestimmt wird. Die Pavillons der Ausstellung hat man nicht abgeräumt, wobei man die Zugehörigkeit zu den einzelnen Ländern an Bauart und folkloristischen Kennzeichen leicht ersehen kann. Neben den spanisch sprechenden Staaten Iberoamerikas ist auch Brasilien mit einem Pavillon vertreten.

Palast San Telmo:
Prunkvolle Portalzone

Museo Arqueológico *(Archäologisches Museum)* **(15)**

Geöffnet: 9.00–14.00 und 17.00–19.00 Uhr, im Winter 16.00–18.00 Uhr.

Für das Archäologische Museum wurde aus Anlaß der Iberoamerikanischen Ausstellung 1929/30 an der *Plaza de América* innerhalb des Parque María Luisa ein eigenes Gebäude errichtet. Der Bau, im Stil der Neo-Renaissance gehalten, besteht aus einem mächtigen Mittelrisalit und je zwei Seitenrisaliten, zwischen denen doppelstöckige Galerien liegen. Der Komplex spiegelt sich in einem Teich des Parks.

Nach verschiedenen Ergänzungen bis 1972 hat die Sammlung nun in mustergültiger musealer Aufbereitung ihre endgültige Bleibe gefunden, wobei das Erdgeschoß prähistorische und frühantike Kollektionen beherbergt, während die oberen Säle iberische und römische Skulptur sowie frühchristliche, westgotische und hispanomaurische Stücke darbieten. Die Funde stammen vorwiegend aus den Provinzen Sevilla, Cádiz und Huelva. Paradestück des Untergeschosses ist der *Goldschatz von Carambolo*, der auf der gleichnamigen Anhöhe in Camas bei Sevilla 1958 gefunden wurde und 21 Gegenstände, u. a. Broschen, Armbänder und Ketten, umfaßt und auf das 8. und 7. Jh. v Chr. geschätzt wird. Es handelt sich um örtliche Produktion, wenn auch unter dem Einfluß nahöstlicher Hochkulturen. Bei Besichtigung der oberen Abteilung sei auf die spektakulären Ergebnisse hingewiesen, die das Deutsche Archäologische Institut (Madrid) 1956 bei Grabungen in Mulva (Provinz Sevilla) erzielt hat, dem altrömischen Municipium *Flavium Munigense.* Hier ist vor allem der anmutige Kopf einer ›Hispania‹ zu nennen, dem die Museumsleitung solche Bedeutung beimaß, daß sie ihn auf den Umschlag des Hauptkataloges setzte.

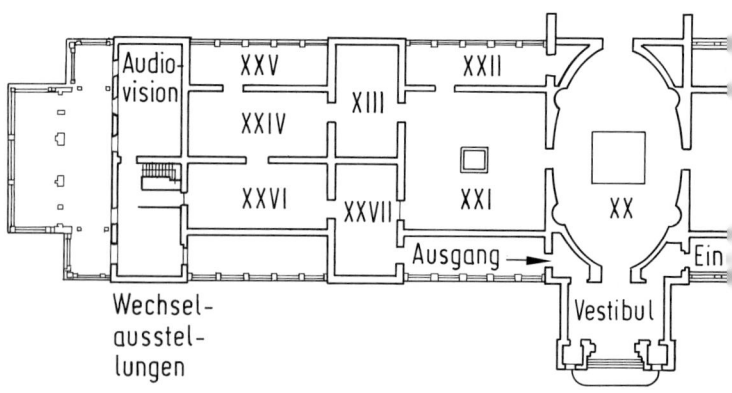

Unter den ausgegrabenen Objekten der frühen Kaiserzeit befindet sich auch die kleine Terrakottabüste einer Dame, deren modische Frisur sich um das Doppelte der Kopflänge auftürmt.

Erdgeschoß: Das geräumige Vestibül, die *Sala Imperial*, birgt römische Kaiserstatuen, der *Saal I* Äxte, Faustkeile, Schaben, Stichel und Pfeile aus der Steinzeit. Die *Säle II* und *III* enthalten Funde aus Bronze- und Eisenzeit, u. a. zylindrische Götzenbilder aus Morón de la Frontera und Grabsteine aus Carmona (vgl. Nr. 3) und Ecija (vgl. Nr. 4). Die *Säle V* und *VI* warten mit dem bereits erwähnten Schatz von El Carambolo auf, während als Prunkstück von *Saal VII* der Fund eines Goldschatzes in Sanlúcar de Barrameda (Cádiz) gelten darf, der dem 8. bis 6. Jh. v. Chr. entstammt. Exponate von Ausgrabungen des phönizischen Dorfes Cerro Salomón bei Huelva zeigt *Saal VIII. Saal IX* widmet sich der phönizischen, karthagischen und griechischen Kolonisation im Raum Sevilla. Was an Iberischem zutage befördert wurde, breitet *Saal X* aus. Das meiste stammt aus Hügelgräbern.

Obergeschoß: Im *Saal XI* begegnet man wiederum dem iberischen Spanien, mit Funden aus Urso (Osuna), Ilipa (Alcalá del Río), Carmo (Carmona), Astigi (Écija), Astapa (Estepa), Celti (Peñaflor) und Orippo (Dos Hermanas). Besonders erwähnenswert ist der archaische Löwe von Estepa mit seiner exakt gekräuselten Mähne. *Saal XII* ist dem Bereich der römischen Provinz Baetica gewidmet, wo ein opfernder Priester in sorgsam gelegter Toga aus Alcalá del Río und ein Patrizierkopf, der fast lebend wirkt, besonders hervorzuheben sind. Weitere anonyme Kopfplastiken vermitteln ein anschauliches Bild der Physiognomien im römischen Hispanien.

Mit *Saal XIII* beginnt der Bereich von *Itálica*, der bedeutendsten Römerstadt und anschaulichsten Ausgrabungsstätte Andalusiens.

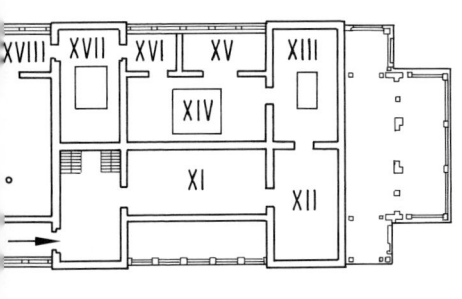

Museo Arqueológico:
Orientierungsplan
Obergeschoß

0   10 m

Was dort an beweglichem Material aus der Tiefe des Bodens hervorgeholt worden ist, befindet sich zum Teil im kleinen örtlichen Museum (vgl. Nr. 2), doch zum weitaus größeren Teil im Museo Arqueológico von Sevilla, so daß der volle Gewinn eines Besuches von Itálica nur durch die ergänzende Visite der Sevillaner Sammlung erzielt werden kann. Was an Torsi von Kunstwerken in diesem und den folgenden Sälen zur Schau gestellt wird, stammt weitgehend aus der Luxusvilla des Konsuls Mummius, der nach seinem Sieg über Korinth 147 v. Chr. in mehreren Barken Bildwerke nach Spanien hatte verfrachten lassen. In *Saal XIV* steht eine Hermesstatue, die für die schönste auf spanischem Boden entdeckte klassische Skulptur gehalten wird. Frappierend auch die Behandlung des geschürzten Gewandes einer Diana. *Saal XV* enthält die römische Kopie eines hellenistischen Alexanderkopfes, *Saal XVI* eine Zweitfassung der Aphrodite von Knidos, während *Saal XVII* eine solche der Aphrodite Anadyomene präsentiert, einer Statue von blühendem Leben und sinnlichem Reiz, deren bedeutendste Fassung der Stolz des Syrakusaner Museums ist. Ein Votivstein aus Itálica zeigt zwei Fußabdrücke.
Von der Kunst derb-realistischer Porträtdarstellung im kaiserlichen Rom zeugt ein Greisenkopf in *Saal XIX*. Die folgenden Säle sind großenteils Kaiserbildnissen gewidmet, wobei vor allem die in Itálica geborenen Imperatoren *Trajan* und *Hadrian* in vielen Varianten erscheinen; die Stadt feierte in Stein die großen Söhne. In *Saal XXII* steht die jüngere Agrippina, die schreckliche Mutter Neros. Im *Saal XXIII* sind Funde aus der Römerstadt Carteia an der Bucht von Algeciras ausgestellt, im *Saal XXIV* Funde aus Mulva. Den Abschluß bilden Exponate aus dem nachrömischen Andalusien, vor allem westgotische und arabische, darunter ein Taufbecken aus der Epoche der Westgoten mit Kreuz und zwei Fischen.

Plaza de España (16)

Im Osten des María-Luisa-Parks liegt der geräumige Spanische Platz mit dem von Aníbal Gonsalvez im Halbkreis angelegten pompösen *Palacio Español*, der epigonenhaft-eklektizistisch alle nur denkbaren spanischen Stile zu einer Einheit zwingt und immerhin durch seine ausladende Mächtigkeit zu imponieren vermag. Die Seitenarme enden in Turmbauten, welche die Giralda imitieren wollen, doch ohne deren ausgewogene Proportionen. Aus der Silhouette der Vielzahl Sevillaner Türme sind sie nicht wegzudenken. Die Sockel des Gebäudekranzes der Plaza de España halten erzählfreudig auf Azulejos die Geschichte der spanischen Provinzen und deren Wappen fest, Historie auf glasiertem Ton. Vor dem Halbkreis des Palacio rundet sich ein schiffbarer Kanal, über den Brücken nach venezianischem Muster geschlagen sind. Bei Festivals prunkt der Park mit fulminanter Illumination.

Ehem. Tabakfabrik (17)

Zwischen dem María Luisa- und dem Murillopark breitet sich der Vierflügel-
bau der ehem. Tabakfabrik aus, der sofort an Bizets ›Carmen‹ denken läßt.
Hier arbeiteten Tausende von Frauen (und schmuggelten Tabak hinaus).
Ein Genrebild von Gonzalo de Bilbao Martínez im Kunstmuseum hält den
Betrieb unter den Rundbögen des Gewölbes fest: sortierende, schwatzende,
gleichzeitig ihre Kinder säugende Arbeiterinnen. Man sieht dem riesigen
Steinrechteck aus dem 18. Jh. an, daß es von Militärarchitekten stammt; denn
es ist schmucklos-nüchtern, mehr klassizistisch als Barock, und selbst der Por-
talbau hält sich zurück. Heute beherbergt das Gebäude einen Teil der Uni-
versität, die ihren Hauptsitz in der Calle Laraña hat, in den Räumen des ehem.
Jesuitenkollegs. Die einstige Fábrica de Tabacos nimmt nach dem Escorial die
größte Fläche aller historischen Bauten Spaniens ein. Sie hatte ihre eigene
Rechtsprechung und ein eigenes Gefängnis; Militärwachen verhüteten
Unruhen. Eine lärmend-muntere Szene, wenn die Arbeiterinnen aus dem
Fabriktor strömten; Prosper Mérimée hat sie beschrieben und Georges Bizet
in Musik gesetzt.

Portal der ehem. Tabakfabrik

Die nördlichen Viertel (18–23)

Folgt man der Avenida de la Constitución, die an der Kathedralfassade entlangführt, in Richtung Norden, so gelangt man zum *Rathaus* (Ayuntamiento), das an der baumbestandenen *Plaza Nueva (18)* liegt. Es handelt sich um ein harmonisches Gebäude der Renaissance, dessen Vorderseite mit platereskem Schmuck überzogen ist, durchaus erträglich, weil er sich an die Umrahmung von Portalen, Fenstern und Oculi hält; Diego de Riano zeichnete die Pläne. Medaillons an der Schauseite geben Figürliches wieder. Karl V. hat das Gebäude aus Anlaß einer seiner Stadtbesuche am Ort des bisherigen Fischmarkts erbauen lassen. Am Karfreitag sind davor Tribünen aufgestellt, die den Blick auf die Umzüge der Bruderschaften erleichtern.

Beim Rathaus beginnt nach Norden hin die *Calle de las Sierpes*, Sevillas eleganteste Straße und heute Fußgängerzone mit jeglichem Angebot der gehobenen Klasse. Die gewundene Linienführung der Trasse hat ihr den Namen gegeben (Schlangenstraße). Im Sommer über die Sierpes gespannte Tücher geben ihr ein orientalisches Aussehen. Die Seitenstraße *Calle de los Gallegos* (Galizier) führt zu einem bevölkerten Platz mit der *Parroquia* (Pfarrkirche) *de Salvador (19)*, einer der größten Kirchen Sevillas. An ihrer Stelle stand die von Omar Ibn Adabbas 829 errichtete Freitagsmoschee, von der im Patio de los Naranjas noch Anzeichen vorhanden sind. Der Turm mit barocker Haube erhebt sich über dem einstigen Minarett, das 1079 einem Erdbeben zum Opfer gefallen und unter den Almoraviden erneuert worden war. Die 1671–1712 erbaute Kirche hat römische Ausmaße mit einer geradezu gigantischen Vierungskuppel über korinthischen Halbsäulen. Die Ausstattung ist churrigueresk. ›San Cristóbal‹ von Montañés ist eine der ersten Arbeiten des Meisters und ›Nuestro Padre Jesús de la Passión‹ einer seiner besten Plastiken, verinnerlichter als Juan de Mesas, des Naturalisten, ›Cristo del Amor‹.

Nicht weit vom nördlichen Ende der Calle de las Sierpes steht die *Jesuitenkirche San Ignacio (20)*. Die Obersten der Gesellschaft Jesu sind auf Azulejos an der Fassade dargestellt, ganz oben der baskische Ordensgründer selbst. In der Kirche befindet sich das Grab des Jesuiten Francisco Tarin.

Mittelpunkt der im Norden gelegenen Barrios ist der langgestreckte *Alameda-Park (21)* mit birkenbestandenen Anlagen und an beiden Seiten jeweils zwei Säulen, die auf korinthischen Kapitellen Figuren tragen; auf der Südseite Cäsar und Herakles, die sich auf barocke Wappenschilder stützen. Die Säulen an der Nordseite sind mit Löwen bekrönt. Am Ende des Platzes steht eine der vielen gefälligen Kapellen im Stadtbild Sevillas, die *Capilla de Carmen* mit Keramiktöpfen auf dem Gesims.

Vom südlichen Ende des Alameda-Parks erreicht man die *Calle de las Barajas*, in der eine Tafel auf das Geburtshaus des in Sevilla geschätzten und im Murillopark durch ein pompöses Denkmal geehrten romantischen Dichters *Gustavo Adolfo Bécquer* (1836–1870) hinweist. Ein kurzes Wegstück in Richtung Río Guadalquivir führt zu der parallel zum Alameda-Park verlaufenden *Calle Santa Clara*, die von alten Kirchen umsäumt wird. Unübersehbar die aus Ziegelsteinen erbaute Kirche *San Lorenzo (22)*, deren Hufeisenbögen und Lebensbaumzinnen den Mudéjarstil erkennen lassen. Der Heilige steht mit dem Rost, dem Signum seines Martyriums, über dem Portal, das an der Südflanke liegt. Der Turm hat einen weithin sichtbaren offenen Glockenträger. Der Hauptaltar ist ein Werk von Montañés; in der Capilla de Gran Poder (›große Macht‹) befindet sich ein ›Christus am Kalvarienberg‹ von Juan de Mesa.

Der barocke Portalbau von *Santa Clara (23;* auf der rechten Straßenseite) ist fast zu übersehen, unscheinbar und schmalbrüstig, gekrönt von der Statue der Gefährtin von San Francisco. Tritt man aber ein, so sieht man eine ansehnliche Klosteranlage mit einem Orangenhof, in dem seltsamerweise alte aufrechtgestellte Kanonenrohre Blumentöpfe tragen. Zur Linken ist ein gotischer Spitzbogen erhalten geblieben. Die Kirche der Klarissinnen im Stil der Renaissance und mit einem offenen Glockenträger nimmt die östliche Längsseite des Hofes ein und läßt in der Apsis mudéjare Elemente erkennen. Bewundernswert die hölzerne Artesonadodecke, Azulejos von 1575 und Statuen von Montañés auf den Seitenaltären.

Die Calle de Santa Clara wird von einem Tor abgeschlossen, das zum *Kloster San Clemente (24)* führt. Eine Tafel davor vermerkt, daß es eine Gründung Fernandos III. und seines Sohnes Alfonso X. ist und von dem Bourbonen Karl III. 1771 renoviert wurde. Der hl. König ist über dem Tor auf einem Azulejobild zu sehen. Im Hof steht die Backsteinkirche mit einem Renaissancetor; im Innern sind auch hier die Artesonadodecke und Azulejos erwähnenswert, vor allem aber die Fresken von Valdés Leal (Schlüssel im Nebenbau).

2 Itálica · Santiponce

Geöffnet: 9.00–19.30 Uhr, im Winter bis 17.30 Uhr.

Das archäologische Feld der ersten von den Römern auf iberischem Boden gegründeten Stadt liegt etwa 8 km nordwestlich von Sevilla auf einem Hügel und ist über eine gute Straße durch die Ebene des Guadalquivir leicht zu erreichen. Das Revier der Ausgrabungen, die auch heute noch durch neue Kampagnen fortgesetzt werden, gehört zu der Ortschaft Santiponce, die man durchquert, um in das eingezäunte Gelände (Eintritt!) der einstigen Römerstadt zu gelangen, vor der eine hübsche Gaststätte zum Verweilen einlädt. Das Gelände Itálicas zerfällt in drei Teile: das lokale Museum, das riesige Amphitheater, die ans Licht gehobenen Partien der nach der Art römischer Feldlager angelegten Stadt mit sich überkreuzenden Hauptstraßen. Itálica enthält alles, was eine altrömische Gründung von höherem Rang, ob Oppidum, Municipium oder Colonia, besitzen mußte: ein Forum, Tempel, Arkadengänge, Theater und Amphitheater, Thermen. Trotz römischer Relikte an vielen Orten Iberiens ist Itálica die einzige Stadt, die, wenn auch in Trümmern, in ihrer Umgrenzung und Geschlossenheit vor uns liegt; allenfalls kommen ihr Ampurias (Katalonien) und Conimbriga (Portugal) nahe.

Geschichte

Im nahen *Ilipa* (heute Alcalá del Río) kam es 206 v. Chr. im 2. Punischen Krieg zur Entscheidungsschlacht auf dem iberischen Schauplatz (vgl. S. 5). Die zahlenmäßig überlegenen Truppen der karthagischen Feldherren *Mago* und *Hastrubal Gisco* lagen in der Nähe des Baetis-Flusses (Guadalquivir) dem römischen Kontingent des *Publius Cornelius Scipio* gegenüber. Der Römer wandte am Tag der Schlacht eine originelle Taktik an: Er ließ schon beim Morgengrauen den Truppen eine reichliche Mahlzeit ausgeben. Sodann reizte er nach Aufstellung der Schlachtlinie durch ausschwärmende Reiterei die Karthager, ihr Lager zu verlassen und den immer wieder hinausgeschobenen Entscheidungskampf anzunehmen. Als sich die beiden Kriegsparteien gegenüberstanden, zögerte Scipio den Schlachtbeginn bis in die späten Vormittagsstunden hinaus, so daß die Gegner, die aus Zeitmangel ihr Frühstück versäumt hatten, mit knurrenden

Mägen dem Treffen entgegensahen. Dann erst ließ er die Tuba blasen und seine wohlgesättigten Krieger gegen die unfreiwillig fastenden karthagischen Gegner vorrücken. Der Sieg war vollkommen, und die Verfolgung brachte den Karthagern große Verluste. Mit knapper Not entkamen die Anführer. Hastrubal Gisco erreichte die Küste des Atlantik und segelte von dort aus nach Gades (h. Cádiz). Der Ort der frühesten Landung war damit auch der letzte Stützpunkt des Seefahrervolkes auf dem Boden Hispaniens.

Scipio trieb nun Friedenspolitik. Er gründete in der Nähe des Schlachtortes Itálica als Veteranenkolonie. Die römischen Soldaten vermählten sich mit einheimischen Frauen. In der rasch wachsenden Stadt begann die Romanisierung der Halbinsel, die den keltiberischen Volkstypus veränderte und die lateinische Sprache durchsetzte. Itálica überlebte die Völkerwanderung. Im Jahre 583 bestand sie noch, da damals, während der Fehde zwischen Leovigild und seinem Sohn Hermengildo, die Mauern repariert werden mußten. 693 nahmen Bischöfe von Itálica am Konzil von Toledo teil. Nach dem Sieg der Araber über die Westgoten 711 ging die Bedeutung der Stadt zurück, die nun *Talikah* hieß. Im 16. Jh., nach der Reconquista, war Itálica vergessen; die noch vorhandenen Ruinen trugen den Namen *Sevilla la Vieja* (Alt-Sevilla). Als zu Beginn des 17. Jh. eine Überschwemmung des Guadalquivir den Ort Santiponce zerstörte, flüchteten die Bewohner auf den Ruinenhügel, der ihnen für den Neubau ihrer Häuser als Steinbruch diente. Wurde von den Resten der Römerstadt auch viel vernichtet, so schützte die Überbauung immerhin die darunter liegende, noch vorhandene Bausubstanz. Während des napoleonischen Krieges untersuchten der Marschall Soult und der Herzog von Wellington den Boden des einstigen Itálica, doch nicht aus archäologischem Interesse, sondern auf Fundstücke erpicht. Erst im 20. Jh. begannen systematische Grabungen unter Leitung von *Ivo de la Cortina* und *Demetrio de los Ríos*, doch auch der Amerikaner *H. Huntington* setzte den Spaten an. Die Funde der beiden Spanier gelangten in das Archäologische Museum in Sevilla, das von Huntington entdeckte Gut nach New York, wo es bei der ›Hispanic Society‹ Aufnahme fand. In letzter Zeit hat man unter dem Ort Santiponce zu graben begonnen, da man dort die Urzelle der Gründung Scipios vermutet. Bisher legte man ein Theater und einige antike Häuser frei, die von einer der Straßen aus besichtigt werden können.

Das Amphitheater

Mächtig breitet sich am Fuß des Stadthügels das 160 m lange, guterhaltene Oval des Amphitheaters aus; in der Arena wächst Schilf aus sumpfigen Tümpeln. Scipio hat den steinernen Koloß nicht gekannt;

denn zu seiner Zeit waren die Spielbetriebe aus Holz. Unter den mit Steinmaterial errichteten Anlagen der Kaiserzeit steht das Kolosseum in Rom an erster Stelle, gefolgt von Capua und Ephesos. Nur wenig kleiner war das Amphitheater von Itálica, von dem noch Teile vor den Ausgrabungen sichtbar waren, obwohl die Bewohner von Santiponce sich nicht gescheut hatten, die Mauern zu sprengen, um die Füllung aus Feldsteinen und Mörtel zum Straßenbau verwenden zu können. Am Eingang des Ovals hält die Inschrift auf einer Säule den Text eines Gedichtes fest, das ein gewisser Rodrigo Caro im 17. Jh. auf den Torso des Amphitheaters verfaßt hat. In der Mitte der Arena ist eine kreuzförmige Vertiefung mit 8 Säulen zu sehen; ursprünglich war sie überdeckt und diente als Magazin. Von den Zuschauertribünen (Caveas) war die unterste für hochgestellte Personen reserviert; deren eingemeißelte Namen sind heute noch zu entziffern. Man kann unter der Schräge der Caveas einen langen Gang durchwandeln, von dem Treppen und Ausgänge zur Tribüne führten, wobei man feststellt, daß die Römer schon echte Gewölbe kannten. Das Gebäude hatte drei Ränge für etwa 30 000 Besucher; von den oberen Sitzreihen sind Teile erhalten. Im Amphitheater fanden Tierhetzen (Venationes) statt, später auch Gladiatorenkämpfe, die der humane Kaiser Marc Aurel (121–180 n. Chr.) einschränkte, wie eine in Itálica gefundene Bronzetafel bezeugt, die sich heute im Archäologischen Museum in Madrid befindet.

Itálica: Amphitheater

Der Stadtbezirk

Beim Betreten des Stadtbezirks hat man einen Teil der Nordmauer vor sich, die einen Ausgang zum Amphitheater besitzt. Von den Türmen, die im Abstand von je 35 m die Mauern unterbrachen, sind 3 als Fragmente erhalten, 2 viereckig, einer rund. Die auf eine Länge von 200 m erhaltene Hauptachse *(Cardo maximus)* führt hügelauf und ist 8 m breit, mit Gehsteigen von 4 m. Das Pflaster, dessen polygonale Platten akurat aneinandergefügt sind, hat die Zeiten teilweise überdauert, ebenso das Kanalsystem. Der Cardo war von Wandelhallen flankiert, was bei den Römern in ihren größeren Städten Brauch war. In Itálica sind die Basen der Säulen streckenweise erhalten geblieben; zum Teil haben die Archäologen die Säulen wieder aufgerichtet.

Im weiten Feld des Stadtbezirks, der sich über den Cerro (Hügel) ausbreitet, kann man von den Straßen aus, die ein Schachbrett bilden, die Häuserblocks (Insulae) überschauen. Sie verfügen meist über Innenhöfe mit Brunnen oder Zisternen, in einem Falle (Casa de Hylas) über ein Peristyl, einen von Säulen umgebenen Gartenhof. Viele der Häuser enthalten Mosaiken, die bestens konserviert sind (Opus sectile). Links von der Haupttrasse, neben einem der Mauertürme, liegt die *Casa de la Exedra*, so genannt nach der Nische, die einen offenen Patio abschließt. Ein Innenhof mit Bogengang enthält ein Becken mit elegant geschwungener Umrandung im sog. ›römischen Barock‹. Leicht erkennbar sind auch Vestibül, Triclinium (Speiseraum mit 3 Liegen), Wasserbecken und eine Toilette. In einer der rechten Seitenstraßen befindet sich die *Casa de los Pájaros*, die ihren Namen von den 32 verschiedenartigen Vögeln auf einem der Mosaikböden erhalten hat. Ein anderes Mosaik gibt ein Medusenhaupt wieder. Auch fand man ein Lavarium (Waschraum) und einen unterirdischen Wasserbehälter. In einer Seitenstraße links steht die *Casa del Laberinto*, mit dem musivisch wiedergegebenen Labyrinth von Knossos auf Kreta, mit Theseus und dem Minotauros sowie dem Meeresgott Neptun. Labyrinthdarstellungen waren im kaiserlichen Rom beliebt; sie finden sich an vielen Ausgrabungsstätten des Imperiums. Ein anderes Mosaik hält einen emporkletternden Löwen fest.

Die Straße führt zu einer kleinen Anhöhe mit Zypressen, von der aus die Ebene des Guadalquivir, die Gegend des einstigen Ilipa und an manchen Tagen Sevilla mit der Giralda zu überblicken sind. In sinniger Weise hat man am Platz einen Abguß der römischen Kopie der knidischen Venus aufgestellt, die sich im Sevillaner Museum befindet.
Gut erhalten ist die *Römerstraße*, die zum ältesten Stadtteil im Areal des heutigen Santiponce führt. An ihrem Saum wurde eine antike Herberge aus Ziegelmauerwerk aufgefunden, mit einem säulenumstandenen Innenhof. Die gegenüberliegende *Casa de Hylas* mit Atrium und Peristyl hat ihren Namen von einem musivischen Medaillon, das den von Nymphen wegen seiner Schönheit geraubten Freund des Herakles darstellt.

Das Museum

Am Eingang von Itálica sind Büsten der beiden bekanntesten Söhne der Stadt, der Kaiser Trajan und Hadrian, aufgestellt. Trajan steht außerdem ganzfigurig im örtlichen Museum, das in den letzten Jahren einen Neubau erhalten hat; der Kaiser ist als Athlet unbekleidet wiedergegeben, nach der hellenischen Auffassung: Bekleidet ist nur der Barbar, der Gott ist nackt. Auch hat man ein besonders schönes Mosaik (aus dem sog. Semanario) ins Museum gebracht: eine Darstellung des römischen Pantheon; die Köpfe der Götter mit ihren Attributen sind mit geflochtenen Kränzen umgeben: Jupiter und Juno, Mars und Pluto, Apollo und Luna. Die Flachreliefs eines Rundaltars aus dem Theater zeigen Bacchanten und Bacchantinnen in bewegter Gestik bei orgiastischem Tanz; sie halten Tamburine in Händen. Kleingegenstände geben Zeugnis vom Alltagsleben im antiken Itálica: Keramik, Glas, Lampen, Münzen.

Santiponce   Nr. 2

Der Ort Santiponce an der Stelle des ältesten Itálica liegt in unmittelbarer Nähe des Cerro mit dem neueren Stadtbezirk, von Sevilla aus kurz vor dem Ausgrabungsfeld. Sehenswert ist vor allem das festungsartige, trutzige, mit Zinnen versehene *Kloster San Isidoro del Campo*, das Guzmán el Bueno (Guzmán der Gute) als Zisterzienser-Abtei 1294 gegründet hat und das 1431 von den Hieronymiten übernommen wurde. Dieser Orden war 1370 in Spanien entstanden, benannt nach dem Kirchenvater aus Caesarea, der in einer Grotte in Bethlehem die Bibel ins Latein übersetzt und so die Vulgata geschaffen hat, wichtige Voraussetzung der Ausbreitung der Lehre Christi. Im wesentlichen ist der Ordo San Jerónimo ein spanischer Orden geblieben. Sein berühmtes Zentrum war San Yuste in Extremadura, wo Karl V. seine beiden letzten Jahre verbrachte.

Der etwas düstere und abwehrende Komplex des altersgrauen Konvents befindet sich in Privatbesitz, ist meist in Restaurierung begriffen und im allgemeinen nicht zugänglich. Doch wenn man an einem Tor an der Breitfront rechts vom Portal läutet, ist der Wächter gerne bereit, das Portal mit Ziegel-Spitzbogen zu öffnen. Es handelt sich um zwei parallel aneinander gebaute Kirchen von verschiedener Höhe, die eine vom Gründer stammend, die andere von seinem Sohn Juan Alonso Pérez de Guzmán, beide mit gotischem Rippengewölbe. Die ältere Kirche besitzt einen Retabel, der die Geburt Christi darstellt, von Montañés geschnitzt und ein Meisterwerk polychromer Skulptur von bewegender Innerlichkeit. Die Figur des Hieronymus kann abgenommen und bei Prozessionen als Paso benützt werden. Zu beiden Seiten des Altarraums sieht man das Gründerpaar, Guzmán el Bueno und seine Gemahlin María Coronel, knieend wiedergegeben; auch diese Schnitzfiguren stammen von Montañés, die er anstelle der nicht mehr vorhandenen älteren Bildwerke gefertigt hat.

Alonso Pérez de Guzmán (1256–1309) stand in Diensten des kastilischen Königs Sancho IV. 1294 verteidigte er Tarifa, Spaniens südlichste Stadt, gegen die andrängenden Mauren. Diese hatten Guzmans Sohn in ihrer Gewalt und stellten ihn vor die Wahl, die Stadt oder den Sohn zu opfern. Wortlos warf er ihnen seinen Dolch zu und wandte sich ab. Der junge Guzmán wurde erstochen. König Sancho verglich den Vater mit Abraham (der zu ähnlicher Tat bereit war) und verlieh ihm den Titel ›El Bueno‹, der auch auf die Nachkommen überging. Sanchos Sohn und Nachfolger Fernando IV. gab dem Verteidiger von Tarifa 3 Jahre später die Stadt Sanlúcar de Barrameda zu Lehen. In weiterem Aufstieg wurden die Guzmáns Herzöge von Medina-Sidonia; einer von ihnen war der unglückselige Befehlshaber der Armada, die 1588 unterging. In der Sierra de Gaucin (Málaga) fiel Alonso Pérez durch das Geschoß einer Armbrust.

Die zweite Kirche enthält (links vom Chor) die Grabmäler von Guzmáns zweitem Sohn Juan Alonso Pérez und (links gegenüber) seiner Gemahlin Urraca Ossorio. Auf Befehl Pedros des Grausamen wurde sie lebend verbrannt, weil sie angeblich seinen Antrag zurückgewiesen hatte, was wiederum unwahrscheinlich ist, da sie damals bereits 60 Jahre zählte. Nach der Überlieferung warf sich ihre Kammerfrau Leonor Dávalo über sie, um sie vor den Flammen zu schützen, und verbrannte mit. Beider Asche soll im Grab vereint sein.

Der Konvent mit seinen Zwillingskirchen enthält mehrere Patios, einen zentralen Kreuzgang und zwei kleinere, den *Patio de los Muertos* (Hof der Toten) mit gekacheltem Sockel und den *Patio de los Evangelistas* mit Alfices und leider etwas verblaßten Fresken des 15. Jh.

3   Carmona

Carmona, an der Carretera (Autostraße) von Sevilla nach Córdoba, ist eine malerische, an historischem Kolorit reiche Kleinstadt, deren es in Andalusien eine ganze Reihe gibt (Baeza, Úbeda, Ronda u. a.). Das römische *Carmo* hat ebenso Spuren hinterlassen wie das maurische *Karmouaah*, das Fernando III. 1247, noch vor Sevilla, zurückeroberte. Das kastilische Feudalzeitalter manifestiert sich in Palästen der Renaissance und des Barock. Die Katholischen Könige residierten hier ebenso gern wie in Ávila; im Todesjahr Isabellas, 1504, suchte ein Erdbeben Carmona heim, wonach seine Bedeutung zurückging.

Die mächtige *Kirche San Pedro* (1500; an der Anfahrtsstraße in der Unterstadt zur rechten Hand) gleicht mit ihrer dreigeteilten Rundbogen-Pforte und den dreifachen Doppelsäulen darüber eher einem Bühnenhaus, wäre nicht der Giralda-ähnliche Turm. Das Innere, extrem schmuckreich, rühmt sich einiger seltener Taufsteine aus grünem, glasiertem Ton. Eine churriguereske Kapelle mit Hufeisen ist das Werk von Ambrosio Figueroa, dessen Vater Leonardo im nahen Sevilla gewirkt hat.

Die historische Oberstadt hält einen Hügel in der Ebene des Guadalquivir besetzt, in einigem Abstand von dessen linkem Ufer. Rechts fällt der Hügel talabwärts. Links steigt das Gelände an und mit ihm der Mauerring. Carmonas Hauptstraße, *Calle Domíngues de Asa*, führt von Stadttor zu Stadttor westöstlich über die Scheitellinie des Cerro; sie entspricht etwa dem römischen Cardo. Die Tore kann man sich nicht unterschiedlicher denken. Während die *Puerta de Sevilla* im Westen aus einem dreifachen Hufeisenbogen besteht und fast genauso in Marokko stehen könnte, hat die *Puerta de Córdoba* an der Ostseite das Aussehen eines klassizistischen Torbogens, der in seiner strengen Gliederung fast an Vauban denken läßt. Blendfenster umrahmen die rundbogige Einfahrt, über der ein schlichter Giebelaufsatz zu sehen ist. Das Tor, von klobigen Türmen umrahmt, ist ins Stadtgemäuer einbezogen, dessen Fuß noch römische Quader erkennen läßt.

Wie Carmona durch zwei Torbögen verklammert ist, hat es an beiden Enden auch zwei Alcázare, die auf die Mauren zurückgehen, den *Alcázar de abajo* im Westen, den *Alcázar de arriba* im Osten. Diesen hatte Peter der Grausame noch wehrhafter ausgebaut; hier hielt er die Mätresse seines Vaters Alfonso XI.,

Leonor de Guzmán, gefangen. Wieder frei, verbarg sie sich im Alcázar von Medina-Sidonia und wurde dort 1351 ermordet. Ihre Bastardsöhne töteten 1369 Pedro el Cruel und begründeten die kastilische Dynastie Trastamara, aus der Isabella I. hervorging.

Nach Eintritt durch das Sevilla-Tor sieht man den Glockenturm von *San Bartolomé*, einer Kirche mit schönem Südportal und gotischen Blattkapitellen. Ein von gekalkten Säulenhallen umgebener Markt mit Bergen von Früchten nimmt rechts die Stelle eines einstigen Klosters ein. Die Plaza Mayor ist von Palästen mit mudéjaren Ajimeces-Fenstern umgeben. Im *Ayuntamiento* (Rathaus) in der benachbarten Calle del Salvador sind römische Mosaiken in den Boden eingelassen, darunter eine Medusa mit Efeuumrahmung, wie sie schon die Etrusker liebten. Die Calle de Martín wartet mit zwei weiteren Palästen auf, die prachtvolle Barockfassaden zur Schau stellen, den *Palacios Aguilar* und *Los Rueda*, während der nahe *Palacio de Marqués de las Torres* mit klassischem Fries und ionischem Säulen antikisierend wirkt (1755). Im *Konvent Santa Clara* von 1460 (Calle Santa María) hängt ein Valdés Leal, außerdem wird eine Reihe von Bildern – nicht ganz gesichert – Zurbarán zugeschrieben.

Unter den zahlreichen weiteren, meist barocken Gotteshäusern nimmt *Santa María* am Ort der einstigen Hauptmoschee den ersten Platz ein. Der zugehörige Patio mit sechs Hufeisenbögen war ehemals der Orangenhof der Moslems. In eine Säule aus westgotischer Zeit (6. Jh.) ist ein Kalendarium mit Heiligendaten eingraviert. Ein reicher plateresker Altar im Innern wurde 1559 von Nofro de Ortega und Juan Bautista Vásques geschaffen. Man zeigt im Gemäuer einen Ziegelstein mit dem Abdruck einer Hand: Ein Graf, so heißt es, habe seinem Diener ins Gesicht geschlagen, weil dieser vor ihm die Hostie annahm. Zur Strafe mußte er seine Hand in feuchten Ton drücken.

Von der *Puerta de Córdoba* an der hochgelegenen Nordmauer überblickt man die weite Ebene mit Ölbäumen, Sonnenblumen, Getreide, Mais und Wein.

Die römische Nekropole

Geöffnet: 9.00–13.00 und 15.00–18.00 Uhr, im Sommer 9.00–13.30 und 15.00–19.00 Uhr; So und Fei geschlossen.

Bevor die Carretera Carmona erreicht, tangiert sie ein hochbedeutendes archäologisches Feld, die römische Nekropole, die vom 2. Jh. v. Chr. bis zum 4. Jh. n. Chr. benutzt wurde und in der man etwa 1000 Gräber nachgewiesen hat. *Georges Bonsor* und *Juan Fernandez López* haben 1881–1915 ans Licht gehoben, was auf dem Gräberfeld besichtigt werden kann, nämlich 250 begehbare Gräber, viele weitere blieben bisher noch vom Spaten unberührt.

Fast auf der Strecke der Carretera von heute führte die antike Fernstraße Hispalis-Corduba südlich an der Nekropole vorbei, was für Unterhalt, Bestattungen und Besuch der Gräberstätte wichtig war. Der heutige *Eingang* befindet sich im Nordosten, wo jenseits der Zufahrtsstraße das *Amphitheater* von Carmona archäologisch noch unerschlossen im Gelände liegt.

Der Rundgang durch das ungefähr dreieckige hügelige Gelände von gartenartigem Charakter beginnt beim kleinen *Museum*, von dem aus man sogleich zum *Mausoleo Circular (1)* gelangt, einem Rundbau unter

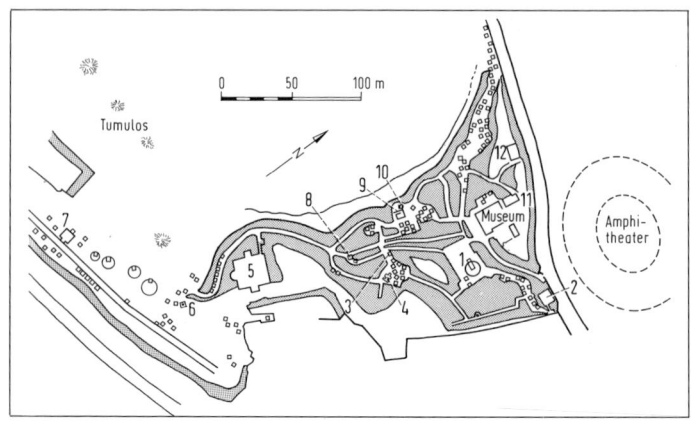

Carmona: Orientierungsplan

der Erde, der laut einem Dokument im Rathaus von Carmona bereits
1573 bekannt gewesen ist, und in den eine Steintreppe führt. In der
überwölbten Krypta, die in den Felsen gehauen ist, befinden sich 11
Nischen für die steinernen Urnenkästen der Verstorbenen, wobei
die Nische an der Stirnseite die doppelte Breite hat und der Aufnahme von Urnen der Familienoberhäupter diente. Der Grabraum
ist mit bemaltem Stuck versehen.

Das interessanteste Grab ist die *Tumba del Elefante (2)*, zu der man linker Hand gelangt. Die Begräbnisstätte, ebenfalls für eine Familie, ist
nach der hier gefundenen Figur eines Rüsseltiers der afrikanischen
Species benannt. Man hat Hypothesen über seine Bedeutung ange-
stellt. Manche meinen, es handle sich um ein Symbol der Langlebig-
keit. Andere wieder denken an die Schlacht von Ilipa 206 v. Chr., in
der die Karthager Elefanten eingesetzt hatten, was noch lange in der
umliegenden Gegend in Erinnerung geblieben ist. Auch wurde die
Vermutung geäußert, nach dem Sieg der Römer sei ein Teil der karthagischen Bevölkerung in Carmona zurückgeblieben, und in der
Tat hat man eine Urne entdeckt (heute in Saal 11 des Museums), auf
der deutlich der punische Name VRBANIVAL zu lesen ist; mit diesen ›Afrikanern‹ könnte man also den Elefanten, der jetzt frei im Grab
steht, in Verbindung bringen. Auf einer Treppe von 9 Stufen hin-
absteigend, entdeckt man eine Nische, die vermutlich der Aufnahme
der Hausgötter (Lararium) diente. Unter den verschiedenen Räumen des teils offenen, teils überdeckten Areals erkennt man Krypten,
doch auch Triclinien für den Leichenschmaus; da man keine Tische
gefunden hat, nimmt man an, daß diese aus Holz waren. Vor einem

Grab der Servilia

der Räume steht ein Wasserbehälter, der von einer Quelle gespeist wurde, über der am Felsen die Dekoration einer sitzenden Figur erscheint. Aus einem anderen Eßraum stammt das Fragment des Gottes Attis, der den Kopf auf seine Hand stützt, dem Stil nach ebenfalls punisch. Der Gott, der im orientalischen Kybele-Kult eine Rolle spielte, war auch den Römern bekannt. Der Aufwand mehrerer Triclinien im Elefanten-Grab deutet auf ein ›Collegium funerarium‹, also die Grabgemeinschaft mehrerer Familien.

Die *Tumba Las Guirnaldas (3)*, in der Mitte der Nekropole, heißt nach den weinroten Girlanden, die über jeder der 13 Grabnischen angebracht sind. In der Mitte der Gewölbedecke befindet sich ein rundes Loch. In einem Annex, Ustrinum genannt, verbrannte man die Toten auf einem Scheiterhaufen, Vorstufe des Krematoriums. – Die *Tumba de los cuatros Departamentos (4)* an einem benachbarten kleinen Platz ist nach den vier symmetrischen Grabkammern mit jeweils 5 Urnennischen benannt, deren Stuckwände Malspuren aufweisen.

Im Zentrum der Nekropole, etwas abseits in Richtung Carretera, liegt das wichtigste und größte Grab, *Tumba de Servilia (5)*, nämlich der aristokratischen Familie der Servilia, einer würdigen Matrone, deren lebensgroße Figur man mit Angabe des Namens am Podest (leider ohne Kopf) gefunden hat. Die Statue stand in der Mitte einer zweistöckigen Galerie mit einem rückwärtigen Umlauf; der Unterstock ist gut erhalten. Davor öffnet sich ein Peristyl. Das Grab weist die besterhaltenen Fresken auf, darunter eine Dame, die eine Harfe hält, mit ihrer Dienerin, die sie anschlägt; stilistisch ähnelt die Darstellung der von Pompeji. Pilaster sind nach Art der Illusionsmalerei

85

al fresco an die Wände gesetzt. Und im Vorraum der Verbrennungskammer sieht man ein geripptes Gewölbe, das kunstvoll aus dem Felsen herausgehauen ist. Die Kammer selbst war betretbar, wie man aus den Fußspuren erkennt. Man stellte fest, daß die Grabanlage bereits in der Antike geöffnet und beraubt worden ist. Auch im Mittelalter war sie bekannt, denn man fand in ihr einen kleinen Schatz von Münzen Peters des Grausamen.

Grab 6, von der Tumba der Servilia leicht erreichbar, liegt am Ende des Hauptweges und trägt den Namen *Cuatro Columnas*, nach den 4 aus dem Felsen gehauenen Säulen mit angedeuteten Kapitellen, die eine Rotunde mit Oberlicht bilden. Man fand ein Kindergrab sowie eine Bronzewaage und eine Münze mit der Aufschrift COLONIA PATRICIA, worunter Córdoba zu verstehen ist. – In *Grab 7* wurde eine offene Urne mit einer umrahmten Tafel entdeckt, die wissen läßt, wessen Asche hier beigesetzt wurde: *Ossa Prepusae.* Nach ihr ist auch das tiefgelegene Grab benannt. – Reich dekoriert ist die *Tumba del Ryton de Cristal (8)*, in der ein hornförmiges gläsernes Trinkgefäß von Girlanden umgeben ist; von einem Kranz umrahmt sieht man eine weibliche Maske mit Diadem und Ohrringen. – In der *Tumba de Postumo (9)* befindet sich ausnahmsweise eine längliche Grube für den nicht eingeäscherten Körper des Herrn, umgeben von 7 Nischen für die Aschenurnen der Sklaven. – Die *Tumba de Tres Puertas (10)* enthält 3 von Türen verschlossene Urnenräume und der *Columbario Triclinio (11)*, eine der am frühesten geöffneten Anlagen, einen Speiseraum mit drei Liegen. Aufgefunden wurden ein Altar, ein Waschbecken, eine Küche und eine Steintruhe mit bemalten Marmorstücken, mit denen wohl einst die Wände bedeckt waren.

Das *Museum* ergänzt die Nekropole anschaulich. In Vitrinen ausgestellt sind Urnen, Tränenkrüge, Gläser, Exvotos, darunter Puppen mit beweglichen Gliedern, Fragmente von Mosaiken, so ein Bildnis der Göttin Flora, und Statuetten, etwa eine Nymphe, eine liegende Bacchantin, sowie Kopfskulpturen von einem Realismus der Wiedergabe, wie sie für die Römer typisch war. Hier muß das gescheitelte Haupt einer Dame aus Carmo besonders hervorgehoben werden, die wohl den Typus der Provincia Baetica vertritt: das rustikale, etwas dickliche Gesicht, die kurze Nase, die aufgeworfenen Lippen, der unkomplizierte Ausdruck einer Provinzlerin.

Vitrine I der Sala III enthält einen Altar, den Marcus Julius Gratus den ›Madres Aufeanias‹ geweiht hat, germanischen Gottheiten vom Rhein, so daß es sich bei dem Stifter wohl um einen nach Carmona versetzten Legionär gehandelt haben dürfte, der hier ein Gelöbnis aus seinem Heimatland einlöste. Eine Abbildung der ›Madres‹ aus dem Rheinischen Landesmuseum in Bonn ist der Vitrine beigegeben.

4   Écija

Wo die Carretera von Sevilla nach Córdoba einen Knick nach Nordosten macht, etwa im zweiten Drittel der Gesamtstrecke und von der Provinzhauptstadt 83 km entfernt, liegt Ecíja, dessen Besuch Pflicht und Freude jedes Kulturreisenden ist. Unter den Kleinstädten Andalusiens mit weißgestrichenen Häusern, dem Kandelaber eines Kirchturms und einem Alcázar nimmt Écija als ›Stadt der Türme‹ einen besonderen Rang ein; sie hat deren zwölf, die alle beachtenswert sind. Sie ist aber auch die heißeste Stadt Andalusiens und wird dessen ›Bratpfanne‹ genannt.

Zur Zeit Roms hieß die Stadt *Astigi*. Paulus, von dem man sagt, er sei auch in Spanien gewesen, soll hier gepredigt haben. Im maurischen Andalusien gehörte sie zum Kalifat von Córdoba; Fernando III. eroberte sie 1240 zurück, auf seinem Siegeszug nach Sevilla. Das Erdbeben des 18. Jh. verwüstete die Stadt großenteils, so daß sie sich heute hauptsächlich barock präsentiert, in einer Fülle phantastischer Formen, die Theophil Gautier, der Écija 1840 besuchte, in der ihm eigenen ironischen Art beschrieb: »Die Kirchtürme, die seiner Silhouette die schärfsten Spitzen aufsetzten, sind weder byzantinisch, noch gotisch, noch Renaissance; sie sind chinesisch oder eher noch japanisch.« Außer in der Größe gleichen sich die Türme. Der Grundstock ist meist quadratisch und schmucklos, außer einem Schmuckfenster und Oculi auf jeder Seite; darüber liegt ein stark ornamentiertes Stockwerk, das von einem fein ziselierten Oktogon und einer Laterne bekrönt wird (San Juan Bautista, Santa María). Vielen Türmen sieht man die Minarett-Herkunft an.

Écija besitzt eine langgestreckte, palmenreiche *Plaza de España*, die von festlichen Bauten des 18. Jh. umrahmt wird, dem Ayuntamiento an der Stirnseite, den Palästen Vallehermosa und Miradores. Inmitten des Platzes steht ein zweischaliger, figurenreicher Brunnen; auch sieht man eine barocke Mariensäule, die den süddeutschen Pestsäulen ähnelt. Früher thronte hier auch St. Christophorus gleich einem Säulenheiligen auf hohem Postament. Das Bildwerk wurde dem Florentiner Torrigiani zugeschrieben, von dem es heißt, er habe Michelangelo mit einem Faustschlag die Nase zertrümmert.

Durch welche Gassen man auch streift, man stößt unentwegt auf Barock, dessen sonderbarstes Beispiel in der *Calle Castelar* liegt (einige Schritte von der Plaza de España entfernt). Dort schmiegt sich der *Palacio de los Marqueses de Peñaflor* der gewundenen Gasse in ihrer ganzen Länge an, wobei die scheinbar endlose Fassade mit vorkragendem Dach und Fresken im Oberstock einen Eisenbalkon aufweist, welcher der gesamten Linie des Gebäudes folgt und dessen Krümmungen mitmacht. Er gilt als Spaniens längster Balkon. Das zweigeteilte Prunkportal hat unten runde, oben torsierte Säulen.

Auf einem niederen Turm sitzt ein Herrera-Dach. Durch ein monumentales Treppenhaus gelangt man in den Hof, den alte Pferdeboxen mit den Namen der Tiere umgeben. Der *Palacio de los Marqueses de Cortés* gefällt durch sein platereskes Portal, am *Palacio de Vilaseca* sieht man auf einen wappentragenden wilden Mann, der *Palacio Benameji* prunkt mit bizarrer Ornamentik.

Welchen Durchblick wir in den blumengeschmückten Gassen mit ihren Wandlaternen und Balkonen auch haben, meistens erhebt sich am Ende ein Kirchturm-Kandelaber. *Nuestra Señora del Valle* soll noch aus westgotischer Epoche (6. Jh.) stammen. *Santa Cruz* bietet eine platereske Custodia von 2 m Höhe und einen als Altar dienenden frühchristlichen Sarkophag. Das Kloster der Unbeschuhten Karmeliterinnen – des Ordens der hl. Teresa – war im 14. Jh. ein maurischer Palast; das Innere der Kirche ist reich an churriguereskem Dekor. *San Francisco* besitzt einen Retablo von Pedro Fernández. Römische Säulen flankieren das Portal von *Santa Barbara.* In der Calle de Padilla deutet das Muschelemblem an der Pforte einer spätgotischen, vom Erdbeben weitgehend verschonten Kirche an, daß sie *Santiago* geweiht ist. Ein goldschimmerndes Kreuz ist das Werk von Pedro Roldán aus der frühen Zeit der Sevillaner Schule. Eine reiche Kassettendecke breitet sich über das Schiff. *San Juán* in der Calle de Cordera, von einer ›Giradilla‹ überragt, verwahrt in seiner Schatzkammer einen typischen Montañés. Die für das Barock recht schmucklose Fassade der *Iglesia de la Concepción* besitzt so gleichförmige Türme, daß man sie ›Torres Gemelas‹ (Zwillingstürme) nennt.

5   Cantillana · Villanueva del Río · Lora del Río

Wer mehr Zeit einplanen kann, benutze die Straße, die am gewundenen Río Guadalquivir entlangführt, eine Strecke durch wohlgepflegtes, fruchtbares Land mit welligem Charakter, durchsetzt von mauerumgebenen weißen Cortijos (Gehöften). Die Straße führt am rechten, dem nördlichen Ufer entlang, während die Bahnstrecke Sevilla–Córdoba bis Guadajoz sich an das Südufer hält. Eine Reihe hügelkrönender Kastelle liegt am Weg *(Almodóvar del Río, Palma del Río, Peñaflor).*

Castillana (etwa 30 km von Ecija an einer Flußkrümmung) gilt als einer der hübschesten Orte der Provinz. Die Eremita San Bartolomé ist ein seltenes Beispiel der Romanik in Andalusien. – *Villanueva del Río* ist unübersehbar durch das Kastell Mulva, das an der Stelle des römischen Monigua liegt. Das Forum wurde freigelegt. – *Lora del Río* geht ebenfalls auf die Römer zurück. Die maurische Burg ist Ruine, das Ayuntamiento ein stattlicher Barockbau. Von hier führt eine Straße nordwärts in die *Sierra Morena,* wo nach 22 km das einst römische *Constantia* anzutreffen ist; der Name erinnert an den Gründer, Konstantin d. Gr., der im Edikt von Mailand 313 n. Chr. die Christen staatlich anerkannte.

6 Castilleja de la Cuesta · Sanlúcar la Mayor

Etwa 12 km westlich von Sevilla stößt man auf *Castilleja de la Cuesta*, das *Julia Constantia* der Römer. Der Ort mit niederen weißen Häusern, bedeckt von Hohlziegeln, steigt steil an. Die *Puerta del Sol* geht auf die Araber zurück. Der Gebäudekomplex des *Instituto de la Bienaventura da Virgen María* war einst ein Konvent irischer Nonnen. Hier starb 1547 der erfolgreichste spanische Konquistador, *Hernán Cortés* aus Medellin in Extremadura. 1504 war er aus Palos bei Huelva ausgefahren, 12 Jahre nach Kolumbus, um 1519 Mexiko der Krone Karls V. zu unterwerfen, dabei mit mehr Menschlichkeit als Pizarro, der Eroberer Perus. Spanien dankte es Cortés in dessen letzten Lebensjahren nicht. 1556 wurden seine sterblichen Reste nach Mexiko überführt. Im Kloster von Castilleja ist nur sein Streitroß ›Estrella‹ begraben.

Dem Kloster gegenüber liegt die *Castilleja de Guzmán*, eine kleine Burg des vermögenden andalusischen Geschlechtes, dessen Namen in Spaniens Süden so häufig wiederkehrt und das, als es die Feste übernahm, bereits die Herzogswürde von Medina-Sidonia besaß. Heute befindet sich in dem mittelalterlichen Bau das Colegio de Santa María de Buen Air. Über der Pforte sieht man noch das Guzmán'sche Wappen. In der Kapelle hat man die ›Jungfrau der Seefahrer‹ von Aléjo Fernandez aus dem Sevillaner Alcázar mit Azulejos nachgebildet.

Nach *Sanlúcar la Mayor* ist es nur eine kurze Wegstrecke westwärts, auf der alten Straße nach Huelva, die der Autobahn parallel verläuft. Man müßte bei Beschreibung einer Kirche dieser Gegend als etwas Außergewöhnliches vermerken, wenn sie früher keine Moschee gewesen wäre – *Santa María* in Sanlúcar war es natürlich auch, und zwar errichtet unter den baufreudigen Almohaden. Heute lebt das Original-Maurische im Mudéjarstil fort, vor allem an der üppigen Fassade, auch wenn sie spätere Erneuerungen erfuhr. Drei Schiffe im Innern laufen in Hufeisen aus. Der Turm, einst Minarett, kann über eine Rampe in Spiralform erstiegen werden, wie man es von der Giralda kennt. *San Pedro* weist arabische Lebensbaumzinnen auf, dazu schmale Spitzbögen im Rahmen von Blendhufeisenbögen, darüber jeweils ein Alfiz. Im Innern führt eine gekachelte Treppe von beachtlicher Größe zum Hauptaltar.

7 Alcalá de Guadaira · Osuna · Estepa

Begibt man sich von Sevilla aus auf guter Carretera in eintägiger Fahrt nach Granada, so hat man zuerst eine eintönige, wenn auch fruchtbare Gegend um sich, der jetzt dann landschaftliche Akzente gesetzt sind, wenn es bei Antequera gebirgig wird; doch das gehört bereits zur Nachbarprovinz. Auf genannter Strecke ist *Alcalá de Guadaira* der erste größere und zugleich lohnende Haltepunkt. Die Stadt lotet tief in die Vergangenheit, die Griechen nannten sie *Hienipa*, die Römer *Ordo Hienipense*. Hinreißend an Umfang und Wehrhaftigkeit ist die gewaltige, mit vielen Türmen bestückte Silhouette der auf Römermauern erbauten einstigen Araberburg. Die Nähe Sevillas, zeitweise Residenz der Almohaden, macht eine so massive Verteidigung erklärbar; die fortifikante Anlage ist die *größte almohadische Festung Spaniens*; man nennt sie ›Sevillas Schlüssel‹. Die weiße Stadt unter sepiabraunem Burggemäuer wartet auch mit Kirchen auf, die nicht alltäglich sind, so Santiago, San Sebastián oder Santa Clara, diese mit einem Altarrelief von Montañés. In die Kirche San Roque, dem Heiligen der Pestkranken geweiht, tritt man durch ein schlichtes gotisches Portal. Alcalá ist die *Stadt der Pastetenbäcker*, deren Produkte in der Provinzhauptstadt gefragt sind.

Nach 150 km Wegs ohne größere Orte taucht linker Hand *Osuna* auf, das in ganz Spanien guten Klang hat; denn die Herzöge, die hier einst residierten, gehörten im 17. und 18. Jh. zu den mächtigsten Granden Spaniens. In der Antike war *Orso*, wie die Stadt ursprünglich hieß, von Caesar dem Pompejus abgenommen worden; Bronzetafeln verkünden heute noch die ›Lex Julia Colonialis‹, nach Caesars Geschlecht der Julier. Das arabische *Oxuna* wurde 1239 kastilisch und von der Krone dem Calatrava-Orden übergeben. Der Habsburger Philipp II. verlieh den später hier ansässigen Condes de Girón den Titel Herzöge von Osuna. Deren einstige Machtstellung ist am Format der Bauten abzulesen, so der von ihnen gegründeten alten Universität (1549), einer der hervorragendsten Spaniens, gerühmt von Cervantes. Heute dient der Bau als höhere Schule. Die Stiftskirche *Santa María* birgt die Grabkapelle der Osuna; man erreicht sie durch den plateresken Patio del Capellán aus dem 16. Jh., einem Geviert zweistöckiger Galerien. Einem Triptychon in der Kapelle der Jungfrau mit dem Granatapfel sieht man die flämische Herkunft an. Der Kirche ist ein Museum mit mehreren Räumen angeschlossen. Neben Morales ist Ribera mit vier Bildern vertreten, der lange in Neapel arbeitete. 1616 amtierte dort der dritte Herzog von Osuna als Vizekönig; er wurde auf Ribera aufmerksam und förderte ihn; so erklärt sich die Existenz der Bilder am Ort. Unter weiteren Kirchen verdient die des *Convento de la Encarnación* wegen des reich mit Azulejos verzierten Kreuzgangs rühmliche Erwähnung. Im Wasserturm, einem Teil der ehemaligen Stadtmauern, stellt ein *archäologisches Museum* Funde aus Orso-Oxuna aus.

Estepa liegt im äußersten Westen der Provinz Sevilla, nahe der Grenze von Granada. Im Norden bildet der Río Genil mehrere Stauseen, im Süden zieht sich die Sierra de las Yeguas der Grenze entlang. Das karthagische *Astapa* leistete 207 v. Chr. den Römern erbitterten Widerstand; die Bewohner ergaben sich nicht und stürzten sich lieber in die Flammen, gleich jenen der Städte Sagunt und Numantia.
Die Stadt zieht sich wie Osuna einen Hang hinauf. An kaum einem anderen Ort Andalusiens steigt ein Turm so auffällig zum Himmel empor wie der schlanke Campanile der nur noch als Ruine vorhandenen Iglesia de la Vitoria von 1760/66. Er verjüngt sich, durch stets kleinere Pilaster gegliedert, von Stock zu Stock. *El Carmen* von 1768 wird überschäumt von churrigueresken Schnörkeln. Einen reichverzierten Retablo erblickt man in *Santa María de Gracia*; eine Franziskusstatue soll von dem Granadenser Meister Pedro de Mena stammen. Die Altarkapelle (Camarín) der Kirche *Virgen de los Remedios* (Jungfrau der Heilmittel), ein Werk von Nicolás Batista Morales, gilt als eines der Hauptwerke des andalusischen Barock. Auf den Fundamenten einer Moschee ist *Santa María la Mayor* errichtet.
Vom *Kastell*, in dem im 15. Jh. Adán Centurión als Señor der Stadt residierte, sind Reste erhalten, darunter der klobige Bergfried (Torre del Homenaje).

8   Utrera · Lebrija · Morón

Utrera, bei den Arabern *Medina Utrirah* genannt, liegt an einer nach Südosten gerichteten Straße, zwischen den beiden Trassen, die von Sevilla aus nach Granada und Cádiz führen. Der Umkreis ist das klassische Gebiet der Stierzüchter. Man spricht vom ›Cristol de todos los toros bravos andaluces‹ (›Schmelztiegel aller andalusischen Kampfstiere‹).
Neben einigen Herrenhäusern bietet die Stadt eine Anzahl sehenswerter Kirchen. Die älteste am Ort, *Santa María*, besitzt eine prächtige, ungewöhnliche Renaissance-Fassade. Zwischen übereinandergesetzten kannelierten Halb-

säulen rundet sich der riesige, weit in die Tiefe führende Portalbogen gleich einer Triumphpforte. Die schräg nach innen gerichteten Seitenmauern wie auch die gerundete Decke sind komplett kassettiert. Beiderseits der Tür stehen in Nischen Apostelfiguren. Im Tympanon sieht man im Basrelief die Patronin der Kirche, umgeben von posauneblasenden Engeln, zu ihren Häupten auf einer Wolke Gottvater. In den Zwickeln über dem mächtigen Schwung der Archivolte sind am Außengemäuer nach Art der Renaissance Medaillons mit Porträtköpfen angebracht. In der gotischen Kirche *Santiago* sieht man in der Krypta die einbalsamierten Körper von Heiligen. Die einschiffige gotische *Iglesia de la Asunción* hat im Coro eine schöngeschnitzte barocke Sillería. Die Kirche *San Francisco* wurde im Gewölbetrakt von Juan de Espinal barock ausgemalt. Zur etwas außerhalb gelegenen Wallfahrtskirche *Nuestra Señora de la Consolación* (Unsere Herrin der Tröstung) findet jeden 8. September eine Romería statt.

Folgt man der Straße nach Jerez de la Frontera, so kann man kurz vor der Grenze zur Provinz Cádiz einen westlichen Abstecher zum nahen *Lebrija* unternehmen, dessen *Iglesia Santa María de la Oliva* die von Alonso Cano gefertigte gleichnamige Marienstatue besitzt, polychrom, das puppige Kind im Arm, mit Zügen, die mehr auf Anmut als Heiligkeit zielen. Die von Vicente Catalán Bengoechea erbaute ›Giraldilla‹ ist ohne überflüssigen Schmuck, ein ›Leuchtturm des Glaubens‹. Sowohl der Turm als auch die Bedachung der Kirche wecken Reminiszenzen an die Moschee, die einst hier stand; die drei Schiffe sind mit Reihen von Halbkuppeln überwölbt. Die *Iglesia de Nuestra Señora del Castillo*, auch sie am Platz einer Moschee, erinnert an ein einstiges Araberkastell, von dem noch Reste vorhanden sind. Barocke Akzente bilden der Konvent Concepción, die Kirchen San Francisco und Santa María de Jesús y de Belém (= Bethlehem). Das *Archäologische Museum* zeigt Funde aus iberischer Epoche und einige wertvolle Goldkandelaber aus Renaissance und Barock.

Als Lebrija noch *Nebrissa* hieß und römisch war, zogen Pilger zu den hier verehrten Gottheiten Venus und Bacchus. Ein berühmter Sohn der Stadt ist *Juan Díaz de Solís*, der 1516 den Río de la Plata (damals noch ›Süßes Meer‹ genannt) entdeckte, in die Gewalt von Kannibalen geriet und deren Opfer wurde, was seine Gefährten vom Schiff aus mitansehen mußten, ohne Solís retten zu können. Weiterhin entstammt Lebrija *António de Nebrija*, der Chronist der Katholischen Könige und Verfasser der ersten kastilischen Grammatik; sein Denkmal steht auf der Plaza Mayor.

Ungefähr 30 km östlich von Utrera liegt der recht ansprechende Ort *Morón de la Frontera*, eine punische Gründung, die nach Aussage von Plinius einmal die drittgrößte Stadt der römischen Provinz Baetica gewesen ist. Auf einer Anhöhe befinden sich Kastelltrümmer. Die Grafen von Urena bewohnten als frühere Herren der Stadt einen erhaltenen Barockpalast. Die gotische Kirche San Miguel besitzt ein schöngearbeitetes Renaissance-Gitter vor der Capilla Mayor, eine lobenswerte Sillería (16. Jh.) und einen von Montañés in der ihm eigenen meisterlichen Art gefertigten Retablo. Die Iglesia de San Francisco erfreut sich einiger Bilder des ›Spagnoletto‹ (Ribera).

9 Huelva und ›La Ruta Columbina‹

Die Provinzhauptstadt Huelva liegt auf einer Halbinsel, die vom Zusammenfluß des *Río Odiel* und des *Río Tinto* gebildet wird. Bei dem 4 km breiten Odiel handelt es sich um eine *Ría*, wie sie auch im spanischen Nordwesten vorkommt: Das Meer ist in ein Flußbett eingedrungen und bildet einen riesigen Mündungstrichter. Die beiden Wasserläufe tragen nach ihrer Vereinigung unterhalb Huelva den Namen *Río Saltés*; bis zur Küstenlinie dehnt sich inmitten des Saltes die gleichnamige Insel aus.

Von der Muella de Levante, der Reede von Huelva, blickt man auf eine ausgedehnte Wasserfläche. Eine Barke fährt mehrmals am Tag zum Seebad *Punta Umbria* am gleichnamigen Strand, der sich westlich des Río Saltés als Teil der *Costa de la Luz* bis zur portugiesischen Grenze erstreckt und einen besonders feinen Sand aufweist. 1257 nahm Alfonso X. die Insel Saltés den Mauren ab. Sie ist die Heimat des berühmten Fandango-Tanzes.

Heute ist das Mündungsgebiet der beiden vereinigten Flüsse durch lange, moderne Brücken verkehrserschlossen. An der Küste entlang zieht sich eine Industrielandschaft mit Kesseln und Tanks. Historische Bedeutung hat die 1873 erbaute Mole mit zwei Ebenen: Während unten die übrigen Waren verladen werden, dient die obere der Verschiffung von Mineralstoffen aus der Sierra Morena, dem Reichtum der Provinz.

Bei den Phöniziern hieß Huelva, das heute als Provinzhauptstadt 100 000 Einwohner zählt, *Onuba*. Man spricht jetzt noch gerne von der ›Tierra Onubense‹. Die Araber nannten den Ort *Guélhah*, woraus der heutige Name entstand. Peter der Grausame hatte Huelva seiner Geliebten María Padilla als Morgengabe geschenkt. Seit 1468 waren die Herzöge von Medina-Sidonia die Herren.

Die Stadt besitzt keine überragenden Bauwerke. Was vor 1755 vorhanden war, fiel dem gleichen Erdbeben zum Opfer, das Lissabon verheerte. Die Mittelachse des Zentrums bildet die *Avenida Martín Alonso de Pinzón* mit langen Arkadengängen (Soportales) und einem durch Säulen gegliederten noblen Rathaus neueren Datums. Die Avenida ist mehr unter dem Namen ›Gran Vía‹ bekannt, nach dem Muster der Hauptstraße von Madrid. Einen größeren Reiz bietet die parallel verlaufende *Calle de la Concepción*, eine Fußgängerzone, auf der man, zumal gegen Abend, gerne flaniert. An ihrem Ende steht die gleichnamige dreischiffige Kirche mit Stilelementen von der Gotik bis zum Barock, mit Portalsäulen, die aus Ziegelsteinen gemauert

sind und einem in Andalusien ungewöhnlichen gekachelten Spitz-
helm. Aus Nischen der Fassade schauen zwei ekstatische Heilige.
Die Kirche hat einen geraden Chorabschluß und eine Rosette mit
gotischer Umrahmung im Innern.

Durch ihren erhöhten Standort bietet die Iglesia *San Pedro* am gleichnamigen palmenbestandenen Platz ein malerisches Bild; man steigt
über schmale Ziegelsteinstufen hinauf. Die Minarettform der ehem.
Moschee ist am Turm noch erkennbar, der gleich der Concepción-
Kirche mit einem keramikverzierten Spitzdach gekrönt ist. Sehenswert die Reja, die den Chor abschließt. Vom Hügel oberhalb San
Pedros bietet sich eine großartige Sicht auf die Stadt, den Hafenbezirk, den meerähnlichen Río Odiel. Unterhalb des Hügels steht
die *Kathedrale*, die ursprünglich zum Kloster San Merced gehörte,
dessen langgestreckte Front sich an die etwas monotone, schmuck-
arme Kirchenfassade mit ihren beiden barocken Glockenträgern
anschließt. Ein geschnitzter ›Cristo de Jerusalém‹ im Innern stammt
aus dem 12. Jh. Die barocke Kirche *San Francisco* besitzt eine Statue
des Patrons von Montañés, ein Gemälde von Pacheco und das Grabmal des Onubenser Admirals André de Vega mit dem Beinamen Gar-
rocho, der die Kosten des Hauptaltars bestritt. Neben belanglosen
neuen Bildern hängt im Ortsmuseum auch eines von Valdés Leal.

Das Wappen von Huelva zeigt Anker, Leuchtturm und Pinie mit dem Sinn-
spruch ›Portus Maris et Terrae‹. Die Meerbezogenheit kommt in der Stadt
vielfach zum Ausdruck, trotz der Distanz zur Küste. Zahlreiche Seeleute der
Tierra Onubense stammten aus Huelva, darunter solche der Mannschaft des
Kolumbus. Er selber weilte lange hier und hatte am Ort Verwandte. In
den Jardines de Muelle (Molen-Park) mit exotischen Bäumen und einem
Miniatur-Zoo, nahe des Pier, steht eine ganzfigurige Plastik mit der Aufschrift ›Al Marinero Alonso Sanchez de Huelva, Predescuebredor del Nuevo
Mundo‹. Was es mit diesem ›Erstentdecker‹ der Neuen Welt vor Kolumbus
auf sich hat, ist schwer zu ergründen; wahrscheinlich hat ihn Lokalstolz dazu
aufgewertet.

La Ruta Columbina   **Nr. 9**

Das große Thema der ›Tierra Onubense‹ sind die Kolumbus-Erinne-
rungen. Wichtige Stationen im Leben des Genuesen spielten sich im
Mündungsgebiet von Río Tinto und Río Odiel ab. Huelva nennt sich
stolz ›La Orilla de las tres Carabelas‹ (›Das Ufer der drei Karavellen‹),
was nicht ganz stimmt; denn die Schiffe des Kolumbus gehörten dem
kleineren Typ des ›Nao‹ an. Die Huelva vorgelagerte Küste heißt
Costa Columbina, und von der Avenida de Enlace hinter der Mole
führt die Ruta Columbina zu den wichtigsten Kolumbusstätten. Man
fährt am linken Ufer des Río Odiel entlang bis zur Einmündung des
Río Tinto, den man überquert. An der Landspitze erhebt sich auf
einem mächtigen quadratischen Sockel die *Monumentalstatue des*

Cristóbal Colón (spanische Version von Colombo-Kolumbus), geschaffen von der nordamerikanischen Bildhauerin Gertrudis Whitney. Die Straße führt nun nahe dem linken Ufer des Río Tinto zu einer Anhöhe hinauf, auf deren Plateau das Kloster La Rábida liegt. An einer Bushaltestelle der Ruta Columbina, die nur schlecht bezeichnet ist, steigt man in einer gartenähnlichen, von Villen durchsetzten Gegend aus und begibt sich linker Hand zu ausgedehnten Anlagen mit säuberlich geschnittenen Hecken und üppigen Rosenbeeten zur Klosterfassade. Auf dem Weg dorthin ist eine hohe, dem Gedächtnis Colóns gewidmete Säule unübersehbar. Sie wurde zur Vierhundertjahrfeier der Entdeckung Amerikas 1892 von Ricardo Velasquez Bosco bilderlos erstellt und 1954 von Luis Martínez Feduchi in den unteren Partien mit Reliefs versehen, ähnlich den Triumphsäulen des kaiserlichen Rom. Die Reliefs von La Rábida stellen in drastischer Form Kämpfe der Eroberer der Neuen Welt mit indianischen Eingeborenen dar, ausdrucksstark, wenn auch von der Montur her nicht ganz zutreffend.

Im Jahre 1486 war *Kolumbus* hier am Orte eingetroffen. Ein siebenjähriger Aufenthalt in Lissabon hatte ihm keinen Erfolg gebracht; die portugiesische Krone versagte sich seinen Vorstellungen einer Fahrt auf Westkurs. Von einer inzwischen verstorbenen Portugiesin aus niederem Adel, Felipa Moniz, hatte er einen Sohn namens *Diego*, den er als Fünfjährigen mitnahm, als er sich, wahrscheinlich auf dem Seeweg um Kap São Vicente, nach Palos am Río Tinto begab, um nun in Spanien sein Glück zu versuchen. Die Hafenstadt, damals einer der wichtigsten Umschlagplätze der kastilischen Seefahrt, war vor allem nach dem afrikanischen Guinea ausgerichtet. Um Mittel und Wege zur Durchsetzung seiner Pläne suchen zu können, mußte er erst seinen kleinen Sohn unterbringen. In Palos hörte er von der Gastfreundschaft der Franziskanermönche im nahen Kloster La Rábida und begab sich dorthin. Unter der Mönchsgemeinschaft fand er zwei Patres, die helfend und fördernd für ihn wirkten und Diego in ihre Knabenschule aufnahmen. Es waren der Vorsteher des Klosters, *Fray Juan Pérez*, und der Kustos des franziskanischen Unterbezirks von Sevilla, *Antonio de Marchena*, ein Mann von hoher Bildung und als Sternkundiger geschätzt.

Monasterio de Santa María de La Rábida   Nr. 9

Geöffnet: 10.00–13.00 und 15.00–18.00 Uhr; von Mai–Sept. 16.00–19.30 Uhr.

Kein altertümlich bedrückendes Gemäuer empfängt den Besucher, sondern ein freundlicher, heller Komplex mit Weißanstrich, mehr Herrenhaus als Kloster, davor ein aus Taxus gebildeter Triumphbogen und ein klobiges Postament mit gußeisernem Kreuz. Den Vorplatz zieren die Büsten der beiden wichtigen Klosterinsassen aus der Zeit des Kolumbus, Pérez und Marchena, den letzteren vollbärtig.
Durch einen aus Ziegeln gebildeten Torbogen (a) mit leichter Hufeisentendenz gelangt man in ein kleines *Vestibül (b)*. An der Pforte zum

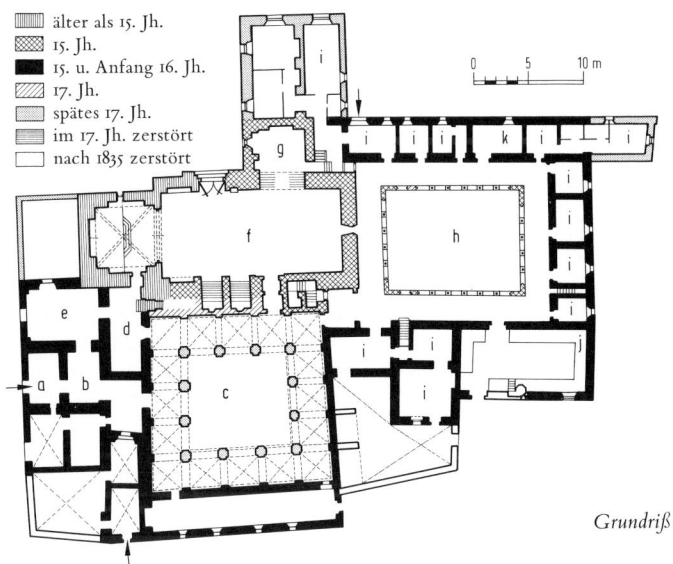

älter als 15. Jh.

15. Jh.

15. u. Anfang 16. Jh.

17. Jh.

spätes 17. Jh.

im 17. Jh. zerstört

nach 1835 zerstört

0   5   10 m

Grundriß

Klosterinneren sind zwei neue Eisenmedaillons angebracht, die vollplastisch das Kloster und das Flaggschiff Santa María wiedergeben.
An den Wänden des Vorraums sieht man Malereireste.
Die Pforte führt in den *ältesten, den mittelalterlichen Teil des Klosters*,
dessen Räume den kleineren der beiden Kreuzgänge, den im 18. Jh.
erneuerten *Patio de la Hospedería (c)*, umgeben. Inmitten des mit Blumen angefüllten Hofs unterhält sich in einer neuzeitlichen, künstle-
risch wertlosen Skulpturengruppe St. Franziskus mit einem Wolf.
Neben dem Patio liegen die *Sakristei (d)* und ein *Vorraum (e)*, bemalt
mit Fresken des aus Nerva (Huelva) stammenden Malers Daniel Vás-
quez Días (1929/30), die, modern stilisiert und doch mit historischem
Kolorit, Szenen aus dem Leben des Entdeckers festhalten, so die
Besprechung mit den Mönchen ('Las Conferencias'), die Versamm-
lung der Mannschaft vor der Kirche San Jorge in Palos ('Los heroicos
hijos de Palos y Moguer'), die Ausfahrt aus dem Hafen von Palos mit
La Rábida im Rücken ('El instante de la Partida'). Vom idyllischen
Kreuzgang gelangt man durch zwei Hufeisenbögen in die *Klosterkirche (f)* aus dem 15. Jh. Der einschiffige Raum mit Spitzbögen und
Zackenmustern an den Chorrippen zeigt mudéjare Anklänge, trotz
der Erneuerung nach dem Erdbeben von 1755. Die Holzdecke von 1892
wirkt wie die Konstruktion des Rumpfes einer Karavelle, die man auf

95

Santa María de La Rábida: Eingangspforte

den Kopf gestellt hat. Der gotische Crucifixus in der Capilla Mayor (14. Jh.) weist realistisch gemalte Blutspuren auf. Von Juan de Dios Fernández stammen Wandbilder mit Begebenheiten aus dem Leben des hl. Franziskus; sie wurden 1793 gemalt, hingen vor 1925 im Konvent San Antonio de Padua in Écija und wurden an La Rábida gegeben, als die Franziskanermönche nach dort zurückkehrten.

An die Kirche angeschlossen ist die *Kapelle der Jungfrau (9)*, in der die Alabasterstatue der Santa María de La Rábida verehrt wird, auch ›Virgen de los Milagros‹ (›Jungfrau der Wunder‹) genannt. Sie steht auf einem Silberaltar mit feinziselierten Reliefs von Fernando Marmolejo aus dem Jahr 1953; man sieht u. a. das Flaggschiff des Kolumbus mit dem Marienbild auf dem geschwellten Hauptsegel und La Rábida im Hintergrund; am Ort spricht man vom ›Neobarroco sevillano‹. Zu Füßen der Marienstatue stehen die drei in Bronze verkleinert wiedergegebenen Modelle der Karavellen der Entdeckerflotte. Die Figuren von Mutter und Kind sind um das Jahr 1400 zu datieren; Maria trägt eine übergroße Goldkrone, das Kind einen dreiteiligen Strahlenkranz. In der zweiten Jahrhunderthälfte entstand ein Streit zwischen den beiden Städten Huelva und Palos (zu dem La Rábida gehört) um das Marienbild. Man stellte es 1473 in eine unbemannte Barke: Wo es nach dem Willen der Jungfrau hintrieb, dort solle es bleiben. Die Barke hielt am Ufer des Río Tinto unterhalb des Klosters. Früher war das Alabasterbild polychrom gefaßt und bekleidet. In der Rechten hält die Madonna einen Granatapfel, Zeichen

Gotisches Kruzifix und ›Virgen de los Milagros‹

der Fruchtbarkeit, das in der Antike schon der Göttin Hera beigegeben war. Im August jeden Jahres wird die Marienfigur in einer Romería zwischen La Rábida und Palos mitgetragen.

Kolumbus hat in der Nacht vor seiner Ausfahrt aus Palos vor dem Bildwerk in der Capilla de la Virgen gebetet; das gleiche ist von seinen Begleitern, den Brüdern Pinzón, überliefert. Mit dem Namen des Flaggschiffs ist die María von Rábida gemeint, deren Bildnis auch die Segel anderer Entdeckerschiffe zierte; zahlreiche Karavellen hießen ›Santa María de La Rábida‹, ›Rábida‹ oder ›La Rábida‹. In der Krypta unter dem Hochaltar befindet sich das *Grab von Martín Alonso Pinzón*, dem Kapitän der ›Pinta‹ 1492, mit dem Ehrentitel ›Codescubridor de América‹ (Mitentdecker Amerikas).

Gewissermaßen als Verlängerung der Klosterkirche schließt sich der zweite Kreuzgang von La Rábida an, der *Patio Mudéjar (h)* mit Arkaden, die gleich den achteckigen Säulchen, die die Gewölbe tragen, ganz aus Ziegelsteinen gefertigt sind. Auch der Boden mit einem Sternmuster besteht aus Ziegeln. Auf den Rampen des Arkaden-Umlaufs stehen Blumentöpfe mit Geranien. Im Patio veranstaltet die Real Sociedad Colombina festliche Tagungen an den drei wichtigsten Kolumbustagen, der Ausfahrt der Karavellen (3. August), der Entdeckung Amerikas (12. Oktober), der Ankunft der heimkehrenden Schiffe ›Niña‹ und ›Pinta‹ im Hafen von Palos (15. März).

Die Wände der Arkadengänge des Patio sind mit vorwiegend ornamentalen Fresken versehen, deren Originalpartien aus der Entstehung deutlich von den erneuerten Bildflächen abgehoben sind.

Porträtechtes Profilbild von Christoph Kolumbus

Vom Patio gelangt man zu den Mönchszellen (i), doch auch zu Gemeinschaftsräumen. Das *Refektorium (j)* ist ein Raum von stiller Größe mit den Eßtischen samt Geschirr vor Steinbänken, die in die Wände eingemauert sind und tönerne Rautenmuster aufweisen. Ein romanischer Christus präsidiert den Speisesaal der Comunidad. Schwere Balken bilden die Decke. Die Kanzel in einer Nische dient der Lesung. Wiederum kolumbanisch ist der *Kapitelsaal (k)*, ebenfalls vom Patio Mudéjar aus erreichbar. Er zeigt ein ausgewogenes Interieur mit spanischen Möbeln, in der Mitte ein Tisch mit Lehnstühlen, wo im Gespräch Colóns und Pinzóns mit den Franziskaner-Obersten die Entdeckung der westlichen Hemisphäre geplant worden ist. Unter den Wandbildern sieht man eine flämisch aufgefaßte ›Kreuzabnahme‹ aus dem 15. Jh. und die Porträts von Persönlichkeiten der Entdeckungsgeschichte, darunter ein *idealisiertes Porträt des Kolumbus* von J. D. Bécquer aus dem vorigen Jahrhundert. Größere Authentizität beansprucht das Profilbild Colóns auf einem zeitgenössischen *Porzellanmedaillon* des Italieners Guido Mazzoni (1505), von dem eine Kopie im Kloster La Rábida zu sehen ist. Der Saal besitzt zwei kleine Balkone, deren einer auf den Río Tinto, der andere auf den Zusammenfluß von Río Tinto und Río Odiel gerichtet ist und ein großartiges Panorama eröffnet.

In der schlicht gehaltenen oberen Galerie des Kreuzgangs ist ein *Museum mit Exponaten aus der Zeit des Kolumbus* installiert. Im Zentrum der Sammlung stehen exakt gefertigte Nachbildungen der drei Karavellen, über deren Aussehen, außer der ›Niña‹, genaue Angaben fehlen. Ein See-Experte stand dem Hersteller bei.

Das Flaggschiff ›Santa María‹ faßte 1600 t und 40 Mann. Kapitän war Juan de la Cosa; Colón übte an Bord das Amt eines Admirals der Gesamtflotte aus. Während der Reise lief das Schiff durch die Unachtsamkeit eines Schiffsjungen auf eine Klippe und mußte aufgegeben werden; das Holz diente zum Bau des bei Kap Haitien auf Haiti errichteten Forts Navidad. Der Kapitän trat die Rückreise auf der ›Niña‹ an, ihm die liebste Karavelle. Mit 45 t war sie die kleinste und faßte 20 Mann, Kapitän war Vicente Yañez Pinzón. Das Schiff war an der Ribera de Moguer, einem heute versandeten Seitenarm des Río Tinto, erbaut worden. Nach der Patronin Moguers hieß es eigentlich ›Santa Clara‹, doch bekannt wurde es unter seinem ›Spitznamen‹. Nach dem Sturm auf der Heimreise 1493 schrieb Kolumbus in sein Logbuch: »Wäre sie nicht so fest und stark gebaut gewesen, so hätte ich fürchten müssen unterzugehen.« Die Karavelle machte noch mehrere Reisen in die Karibik; auf einer Fahrt nach Rom wurde sie bei Sardinien von Piraten gekapert, aber zurückgewonnen. Die ›Pinta‹ mit 60 t und 30 Mann hatte als Kapitän Martín Alonso Pinzón, den Bruder von Vicente Yañez.

In der Galerie des Patio Mudéjar wird die Bilderfolge aus dem Leben des hl. Franziskus von Juan de Dios Fernández fortgesetzt. Aus dem vorigen Jahrhundert stammt die romantische Darstellung des Todes von Kolumbus von José María Rodriguez Losada. Eine gute Anschauung im Bilderbuchstil vermittelt ein *Zyklus der Kolumbus-Vita* von Antonio Cabral Bejarano (1825/50), der historisch die wichtigsten Ereignisse wiedergibt, so Colóns Ankunft in La Rábida, die Verlesung der königlichen Ordre vor der Kirche San Jorge in Palos, die Einschiffung im Hafen. Von der Galerie aus betritt man den Mirador des Konvents, von dem aus man durch weite Rundbögen den Ausblick auf die Flußsysteme der ›Tierra Onubense‹ genießt. Die Sala de las Banderas schließlich vereint sämtliche Flaggen und Kästen mit Erde der iberoamerikanischen Länder, eine Ehrung durch die Nationen der Neuen Welt, wie man sie in ähnlicher Form auch im Sterbehaus des Kolumbus in Valladolid vorfindet.

Palos de la Frontera · Nr. 9

Folgt man der Ruta Columbina, immer links des Río Tinto, etwa 4 km, so kommt man nach Palos de la Frontera, kurz Palos genannt, durch den Kalkanstrich ihrer Häuser geradezu eine weiße Stadt. In der Mitte der Hauptstraße fällt das Rathaus mit seinem Bogengang auf und gegenüber eine geräumige Terrasse, auf der das markige *Denkmal des Martín Alonso Pinzón* steht; das Postament ist von Schiffseilen umwunden; der Seefahrer stützt sich auf das Ruder einer Karavelle.

Martín Alonso und sein Bruder *Vicente Yañez Pinzón* waren Söhne der Stadt. Beide galten als äußerst seetüchtige Leute und standen bei ihren Mitbürgern in hohem Ansehen. Sie trugen wesentlich dazu bei, daß die Bereitstellung und Ausrüstung der Schiffe sowie die Anheuerung der Mannschaft zustande kam. Während der Reise gab es Reibereien zwischen Kolumbus und Martín Alonso; dieser machte sich mit der ›Pinto‹ auf Goldsuche selbständig, und erst Wochen später vereinigte sich die drei Karavellen wieder. Bei der Rückreise wählte Martín Alonso erneut einen eigenen Kurs, mit dem Bestreben, Kolumbus mit dem Rapport der Entdeckung ›Indiens‹ am Hof Isabellas zuvorzukommen. Doch es gelang ihm nicht; der Genuese ankerte kurz vor ihm in Palos. Der verärgerte Rivale starb bald darauf, während sein Bruder in der Entdeckungsgeschichte noch eine weitere Rolle spielte, vor allem durch die Auffindung der Amazonasmündung. Postum gab es noch lange Prozesse zwischen den Familien Colón und Pinzón um die Rechte in der Neuen Welt.

Folgt man der Gasse, die seitlich der Terrasse abwärts in Richtung des Río Tinto führt, so gelangt man zu der historisch bedeutsamen Stelle, wo der kleine Flottenverband des Kolumbus am 3. August 1492 in See stach. Doch es fällt schwer, sich das Aussehen des Platzes im Entdeckungsjahr vorzustellen, da sich dort Schwemmland angesammelt hat, so daß kein Boot mehr anlegen kann; man steht auf dem Trockenen. Hingegen stellt die *Kirche San Jorge* von 1473 am Nordausgang von Palos eine kaum veränderte Kolumbusstätte dar. Der zum ›Monumento Nacional‹ erklärte Sakralbau enthält noch Teile der Moschee, die zuvor an dieser Stelle stand. Wie in der Gegend üblich, trägt auch die Georgskirche einen spitzen, gekachelten Turmhelm; über dem Chor liegt ein flaches Herrera-Dach. Im Innern beachte man die schmiedeeiserne Kanzel, Azulejoschmuck und die mudéjare ›Puerta de los Novios‹ (›Pforte der Verlobten‹), die Colón und die Brüder Pinzón durchschritten, als sie sich zum Ankerplatz der Karavellen begaben. Zuvor hatte der Alcalde (Bürgermeister) von Palos, Diego Rodríguez Prieto, die Ordre der Katholischen Könige vor der Kirche verlesen. Unterhalb des Chors liegt ein kleines quadratisches Brunnenhaus aus Ziegelsteinen, La Fontanilla genannt; von hier wurden die drei Schiffe mit Wasser (in Fässern) versorgt.

Moguer   Nr. 9

Zu den Kleinstädten am Río Tinto, aus denen sich die Mannschaft des Kolumbus rekrutierte, gehört auch Moguer, auf der Ruta Columbina in weiteren 4 km zu erreichen, gleichfalls eine ›weiße Stadt‹ mit Eisengittern vor den Fenstern im Erdgeschoß und Eisenbalkonen im Obergeschoß; die Jalousien hängen über die Geländer herab. Aus Moguer stammten *Juan, Pedro* und *Francisco Niño*, die ersten, die sich für die Entdeckungsreise anwerben ließen; ihnen folgten viele andere. In der *Klosterkirche Santa Clara* ließ der Genuese nach der Rückkehr eine Messe lesen, einem Gelübde folgend, das er während des Sturmes abgelegt hatte; dort verbrachte er auch die erste Nacht. Das Konventsgebäude von 1337 gehört mit der auf schlanken Säulen ruhenden Galerie des Patio zu den bedeutendsten Kunstdenkmälern der Provinz. Neben dem Gestühl auf Azulejosockeln, dem mudéjaren Kapitelsaal und einer Montañés zugeschriebenen ›Inmaculada‹ ist das Alabastergrab der vermögenden Familie Portocarrero in der Capilla Mayor besonders sehenswert; die fünf Statuen der Gründer des Klosters, zwei Männer im Harnisch und drei Frauen, darunter zwei in Nonnentracht, sind akurat nebeneinander aufgebahrt und sehen Lebenden gleich.

Auf dem Weg zum Rathaus mit zwei Rundbogenreihen der Renaissance passiert man das *Geburtshaus* des Nobelpreisträgers von 1956, des impressionistischen Lyrikers und Romanciers *Juan Ramón Jiménez* (1881–1958), der mit seinem ›Platero y yo‹ (›Platero und ich‹) dem Kleinstadtleben seiner Heimat ein Denkmal gesetzt hat. Das Haus, in dem er auch seine Jugend verlebte, ist heute *Museum*, mit einem Ziehbrunnen, der Statue eines Esels (= Platero, der vierbeinige Held in Jiménez' berühmten Buch), dem Schreibtisch, Manuskripten, Familienbildern und eigenen Zeichnungen. An verschiedenen Häusern von Moguer sind Keramiktafeln angebracht, die Zitate des Dichters mit örtlichem Bezug wiedergeben, wie man in ähnlicher Weise in Sevilla den Verfasser des ›Don Quijote‹ verewigt hat.

Vor dem Rathaus steht das *Denkmal des Dominikaners Andréas de Moguer*, der sich 1538–1577 als Missionar in Mexiko einen Namen gemacht hat. Nach links einschwenkend, sieht man bald einen kandelaberartigen Kirchturm, der an die Giralda erinnert und im Volksmund auch ›Microgiralda‹ heißt. Er überragt *Nuestra Señora de la Granada* aus dem 16. Jh. Das weiträumige Innere der Kirche wirkt etwas kühl. Über den Giebelsegmenten des seitlich angebrachten Eingangs versinnbildlichen zwei großformatige, mit Granatäpfeln angefüllte Pokale das Motiv der ›Granada‹. Man hat den Oberteil des Turmes neuerdings koloriert, was seinem monumentalen Aussehen nicht bekommt, da der Farbanstrich den Turm verniedlicht und seine Ähnlichkeit mit der Giralda beeinträchtigt. – Die Kirche *Nuestra Señora de Jesús* nahe der Plaza del Cabildo weist über dem Schiff dreifach hintereinander gestufte Dächer auf, wie man sie auch in Neukastilien sieht; auf dem offenen Glockenträger nisten gewöhnlich Störche.

Nuestra Señora de la Cinta   Nr. 9

Es ist überliefert, daß Kolumbus nach seiner Rückkehr 1493 auch in der Kirche Nuestra Señora de la Cinta (›Unsere Herrin des Gürtels‹) gebetet hat. Man erreicht sie von Huelva aus nach 3 km auf dem Paseo del Conquero, an dessen Ende das Gotteshaus auf einer Anhöhe mit schönem Rundblick liegt. Bemalte Azulejos von Daniel Zuolaga erzählen die Geschichte des Gürtels. Ein Schuhmacher hatte Leibschmerzen und rief die Gottesmutter um Hilfe an. Plötzlich hielt er einen Gürtel in der Hand, den er anlegte, worauf die Schmerzen nachließen. Durch einen befreundeten Künstler ließ er die Jungfrau darstellen, einen Granatapfel in der Linken, mit der Rechten das Jesuskind umschlingend; es solle Schuhe tragen und einen Gürtel in Händen halten. Mit diesen Attributen ist die berühmte Statue des Sanktuariums wiedergegeben. Während der Maurenzeit soll ein halbes Jahrtausend lang verborgen und im Jahre 1400 von einem Schäfer wiederentdeckt worden sein. Dies ist jedoch Legende; denn die gedrungene Figur mit faltenreichem polychromen Kleid auf einem Silberpostament zeigt Anzeichen von Barock und soll ein Werk von Montañés sein. Mutter und Kind tragen silberne Kronen. Am 8. September jeden Jahres unternehmen die Onubenses eine Wallfahrt zu der Kirche, die mit ihrem blendenden Weiß und einem ummauerten Vorhof ein architektonisches Kleinod ist.

10 Niebla

Das Gebiet der Provinz Huelva gehörte früher zum Herrschaftsbereich der Grafen von Niebla, deren Residenz an der Autostraße Huelva-Sevilla liegt. Eine guterhaltene Römerbrücke führt über das felsige Bett des Río Tinto. Das *Ilipula* der Römer und *Elebla* der Westgoten erlebte unter den Mauren, die es *Lebla* nannten, eine Blütezeit, zuerst als Teil des Kalifats von Córdoba, dann als Hauptstadt einer unabhängigen Taifa. Unter Alfonso X. gelangte sie 1257 wieder in die Hand der Christen, nachdem die Moslems 9 Monate Widerstand geleistet hatten, wozu sie die zyklopischen Mauern befähigten.

Diese *3 km langen Mauern* sind heute noch das Prunkstück der Stadt. Ein äußerer Mauerring mit Zahnschnittzinnen führt um das innere, aus Haustein und Lehm errichtete Gemäuer, das 46 mit der Zeit abgestumpfte Türme aufweist. Niebla kann sich durchaus mit den zählbaren anderen Städten des Mittelalters messen, die ihre lückenlose Umwallung retten konnten und deren berühmteste Carcasonne in Südfrankreich ist. Man hat Niebla auch den Namen ›Ávila Andalusiens‹ gegeben. Übrigens wurde, um die Mauern zu brechen, hier erstmals in Spanien Pulver eingesetzt.

An den arabischen Ursprung erinnern vier Tore. Die *Puerta de Socorro* im Norden hat einen Hufeisenbogen. Man betritt das Stadtinnere durch einen geknickten Gang, wie ihn auch die Syrakusaner im Kampf gegen die Karthager zur besseren Verteidigung angelegt hatten. Die *Puerta de Sevilla* im Osten hat eine römische und maurische Vergangenheit. Vom Südtor *Puerta de Aqua* gewinnt man einen schönen Blick auf den Fluß. Der westliche Ausgang heißt *Puerta del Buey* (Ochsentor) und deutet mit seinem Hufeisenbogen, seinem Alfiz und gezieglten Blendarkaden am stärksten auf Maurisches hin.

An der Plaza im Stadtinnern wird ein Glockenturm mit Zwillingsfenstern den Westgoten zugeschrieben. Auf eine Moschee geht die dahinterliegende Kirche *Santa María de la Granada* zurück, deren Eingangspatio mit zwei Reihen Hufeisenarkaden einst der Orangenhof gewesen ist. Der quadratische Turm verrät das ehem. Minarett; unter einem Kranz von Lebensbaumzinnen öffnet sich ein Hufeisenbogen zur Glockenstube; das Fenster darunter trägt Ajimez-Charakter. – In der ruinösen Kirche *San Martín* aus dem 15. Jh. sind in der Capilla Mayor Fresken erhalten, freilich in schlechtem Zustand; man sieht den Heiligen von Tours zu Pferd.

Das frühere *Hospital de Nuestra Señora de los Angeles* hat eine anspre-

Niebla: Stadtmauer

chende Anordnung des Portalteiles: Über dem Eingang mit Ziegel-Umrahmung befindet sich auf kraftvollem Gesims ein Fenster, das wie in einen stark profilierten Bilderrahmen eingesetzt ist, darüber ein kleinerer Rahmen mit einer Engelsdarstellung, das Ganze gekrönt von einer offen hängenden Glocke. Ein kleineres Sanktuarium ist der Stadtpatronin ›Virgen del Pino‹ (›Jungfrau der Pinie‹) geweiht.

In 6 km Entfernung befinden sich die *Dolmen de la Lobita*, eine prähistorische Begräbnisstätte, zu der ein 21 m langer Gang führt. In der Grabkammer sind Wandmalereien erhalten; nahebei hat man noch weitere, wenn auch weniger ansehnliche Dolmen gefunden.

II Aracéna · Almonaster

Im Norden der Provinz Huelva zieht sich als Westausläufer die ungefähr 650 m hohe *Sierra de Aracéna* hin, in der man nach Kupfer und Pyrit schürft. In einem der Täler liegt die Bergstadt *Aracéna*, nicht weit von der Grenze nach Extremadura. Ein Hügel trägt den alten maurischen Alcázar, den nach der Einnahme durch das christliche Schwert der Militärorden der Templer besessen hat. Deren Ordenskirche *Nuestra Señora de las Dolores* (›Unsere Herrin der Schmerzen‹) steht heute noch auf dem quadratischen Grundriß einer Moschee. Der Stumpf des Minaretts trägt den aus Backstein gemauerten Glockenturm mit Zackenbogen und Rautenmuster, ein leichter Anklang an die Giralda in Sevilla, mit dem Templerkreuz obenauf, dessen Arme sich an ihren Enden verbreitern. Das gotische Gewölbe der dreischiffigen Kirche wird von Viereckpfeilern mit Blattmustern an den Kapitellen getragen. Erhabene Ruhe strahlt die liegende Grabfigur des Priors Pedro Vazquez (1500) aus, die in glasierter Terrakotta gefertigt ist; der Kopf ruht auf zwei Kissen, die Füße stützen sich auf einen Löwen.

Die *Templer* gehören zu den drei großen Kreuzritterorden, die zum Schutz der Jerusalempilger zu Beginn der Kreuzzüge gegründet worden sind. Seit 1139 waren sie nur dem Hl. Stuhl unterstellt. Sie unterhielten gleich den Johannitern und Deutschordensrittern in den christlichen Ländern, so auch in Spanien und Portugal, Prioreien und häuften große Reichtümer an, die sie im Temple in Paris stapelten. Der französische König Philipp der Schöne warf ein Auge darauf und machte dem Orden mit haltlosen Anklagen den Prozeß, in dessen Verlauf der Großmeister Jacques Molay vor der Kirche Nôtre Dame den Scheiterhaufen besteigen mußte. Auf dem Konzil von Vienne 1312 wurde der Orden aufgelöst, wozu Papst Clemens V. seinen Konsens gab. Die Portugiesen ließen den Orden unter einem anderen Namen (Orden de Cristo) weiterbestehen, die Spanier machten größtenteils den nationalen Calatrava-Orden zum Nachfolger und übergaben ihm einen großen Teil der Besitzungen, von denen viele in Andalusien lagen, meist Weide- und Baumland. So fiel auch Aracéna an die Calatrava-Ritter.

In der kleinen und altertümlichen Bergstadt kann man außerdem im Kloster *Santa Catalina* ein schönes Portal und in der Kirche Asunción einen der vielen Montañés entdecken, die in andalusischen Gotteshäusern verstreut sind.

Im Innern des Alcázar-Hügels gilt die *Gruta de las Maravillas* als Naturwunder. Die Grotte hat eine Länge von 1200 m und eine Höhe von 40 m; im Innern dehnt sich ein 60 m breiter See aus. Ein Hirte hat die Grotte 1911 entdeckt, in der die aus Kalk bestehenden Stalaktiten und Stalagmiten ein Szenarium phantastischer Formen bilden, so in den Sälen der Orgelpfeifen, der Diamanten, des Sultansbades. Das Wasser reflektiert magische Farben gleich Türkis, Rubin und Smaragd.

Von Aracéna lohnt sich der westliche Abstecher nach *Almonaster*, einer gleichfalls pittoresken Bergstadt, mit Gassen, die steile Hänge emporklettern, und gekalkten Häusern, von denen man sagt, sie seien ›heller als der hellste Stern‹. Auch Almonaster weist die Reste eines *Alcázars* auf, der aus der Zeit des Kalifats von Córdoba stammt und dem im 16. Jh. die *Wallfahrtskirche Santa Eulalia* zugesellt worden ist. Die Heilige hatte in der Römerstadt Mérida (Extremadura) das Martyrium erlitten, weil sie ihrem Glauben nicht abschwören wollte und dem zuständigen Beamten ins Gesicht spukte.

Das reich geschmückte Portal der *Iglesia de San Martín* läßt die Nähe der portugiesischen Grenze ahnen. Die gedrehten Säulchen, welche die zum Seil gewundene Archivolte tragen, darüber ein bizarres Kranzgebilde, das ein Wappen umschlingt, zur Seite krabbengekrönte Fialen – all dies zeigt den manuelinischen Stil des Nachbarlandes an, benannt nach König Manuel dem Glücklichen (1495–1521) und Niederschlag des Reichtums, den die Entdeckungen dem kleinen Land gebracht haben; auch Portugal hatte sein ›Goldenes Zeitalter‹. Portugiesische Bauformen finden sich auch in anderen Städten des spanischen Südwestens, erklärbar dadurch, daß es im 16. Jh. mehrfach Grenzverschiebungen gegeben hat.

12 Guadalquivir-Mündung

Ehe man nach Besichtigung der Kunstdenkmäler die Provinz Huelva verläßt, sollte man auch einer sehenswerten Naturlandschaft im Bereich der Guadalquivir-Mündung einen Besuch abstatten. Der Hauptstrom, der Andalusien durchmißt, zugleich der wasserreichste Spaniens, grenzt mit seinem Unterlauf an drei Provinzen, Huelva, Sevilla und Cádiz. Die einzige größere Stadt, *Sanlúcar de Barrameda*, liegt am linken Ufer, am Austritt in den Atlantik. Am rechten Ufer breitet sich weit ins Land Schwemmgebiet aus, Marsche, Sümpfe, Weiden, Steppen. Das weite Revier (507 000 qkm), Naturpark seit 1969, trägt im Westen den Namen ›Coto (Gehege) de Doñana‹, im Osten ›Las Marismas‹; beide greifen in die Provinz Sevilla über, dort sogar ein Stück über den Strom hinweg. Inmitten des Naturschutzgebietes liegt der *Cortijo Superior de Investiciones científicas*, ein breitfrontiges, herrschaftliches Gebäude aus dem 17. Jh. mit Pilastern beiderseits des Eingangs und einem geschwungenen Aufsatz; davor stehen Eukalyptusbäume, deren es in der Gegend viele gibt. Der Bau gehörte einst den Herzögen von Medina-Sidonia.

Vom Ende des Tertiär bis ins Diluvium hinein, als die Straße von Gibraltar noch geschlossen war, erstreckte sich in das Gebiet der Guadalquivir-Mündung ein Meeresarm; erst in historischer Zeit entstanden Marschebenen. Wo Wasser hingelangt, ist der Boden mit niederen Büschen und Pflanzen bedeckt, in einem ökologischen Gleichgewicht, das zahlreichen Vertretern der Tier-, vor allem der Vogelwelt das Überleben ermöglicht. Die Fauna blieb im letzten Jahrtausend nahezu unverändert. Man findet Arten, die nirgendwo ausgedehnter und vielfältiger anzutreffen sind: u.a. Damhirsche, Wildschweine und -katzen, Dachse, Wiesel, Siebenschläfer, Luchse (im übrigen Spanien fast ausgestorben) wie auch Königsadler, Milane, weiße Reiher, Flamingos, Möwen, Eulen, Wachteln und Moorschnepfen. Wegen der Ähnlichkeit mit dem Mündungsgebiet der Rhone spricht man von der ›andalusischen Camargue‹. Gelegentlich traf man hier vereinzelt Dromedare an, die Nachkommen jener Kamele, die noch im 18. Jh. als Arbeitstiere eingesetzt wurden. Ein besonderes Phänomen ist, ähnlich wie in der französischen Camargue, im andalusischen Naturschutzgebiet an der Guadalquivir-Mündung wahrnehmbar: Millionen von Zugvögeln aus Nord- und Mitteleuropa legen auf ihrem Flug nach Afrika hier eine Ruhepause ein und versehen das Marschgelände mit unzähligen bunten Flecken. Alfonso X. (der Weise) hatte das Revier 1255 Sevilla überlassen. Aus dem Jahre 1262, nach der Eroberung der Taifa von Niebla durch den gleichen König, ist die erste Beschreibung des Terrains überliefert. Alfonso ließ dort ein Jagdrevier einrichten.

In den Coto de Doñana kann man vom Seebad *Torre de la Higuera* auf einer Stichstraße nach Matalascañas gelangen, auf der nach Almonte führenden Hauptstraße bis El Rocío, das durch seine farbenprächtige Romería (vgl. S. 26) berühmt ist. Dort vereinen sich zwei Zubringerbäche zur Ribera Madre de las Marismas, die mitten durch das Naturschutzgebiet zum Río Guadalquivir fließt. Empfehlenswert ist der Besuch der *Estación Biologica de Doñana* bei Torre la Higuera (Erlaubnis im Touristikbüro neben dem Alcázar in Sevilla).

F. DIE KUNSTDENKMÄLER DER PROVINZ CÓRDOBA

13 Córdoba

Die Lage

Córdoba, Hauptstadt der gleichnamigen Provinz, ist mit nahezu 300 000 Einwohnern nach Sevilla die zweitgrößte Stadt Andalusiens und neben Sevilla und Granada die größte kunstgeschichtliche Sehenswürdigkeit der Region. Die Bischofsstadt liegt am Nordufer des Río Guadalquivir, der hier eine große Schleife macht. Die Hauptbrücke, die mit 240 m Länge und 16 Bögen den Fluß überspannt, geht auf die römische Epoche zurück. Im Norden liegt die Sierra de Córdoba, ein Ausläufer der Sierra Morena. Die gut bewässerte, fruchtbare Umgebung (Campiña) ließ in der Provinzhauptstadt einen beachtlichen landwirtschaftlichen Markt entstehen, neben dem die Textilherstellung einen wichtigen ökonomischen Faktor darstellt. Im Sommer herrscht in Córdoba große Hitze, so daß man wie in Sevilla Segeldächer über manche Straße oder Gasse spannt.

Die einstige Kalifenstadt ist eine wichtige Station für Schiene und Straße auf der Route Madrid–Cádiz. Das maurische Erbe des ›Mekka des Westens‹ fällt im Stadtbild und in der Physiognomie der Bevölkerung auf; der Dichter Antonio Machado sprach von einer ›ciudad romana y mora, Córdoba callada‹. Ihr Ruf hatte zur Folge, daß viele lateinamerikanische Kolonialgründungen ihren Namen führen; das argentinische Córdoba übertrumpft mit 600 000 Einwohnern die Mutterstadt um das Doppelte.

Córdoba: Historische Brücke über den Guadalquivir

Geschichte

Der Name Córdoba geht auf die Phönizier zurück, entweder auf das Wort ›Corteb‹ (Ölmühle) oder ›Cord‹ (Gold). Die Cordobesen leisteten im 2. Punischen Krieg den Karthagern militärische Hilfe und begleiteten Hannibal auf dessen Marsch nach Rom. Als die Römer die karthagische Macht zerschlagen hatten, wurde Córdoba als *Colonia Patricia* zeitweise Hauptstadt der Provinz *Hispania Ulterior*. Nach der Dreiteilung Spaniens in augusteischer Zeit gehörte Córdoba gleich Itálica und Ilipa zur Provinz Baetica; es lag am wichtigen Verkehrsstrang der Via Augusta, die Gallien mit Gades und der Anlegestelle für die Überfahrt zur Provincia Africa verband. Córdoba ist Geburtsort Senecas und Lucans, die beide Opfer Kaiser Neros wurden.

Die Westgoten nahmen 572 von der Stadt am Fluvius Baetis, dem Guadalquivir von heute, Besitz, ohne auffällige Spuren zu hinterlassen. Das besorgten erst die Söhne der Wüste, Araber und Berber, die schon ein Jahr nach ihrem Einbruch in das Reich der Westgoten die Stadt besetzten und sie *Corthobah* nannten. Von 715 bis 756 residierten hier 20 Emire. Im Jahre 756 traf Abd ar-Rahman, der flüchtige Omaijadenprinz, in Andalusien ein, im Ungewissen, ob ihn Herrschaft oder Tod erwarten würde. Doch das omaijadisch gesinnte Córdoba hielt zu ihm. Als Emir begründete er nach dem Untergang der Omaijaden von Damaskus den okzidentalen Zweig des einst mächtigen Herrscherhauses.

Mit *Abd ar-Rahman I.* begann die eigentliche Blütezeit Córdobas. Er brachte aus Syrien nicht nur den Granatapfelbaum und die Dattelpalme an den Guadalquivir, sondern bereitete auch den Boden für die Entfaltung arabischer Architektur und Kunst. Unter seinem Regime wurde der Grundstein zum Bau der Mezquita gelegt, des größten islamischen Gotteshauses nach der Moschee von Mekka. Seine Nachfolger setzten die Bautätigkeit fort. Den höchsten Glanz erreichte Córdoba, als sich *Abd ar-Rahman III.* 929 den Titel ›Kalif des Westens‹ zulegte. Irrigation auf den Ländereien am Guadalquivir und die Kunst der Lederbearbeitung brachten der Kalifenstadt großen Reichtum. Der Adel baute überall Paläste, in den Mauern Córdobas und auf dem freien Land. Man schätzte 1 Million Einwohner, mehr als 300 Moscheen, 113 000 Wohnhäuser, 700 öffentliche Bäder, 80 Schulen, 17 Hochschulen, 20 Bibliotheken, 50 Hospitäler, 28 Vorstädte. Lange vor dem Abendland kannte man in Córdoba Straßenpflaster und -beleuchtung. Wie heute noch, waren die Laternen an den Häuserwänden befestigt.

In der größten Stadt des damaligen Europa entwickelte sich unter den omaijadischen Kalifen eine universale Geistigkeit, die sich auch auf die christlichen Länder auswirkte. Berühmt waren Córdobas Ärzte *(Abulcasis)*, Geographen *(Idrisis)*, Philosophen *(Averroës)*. Der Ruhm drang weit in die Länder nördlich der Pyrenäen. Die Nonne Roswitha von Gandersheim, Biographin Kaiser Ottos I., nannte die Kalifenstadt »Ornamentum Mundi ... Helle Zierde der Welt, die junge herrliche Stadt, stolz auf ihre Wehrkraft, berühmt durch ihre Wonnen, die sie umschließt, strahlend im Vollbesitz aller Dinge«. Wegen der kriegerischen Tüchtigkeit und der Gelehrsamkeit der Cordobeser sprach man von ›Espata y Pluma‹ (Schwert und Feder). Dieser Ruhm verblaßte durch Schwachheit und Zwist späterer Omaijaden, so daß das Kalifat 1031 zusammenbrach. Córdoba wurde von Sevilla überflügelt, der Residenz der nachfolgenden maurischen Dynastien der Almoraviden und der Almohaden.

Mit dem Vormarsch der christlichen Reconquista und der Einnahme Córdobas durch den kastilischen König Fernando III. 1236 begann der Abstieg der Stadt, wenn sich auch einige Könige – Alfonso XI., Peter der Grausame, die Katholischen Majestäten – gerne in ihren Mauern aufhielten, wovon der Alcázar de los Reyes Cristianos zeugt. Kolumbus nahm hier 1489–1491, vor seiner Entdeckungsreise, Aufenthalt, und nach der Rückkehr unterbrach er sei-

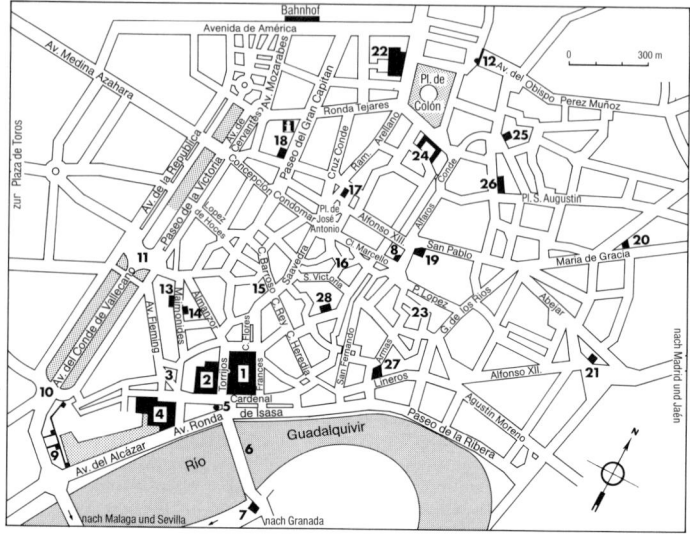

Córdoba: Orientierungsplan

1 Mezquita – 2 Bischofspalast 3 Campo de los Mártires – 4 Alcázar – 5 St.
Raphael-Monument – 6 Römische Brücke – 7 Kastell La Calahorra – 8 Rathaus – 9 Averroës-Denkmal – 10 Puerta de Sevilla – 11 Almodóvar-Tor –
12 Torre Malmuerta – 13 Synagoge – 14 Stierkampfmuseum – 15 San Juan –
16 Plaza José Antonio – 17 San Miguel – 18 San Hipólito – 19 San Pablo – 20 San
Lorenzo – 21 Carmen Calzado-Kirche – 22 La Merced – 23 Plaza de la Corredera – 24 Plaza de los Dolores – 25 Plaza de Santa Marina – 26 Palacio Viana –
27 Museo de Bellas Artes – 28 Archäologisches Museum

nen Weg nach Barcelona, um seine in Córdoba ansässige Geliebte Beatriz
Henriques zu besuchen. Die einstige Kalifenstadt hat nichts von der Leben-
digkeit Sevillas an sich. Doch von der einstigen Größe ist ein erstrangiges bauliches Dokument erhalten geblieben: die *Mezquita.*

Die Mezquita *(Moschee-Kathedrale)* (1)

Geöffnet: Tgl. 10.30–13.30 Uhr, April: 15.30–19.00 Uhr, Mai: 16.00–19.30, Juni/
Juli: 16–20 Uhr, Aug.: 16.00–19.30 Uhr, Sept.: 16–19 Uhr, Okt.: 15.30–18.00 Uhr.

Vom jenseitigen Ufer des Guadalquivir blickt man auf Grasinseln im hier
noch nicht regulierten Flußbett, auf die Ruinen maurischer Wassermühlen
und auf das Panorama Córdobas, das an nennenswerten baulichen Akzenten
nur den Turm der Mezquita-Kathedrale und den Koloß des in die Moschee
eingebauten, die Bedachung überragenden Kirchenschiffs aufweist. Die
Umfassungsmauer des einstigen islamischen Bethauses ist mit 12 m Höhe auffallend niedrig. Eine Wirkung nach außen war nicht vorgesehen und alles auf
den Glanz des Inneren angelegt.

Das Areal der Mezquita mißt 175 m in der Länge, wobei allerdings der Orangenhof einbezogen ist, und 134 m in der Breite. Der Bau selbst hat, wie v. a. bei den Moscheen des Westens üblich, einen quadratischen Grundriß und war zum Hof hin ursprünglich offen; erst in christlicher Zeit hat man eine Mauer davorgesetzt und dadurch dem Innenraum viel von seinem Licht genommen. Doch trotz vieler Veränderungen und Einbauten in nachislamischer Epoche ist die Wirkung des Säulenlabyrinths immer noch frappant.

Baugeschichte

Im römischen Córdoba erhob sich an Stelle der Moschee ein *Janustempel*, dem doppelgesichtigen Gott geweiht, in den Jahrhunderten der Westgoten eine *Vicentiuskirche* zum Gedenken an den in Ávila beigesetzten Märtyrer. Als die Araber Córdoba zu ihrer Hauptstadt machten, beließen sie die Hälfte der Kirche dem christlichen Kult. *Abd ar-Rahman I.* (755–788) kaufte 785 den Christen ihre Hälfte ab, ließ den Gesamtkomplex abreißen und erstellte auf dem Gelände seinen an Umfang noch bescheidenen Moschee-Bau; man kann ihn heute noch genau bestimmen (A). Zusammen mit dem Vorhof bildete er ein Quadrat, wobei die an der westlichen Hofseite beginnenden 10 Reihen zu 12 Säulen dieser frühesten Bauperiode zuzurechnen sind. Für die Stützen der Gewölbebögen bedienten sich die Architekten des Emirs antiker Säulen aus Marmor, Jaspis, grünem und violettem Breccia und anderem kostbarem Material, die sie aus antiken Ruinen und sogar aus Karthago in Nordafrika hierher beförderten. Die Säulen hatten natürlich unterschiedliche Höhen, was die Erbauer aber nicht störte. Sie stellten jene Säulen, die nicht der gewünschten Höhe von 3 m entsprachen, auf Untersätze. Nun war aber ein höheres Gesamtniveau erforderlich, damit nicht der Eindruck einer riesigen Krypta entstand. Man half sich mit einer genialen Idee, indem man an den Kapitellen, welche die Bogenreihen trugen, Konsolen anbrachte, auf die man vierkantige Pfeiler oder auch Säulen stellte, die eine zweite, entsprechend höhere Bogenreihe trugen (vgl. auch Abb. S. 13). Die Bögen der unteren wie auch der oberen Reihe weisen den auch im islamischen Orient üblichen Schichtwechsel weißgelber und rostroter Keilsteine auf, so daß die Impression eines ›immensen Waldes von Zebras‹ entsteht (H. V. Morton).
Die erste Erweiterung war das quadratische Minarett (a), das *Hischam I.* (788–796) neben der Hauptpforte errichten ließ, das aber nicht mehr besteht. Steinplatten im Hof kennzeichnen den Standort, der sich südlich des heutigen Turms befand. Sodann fügte *Al-Hakem I.* (796–821) dem Hof Arkaden hinzu. *Abd ar-Rahman II.* (821–852) verlängerten den Betsaal südwärts und versetzte dementsprechend die Gebetsnische (B). *Al-Hakem II.* (961–976) verlängerte den Betsaal nochmals, wobei der Río Guadalquivir die Grenze bestimmte (C). Die dritte Vergrößerung war die umfassendste: *Almansor* (1008–1009) verbreiterte das Sanktuarium ostwärts um 8 weitere Schiffe, wobei er auch den Vorhof entsprechend vergrößern mußte (D). Dadurch lag die Gebetsnische (b) nicht mehr im Mittelteil der Südmauer, sondern unsymmetrisch weiter westlich. Dieses Mißverhältnis durch 8 Schiffe auch westwärts auszugleichen, kam nicht in Frage, da sich auf dieser Seite der Kalifenpalast (an Stelle der heutigen Bischofsresidenz) befand.
Unter Almansor, dem der größte Teil des Säulenwaldes der Mezquita zuzuschreiben ist, erlangte das Reich von Córdoba seine weiteste Ausdehnung. Der Kalif erbeutete die Glocken der Wallfahrtskirche Santiago de Compostela und ließ sie in seine Hauptstadt schleppen, wo sie, auf den Kopf gestellt, als riesige Lampen der Moschee dienten, neben den 800 bereits vorhandenen, mit aromatischem Öl gefüllten Silberampeln. Erst nach der Rückeroberung Andalusiens kehrten die Glocken auf den Rücken gefangener Mauren nach Santiago zurück.

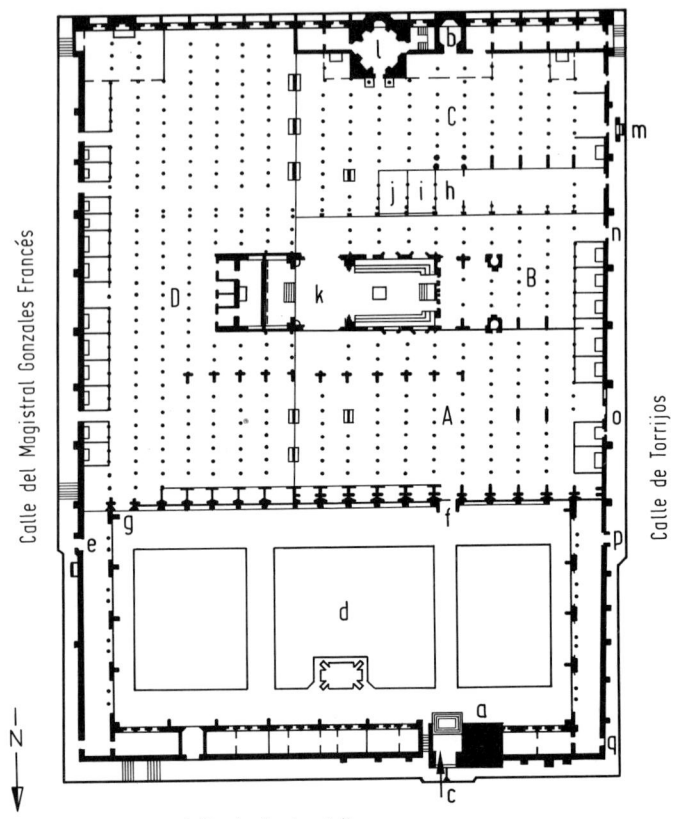

Calle del Magistral Gonzales Francés

Calle de Torrijos

Calle de Cardenal Herrero

Mezquita: Grundriß

A Bau Abd ar-Rahmans I. – B Erweiterung unter Abd ar-Rahman II. –
C Erweiterung unter Al-Hakem II. – D Erweiterung unter Almansor –
a ehem. Minarett/Glockenturm – b Mihrab – c Puerta del Perdón – d Orangenhof – e Puerta de S. Catalina – f Puerta de las Palmas – g heutiger Moschee-Eingang – h Capilla de Villaviciosa – i Capilla Real – j Pauluskapelle –
k Kathedrale – l Schatzkammer – m – Puerta de Palacio – n Puerta San Miguel
– o Puerta San Esteban – p Puerta de los Deánes – q Milchtür

Rundgang

Man betrat das Areal der Mezquita früher von Norden her durch die *Puerta del Perdón (c)*, einem Gegenstück zur gleichnamigen Pforte des Orangenhofes in Sevilla. 1377 wurde das Tor umgestaltet, doch im Geist islamischer Baukunst, da Mudéjares die Arbeit vollführten (vgl. Abb. S. 16). Auf den Bronzeplatten der schweren Holztüren sieht man Sprüche in arabischer Schrift. Es heißt, der Philosoph Averroës sei wegen seiner vom Koran abweichenden Lehrmeinungen dazu verurteilt worden, vor der Büßerpforte zu stehen, damit ihn die gläubigen Besucher der Moschee bespucken könnten.

Nach Eintritt in den *Orangenhof (d)* hat man rechts die Pforte des 93 m hohen, besteigbaren *Turms (a)* vor sich. Er hat die im andalusischen Barock übliche Kandelaberform und ist das Werk des Baumeisters Karls V., *Hernán Ruiz*, von dem auch der Aufsatz der Giralda stammt, doch der Turm der Mezquita kann sich an imposanter Statur mit dem der Kathedrale von Sevilla nicht messen. Er mußte sich zweimal barocke Erneuerungen gefallen lassen. Die Orangenbäume im Vorhof, der 5 Brunnen besitzt, gab es in der islamischen Ära noch nicht.

Der gegenwärtige Hofeingang befindet sich an der Ostseite *(e; Puerta de Santa Catalina)*. Auch der Eintritt in das Bethaus hat sich geändert. Statt der *Puerta de las Palmas (f)* mit ihrem 4 m breiten Hufeisenbogen,

Orangenhof und Glockenturm

die sich zum Säulengang öffnet, der zur Gebetsnische führt, benützt man heute einen *Eingang im Ostteil der Moschee (g)*, durch den man in den Part Almansors (D) gelangt, erkennbar schon an den roten Bodenfliesen. Dieser besitzt nicht die lebendige Vielfalt der drei früheren Bauperioden. Die Säulen gleichen sich in monotoner Einförmigkeit. Der Schichtwechsel ist durch gemalte Streifen vorgetäuscht. Auch haben Almansors Bauplaner nicht auf vorgefundenes oder angeliefertes antikes Baumaterial zurückgreifen können. Eine weitere Beeinträchtigung erfuhr der Raum in späterer Zeit, als man die flachen Lärchenholzdecken durch steinerne Tonnendecken ersetzte. Dennoch ist der Gesamteindruck verblüffend, da in diesem Teil der Mezquita, der das größte Säulen-Ensemble enthält, ganz besonders die Illusion der Endlosigkeit wachgerufen wird. Man glaubt gleichsam in einem Spiegelkabinett zu weilen, wo in jeder Richtung das Bild unendlich vieler Säulen widerscheint.

Capilla de Villaviciosa (h) und Mihrab (b)

Die großartigsten Partien hat der Erweiterungsteil Al-Hakems II. (C) erbracht. Hier erlebt der Beschauer den größten Erfindungsreichtum der mit dem Bau Beauftragten, eine unübertreffliche Meisterschaft der Proportionen, der Linienführung, der Farbabstimmung. Die Formen mögen noch so phantastisch, märchenhaft-orientalisch sein, nie überschreiten sie das Maß eines harmonischen Zusammenklangs. Das in den beiden vorhergehenden Bauabschnitten noch einfache System der Doppelbögen ist hier zu einer komplizierten Komposition von Überschneidungen geworden, Fächer- und Zackenbogen, die in zwei Lagen von den Säulen ausfächern, sich ineinander verflechten zu einer Vielfalt von Rippen und Bögen. Standfestigkeit, Statik, Tektonik ist diesen halb schwebenden baulichen Gebilden kaum anzumerken. Man wird an die ausschwingenden Äste der Dattelpalme erinnert. Hinzudenken muß man sich zur Vergegenwärtigung des ursprünglichen Zustands das stets wechselnde Farbenspiel auf dem Gestein von unterschiedlichem Kolorit, die Fülle brennender Ampeln, die ins Gebet vertiefte Masse der Gläubigen, um zu verstehen, daß hier neben Mekka, Damaskus, Kairouan eine Mitte islamischer Gläubigkeit und arabisch-maurischen Sendungsbewußtseins bestand, die mehrere Jahrhunderte dauerte.

Im Erweiterungsbau Al-Hakems II. ist es geradezu Pflicht des heutigen Besuchers, an zwei Punkten zu verweilen: der *Villaviciosa-Kapelle (h)* und dem Allerheiligsten des Islam, dem *Mihrab (b)*. Beide Orte sind unverfälscht erhalten. Die Villaviciosa-Kapelle wurde zwar nach der Eroberung des moslemischen Córdoba christlich ausgestattet und mit einem Kruzifix versehen, doch die ›Fassung‹ des Raumes

Kuppel über dem Vorraum zum Mihrab

ist originär arabisch geblieben. Hier befand sich nach der ersten
Erweiterung der Moschee die Gebetsnische, die der religiösen
Bedeutung gemäß eine besonders fein ziselierte Rahmung durch
mehrfach gefächerte, rotgestreifte Kleeblattbögen und Pflanzen-
Ornamentik aufweist. Die Kuppeldecke ist einzigartig konstruiert:
das Quadrat der Bögen wurde durch Zwickel in die Form eines Acht-
ecks gebracht. Vor jeder der acht Ecken verläuft zur übernächsten
eine gewölbte Rippe. Die Rippen verflechten sich und lassen in der
Mitte wiederum ein Achteck frei. Dieses wird mit einer keramikverzierten ›Halborange‹ gefüllt, umrahmt von einem Spruchband. Nach
Osten schließt sich die *Capilla Real (i)* an, deren Säulengeviert nach
dem Sieg des Kreuzes ummauert und mit einer Krypta versehen
wurde. Sie war für die Grablegen der kastilischen Könige Fernando
IV. (1295–1312) und Alfonso XI. (1312–1350) eingerichtet, die indessen
später in die Kirche San Hipólito umgebettet wurden. Die Capilla
Real weist Stuck- und Fayenceverkleidung im Mudéjarstil auf. Als
östlichen Anschluß hat man eine *Pauluskapelle (j)* eingebaut, die
durch den Altaraufsatz von Pablo de Céspedes erwähnenswert ist.
Das Terzett dieser drei christianisierten Säulenrechtecke ist der Auf-
takt zum Höhepunkt der Mezquita-Besichtigung, der *Gebetsnische*,
die zugleich die größte künstlerische Offenbarung des Islam im

Westen darstellt. Dem Mihrab sind drei Kuppelquadrate, abgegrenzt durch verflochtene Zackenbogen, vorgelagert und ähnlich überwölbt wie die Villaviciosa-Kapelle. Al-Hakem II. hatte den Kaiser von Ostrom, Nikephoros Phokas, um Mosaizisten gebeten; denn in dieser Kunst besaß das oströmische Kaiserreich damals ein Monopol, und Mosaikkünstler vom Bosporus hatten auch die Kathedralen des Königreichs Sizilien ausgeschmückt, ehe man sich selbst auf diese Kunst verstand. Die nach Córdoba entsandten Handwerker vom Bosporus schufen im Bereich des moslemischen Allerheiligsten unübertreffliche Meisterwerke, wobei sich byzantinische und persische Ornamentik mit arabischen Schmuckformen und kufischen Lettern verband. Was die Vorräume mit ihren Arabesken, Inschriften, Friesen und Mosaiken versprachen, hält der Mihrab selbst.

Ein Kranz von verschiedenfarbigen Ornamentstreifen strahlt vom Hufeisenbogen vor der Gebetsnische aus. Der Bogen ist von einem Alfiz eingefaßt, in dessen Zwickeln vegetabile Stuckornamentik Spiralen bildet. Der ungewöhnlich geräumige, achteckige Mihrab weist über Marmorpaneelen Blendfenster mit Kleeblattbögen auf, ebenfalls von Alfices eingerahmt. Darüber läuft ein Band kufischer Lettern, das Allah preist. Die muschelförmige Kuppel ist aus einem einzigen Marmorblock herausgemeißelt. Die Gläubigen des Islam mußten zur Zeit der muselmanischen Herrschaft das Heiligtum siebenmal kniend umrunden, wie es heute noch bei der Kaaba in Mekka Gebot ist. Am abgenutzten Bogen der Gebetsnische ist dies noch heute ablesbar.

Der jeweilige Kalif verfügte seitlich des Mihrab über einen eigenen, nur ihm zugänglichen und abgesicherten Gebetsraum, *Maksurah* genannt, den er von seinem Palast an der Westseite der Moschee über eine Brücke bequem erreichte, um ungesehen seine Gebete zu verrichten. Der Raum wurde auch als ›Capilla de los reyes moros‹ (Kapelle der maurischen Könige) bezeichnet.

Die Kathedrale (k)

Der Erobererkönig Fernando III. und die ihm nachfolgenden kastilischen Herrscher standen bewundernd vor dem herrlichen Bau der Mezquita. Zwar übergaben sie ihn dem christlichen Gottesdienst und ließen einige Veränderungen durchführen, vor allem Kapellen einbauen, doch grundsätzlich zerstörten sie nichts. Zu Beginn des 16. Jh. aber wünschte die Geistlichkeit den Bau einer Kathedrale inmitten des Säulenwaldes. Die Stadtobersten protestierten; Bauarbeiter, die sich an der Mezquita vergreifen würden, drohten sie mit der Todesstrafe. Da wandte sich das Domkapital an den noch jungen, unerfahrenen Kaiser Karl V. Bemüht, dem Klerus zu gefallen, gab der Habsburger, in Spanien noch Fremdling, sein Jawort. *Hernán Ruiz* erhielt den Auftrag. 63 Säulen der Mezquita fielen. Mehr als die

Detail des Chorgestühls in der Kathedrale

Hälfte der ersten Erweiterung, große Teile des Almansor-Traktes gingen unwiederbringlich verloren. Man hat den hoch über die Moschee-Bedachung ragenden Renaissance-Bau nicht zu Unrecht als Spinne bezeichnet, ein Vergleich, der auch durch die seitlich weit ausgreifenden Stützpfeiler naheliegt. Als Karl V. drei Jahre später, 1526, nach Córdoba kam, war der kunstsinnige Monarch entsetzt: »Was ihr da macht«, sagte er zu Bischof und Kapitel, »das kann man überall machen. Was ihr zuvor hattet, das gibt es nirgends.«
Sieht man von dem – fast könnte man sagen: brutalen – Eingriff ab, so kann man dem mächtigen Baukörper die Anerkennung nicht ganz versagen; schon der Name des Erbauers verbürgt Qualität. Hernán Ruiz erlebte die Vollendung der Kathedrale nicht; sein Sohn setzte die Arbeit fort, die 1599 abgeschlossen war. Die Artesonadodecken wurden in der Barockzeit durch Gewölbe mit Stichkappen ersetzt. Der *Hochaltar* von 1618 ist das Werk des Jesuiten *Alonso Matías* und enthält 5 Gemälde des Cordobeser Meisters *Antonio Palomino*, im Zentrum die ›Himmelfahrt Mariens‹ (der die Kathedrale geweiht ist), seitlich Bildnisse von Märtyrern aus Córdoda: Acisco, Pelagio, Flora und Victoria. Reich dekoriert ist die Halbkuppel des Chorhauptes; platereske Rippen sind bis zum Scheitel des Gewölbes mit Medaillons durchsetzt.
Sebastian Vidal vollendete 1653 den marmornen Tabernakel, den Pedro Freire de Guevara mit kleinen Figuren schmückte. Die Mahagonikanzeln des französischen Meisters Miguel Verdiguier von 1766 zeigen die Evangelistensymbole in fast natürlicher Größe. Vor dem

Altar hängt eine riesige Ampel des aus Córdoba stammenden Silberschmieds Martín Sánches de la Cruz. – Doch den größten Kunstwert der Kathedral-Ausstattung kann das *Chorgestühl* des 18. Jh. beanspruchen, das *Pedro Cornejo* aus Palisander geschnitzt hat, mit Statuen, Reliefs und ovalen Medaillons, die Szenen aus dem Leben Mariä wiedergeben. – Zwischen Coro und Altarraum befindet sich der Grabstein für den 1557 verstorbenen Leopold von Österreich, Sohn Kaiser Maximilians und Bruder Philipps des Schönen. Der Habsburger war Bischof von Córdoba. Die Rückseite des Hochaltars wird von einer moslemischen Arkadenreihe der vierten Bauperiode (Almansor) abgestützt, in deren gestreifte Bögen zur Verstärkung Platten mit christlichen Reliefdarstellungen eingelassen sind.

Zugleich mit dem Bau der Kathedrale legte man an der Südwand der Mezquita die *Sakristei (l)* an, die wertvolle Objekte des *Kirchenschatzes* enthält: neben Reliquiaren, Kelchen, Elfenbein-Kruzifixen eine silberne Monstranz (1517) des Meisters Enrique de Arfe, des Vaters von Juan de Arfe (Hans Harfe), von dem die Custodia in der Kathedrale von Sevilla stammt. Das Hostiengefäß der Sakristei der Cordobeser Kathedrale ist Architektur im Kleinformat; es gleicht einem gotischen Turm und ist mit vergoldetem Zierat umrankt, der schon Renaissance anklingen läßt.

Als Kuriosum sieht man an einer Säule der 5. Reihe links von der Puerta de las Palmas ein *eingeritztes Kreuz.* Lateinische Distichen wollen glaubhaft machen, daß ein christlicher Gefangener, an die Säule gefesselt, das Kreuz mit seinen Nägeln eingekratzt habe.

Die Portale

Die Umfassungsmauer der Mezquita ist von allen Seiten umgehbar. Die stärkste Befestigung weist sie an der Südflanke auf, da sie hier auf leicht abschüssigem Gelände den Schub der Baumasse aufhalten muß. Rechter Hand hat man nach der Rückeroberung drei Reihen rundbogiger Blendarkaden eingefügt, die das Thema der Rundbögen des Kathedral-Seitenschiffs recht sinnvoll aufnehmen. Die Südflanke besitzt keine Portale, dafür die kapellenartigen Aufbauten, die Mihrab und Sakristei überdecken.

Die meisten und schönsten Portale bietet die Westflanke dar; sie sind zwischen risalitartigen Pfeilern eingebaut; über der gesamten Mauer verläuft ein Band von Lebensbaum-Zinnen aus arabischer Zeit. Als die Mezquita dem christlichen Kult übergeben wurde, mauerte man die meisten Pforten zu, doch die maurische Umrahmung blieb erhalten. Die starke Verwitterung des Dekors mancher Tore hat im vorigen Jahrhundert zu nicht immer originalgetreuen Restaurierungen geführt, denen es vor allem um den Effekt ging. Dennoch gewinnt man einen Eindruck maurischer Prachtentfaltung, wenn man das

Puerta San Miguel

westliche Gemäuer entlang der Calle de Torrijos abschreitet. Auf die *Puerta de Palacio (m)*, durch die der Kalif mit seinem Hofstaat die Maksura erreichte, folgt die im 15. Jh. gotisierte *Puerta San Miguel (n)*. Der nächste Zugang, *Puerto San Esteban (o)* verdient das größte Augenmerk, da die unter Al-Hakam II. 960 gebaute Pforte besonders fein dekoriert und in ihrem ursprünglichen Zustand am besten erhalten ist. Am Türsturz strahlen bei rötlichem Hintergrund grüne Ornamentbänder aus. Darüber öffnet sich ein ähnlich gestreifter Hufeisenbogen, der wiederum von einem reich verzierten, mit kufischen Lettern versehenen Alfiz umrahmt wird. Im Oberteil der Portalzone sind kleine Hufeisen über sechs zierlichen Marmorsäulchen kunstvoll ineinander verschränkt, so daß ein fünffaches Blendfenster entsteht. Beiderseits der Pforte angebrachte Fenster mit steinernen Gittern weisen elegante Fächerbögen auf. Zum Vorhof führen die *Puerta de los Deánes (q*; Pforte der Dechanten) und die *Milchtür (r)*, an der man in maurischer Zeit Findelkinder niederlegte.

An der Nordseite der Ummauerung mit der *Vergebungspforte (c)* als Haupteingang führt die belebteste Straße vorbei, die Calle de Cardenal Herrero. Umschreitet man die Nordostecke der Mezquita, so erreicht man in der Calle del Magistral Gonzáles Francés die *Puerta de Santa Catalina (e)*, ein Renaissance-Tor, an dem man auf einem Wappen eine Darstellung des ursprünglichen Minaretts entdeckt.

Palacio Episcopal (2): Der Bischofspalast (am unteren Ende der Calle de los Torrijos gegenüber der Mezquita) erinnert mit seiner langen, schmucklosen Front und den Türmchen mit pyramidenförmigen Dächern an das Bauschema Herreras, des Architekten des Escorial. Am unteren Ende biegt man westwärts in die Calle Amador de los Ríos und stößt nach einem kurzen Stück Wegs auf die Anlagen *Campo de los Mártires (3)*, wo noch Reste arabischer Bäder zu sehen sind. Zwischen dem Campo und dem Río Guadalquivir breitet sich die weiträumige Anlage des Alcázar aus, des Palastes der christlichen Könige.

Der Alcázar (4)

Geöffnet: 9.30–13.30 Uhr, Mai–Sept.: 17–20 Uhr, Okt.–April: 16–19 Uhr.

Das Kastell, das zahlreichen kastilischen Königen während ihres Aufenthalts in Córdoba als Residenz diente, wurde von Alfonso XI. 1328 erbaut, jenem Herrscher, der zuerst in der Krypta der Capilla Real der Mezquita sein Grab fand und heute in modernem Sarkophag in der Kirche San Hipólito liegt.

Der Alcázar auf maurischen Grundmauern bildet ein Quadrat, wobei an den Ecken des Vierflügelbaus jeweils ein Turm stand: der Fluß-, der Huldigungs- und der Löwenturm; der 4. wurde im 19. Jh. zerstört. Durch den Löwenturm *(Torre de los Leones)* tritt man heute in die Burg ein; er ist mit seiner mudéjaren Ausgestaltung der bedeutendste. Im Innern hat jedes Stockwerk ein Kreuzgewölbe, das von

Säulen mit spätgotischen Blattkapitellen getragen wird. Der mächtige Wohn- und Wehrbau wurde unter der *Trastamara-Dynastie*, aus der *Isabella I.* hervorgehen sollte, erweitert. Die Katholischen Könige residierten darin 8 Jahre, um die Operationen gegen das nasridische Granada zu planen und zu lenken. Isabella empfing hier Kolumbus vor seiner Entdeckungsreise. Vor den Mauern des Alcázar drehte sich damals am Guadalquivir-Ufer ächzend ein Schöpfrad, Noria genannt, das Wasser in einen Aquädukt leitete. Da die Königin wegen des Lärms nicht schlafen konnte, ließ Ferdinand das Rad abreißen. Heute hat man eine Nachbildung der Noria an der gleichen Stelle wieder aufgestellt.

In den Räumen des Alcázars, darunter auch dem ehem. Königssaal, ist heute ein *archäologisches Museum* untergebracht mit Funden aus Córdoba und seiner Provinz: u. a. Mosaikböden mit mythologischen Darstellungen (›Polyphem und Galathea‹, ›Venus und Psyche‹) oder Allegorien (›4 Jahreszeiten‹). Auf einem römischen Sarkophag des 2. Jh. umrahmen zwei männliche und zwei weibliche Angehörige des Patriziats eine exakt gemeißelte Prunktür mit Reliefs von Löwen- und Widderköpfen.

Bei den verschiedenen Erneuerungen sind im Alcázar-Areal reizvoll angelegte Gärten mit Palmen, Zypressen, Myrten und Buchshecken entstanden, die mit ihren Teichen und Springbrunnen an die Alcázar-Gärten von Sevilla erinnern.

Südlich des Alcázar führt die Avenida del Alcázar am Guadalquivir entlang. Wo die Uferstraße den Bezirk der Mezquita erreicht, liegt ein kleiner Platz, auf dem der Stadtheilige, der Erzengel Raphael, eine Arbeit des 18. Jh., auf einer hohen Säule die Flußlandschaft überblickt. Neben diesem Monument, *El Triunfo (5)* genannt, öffnet sich ein freistehender Torbogen, von dorischen Säulen umrahmt, die *Puerta del Puente*, strenge, etwas unterkühlte Renaissance, fast schon Klassizismus, erbaut unter Philipp II. vom Sohn von Hernán Ruiz, der seinen Vater beim Bau der Mezquita-Kathedrale abgelöst hat. Hier stand bereits ein römischer Triumphbogen und bei Ankunft der Moslems ein christliches Tor mit einer Skulptur der Jungfrau Maria in der Nische über dem Portal. Die Muselmanen erkannten dies nicht, ließen den Bogen samt Skulptur stehen und nannten ihn ›Portal der Statue‹. Hier beginnt die unter Kaiser Augustus errichtete *Guadalquivir-Brücke (6)*, deren Mitte seit 1651 ›San Rafaelo‹ beherrscht, ein Bildwerk von Bernabé Gómez del Río.

Kastell La Calahorra (7)

Geöffnet: 10–13 und 16–19 Uhr.

Am linken Ufer steht trutzig und abwehrend das Kastell La Calahorra. Um den Festungsbau des Brückenkopfes vor der zeitweisen Flut gegen die Grundmauern abzuschirmen, hat man neuerdings der Brücke einen weiteren Bogen hinzugefügt.

La Calahorra hat einen T-förmigen Grundriß, in dessen Winkeln Mauerwerk in Form von Viertelzylindern eingefügt ist. Auf maurischen Resten ließ Heinrich II. von Kastilien die turmartige Veste 1369 erbauen, als er die ihm treue Stadt Córdoba gegen seinen Bruder, Peter den Grausamen, verteidigte. Heinrich trug in der Nähe des Brückenkopfes den Sieg davon.

Dieses Begebnis ist eine entscheidende Episode in der spanischen Geschichte und führte zur Herrschaft des Geschlechts der Trastamara, des letzten vor der Vereinigung Kastiliens und Aragóns. Heinrich, unehelich geboren, wollte die Macht usurpieren wie so mancher Bastard, wobei ihm der französische Konnetabel Duguesclin unterstützte, während auf der anderen Seite der legendäre Schwarze Prinz König Pedro zu Hilfe kam. Doch Pedro wurde von seinem Halbbruder bei Córdoba besiegt und im gleichen Jahr in der Mancha heimtückisch ermordet.

In den Gewölben des Kastells ist heute das *Geschichtsmuseum* untergebracht. Vor allem gedenkt man hier durch Exponate des berühmten Sohnes der Stadt, des *Gran Capitán Gonzalo Fernándes*, dessen Reiterstandbild auf Córdobas zentralem und belebtestem Platz steht, der Plaza de José Antonio (15). Der Bildhauer, Mateo Inurria, wählte den Torero El Lagartijo als Modell für die Gestalt des Heerführers.

Gonzalo, den Katholischen Königen treu ergeben, hatte entscheidenden Anteil an der Eroberung von Granada. Danach kämpfte er gegen die Türken auf dem Archipel der Jonischen Inseln und gegen die Franzosen in Unteritalien und wurde schließlich erster spanischer Vizekönig von Neapel.

Die Stadtmauern

Im Altertum war Córdoba völlig mit Mauern umgeben, deren Verlauf heute noch nachweisbar ist. Während der maurischen Herrschaft wies die Stadt zwei voneinander getrennte Bezirke auf, die sich durch eine weitere Mauer voneinander abschieden: *Almedina* und *Ajerquía*. Die Trennungslinie verlief, wie Mauerreste erkennen lassen, auf der Strecke der heutigen Calle de San Fernando, wo sich das zinnengekrönte Haus des Marquese del Carpio und der Arco del Portilla, ein einstiger Mauerdurchgang, befinden, und, am Rathaus (8) vorbei, an der Calle de los Alfaros entlang.

Das besterhaltene Stück der mit Türmen und Zinnen verstärkten Stadtumgürtung befindet sich im Südwesten, zwischen den Gärten, die sich an den Alcázar anschließen, und dem Ufer des Guadalquivir. Die Mauer führt dann an der *Avenida del Corregidor* entlang bis in die Nähe der repräsentativen *Avenida del Conde de Vallellano*. Der frühere weitere Verlauf ist an vereinzelten Toren und Türmen ablesbar. In sinniger Weise hat man an den Stadtmauer-Relikten Statuen berühmter Söhne Córdobas aufgestellt: Am Mauerstück beim Alcázar befindet sich die Skulptur des sitzend dargestellten Philosophen *Averroës* (9; 1126–1198), der die verschüttete Lehre des Aristoteles dem Mittelalter wieder zugänglich gemacht und damit auch auf die christliche Scholastik eingewirkt hat. Vor der nahen zweibogigen *Puerta de Sevilla (10)* aus dem 10. Jh. sieht man den arabischen Dichter *Ibn Házam*, der in seinem ›Halsband der Taube‹ die Liebe besang. Von der Synagoge aus ist über die Calle de Maimonides das *Almodóvar-Tor (11)* mit seinem Hufeisenbogen und den ursprünglichen Zinnen leicht zu erreichen; davor eine Marmorstatue *Senecas*.

Ganz im Norden, an der sternförmigen *Plaza de Colón*, erhebt sich die *Torre Malmuerta (12)*, ein oktogonaler Bau mit Zinnenkranz und angefügtem Rundbogen; die Plattform ist vom Innenraum aus erreichbar. Der Turm wurde unter dem kastilischen König Heinrich III. 1404 von Mudéjares erbaut. Nach der Legende mußte ein Graf von Villaseca, der seine Frau unter falschem Verdacht ermordet hatte, den ›Sühneturm‹ errichten lassen. Lope de Vega hat den Stoff in seinem Stück ›Die Ordensritter von Córdoba‹ verwertet.

Judería und ehem. Synagoge (13)

Die ehem. Synagoge (*geöffnet* ab 10 Uhr) in der Nähe des Almodóvar-Tores liegt am Rande der Judería, die sich bis zur Stadtmauer ausdehnte, dem bekanntesten Judenviertel spanischer Städte. Das äußerlich unscheinbare Gebäude, 1315 in bereits christlicher Zeit erbaut und seit der Judenvertreibung oder Zwangstaufe durch die Katholischen Könige nicht mehr benützt, ist durch einen schmalen, tieferliegenden Innenhof der Calle de Maimonides (Nr. 18) zu erreichen. Neben der einstigen Synagoge von Toledo, der späteren Kirche Santa María la Blanca, ist das jüdische Bethaus Córdobas das zweite herausragende Beispiel einer im Mudéjarstil ausgestatteten Anbetungsstätte Jawehs auf spanischem Boden. Über dem Eingang liest man auf hebräisch: ›Öffnet die Tore den Gerechten und Getreuen.‹ Durch einen Vielpaßbogen blickt man in die Nische, die die Thorarolle enthielt und mit Zierschrift umrahmt ist. Eine rechteckige Schrifttafel verkündet: »Kleines Heiligtum und Zuflucht der Bestätigung des Gesetzes. Es wurde von Isaac Mejeb, dem Sohn des mächtigen Efraim vollendet. Es wurde im Jahre fünfundsiebzig errichtet. Erhebe dich, Gott, und beschleunige die Zeit des Wiederaufbaus Jerusalems.« (1315). Die minutiös ziselierten Stuckwände zeigen die aus den Moscheen bekannten geometrischen und pflanzlichen Muster, so auch den Mushrabije-Stern. Im oberen Teil des Betraumes liegt, durch drei Ausblicke sichtbar, die Empore für die Frauen, entsprechend den Matrineen früher Kirchen. Die seitlichen Öffnungen besitzen Hufeisenbögen, unter der mittleren und größten vermittelt ein Schriftband einen Psalmentext. Die Westwand zeigt gotisches Dekor, die Decke stammt aus dem 18. Jh.

Diese einzige Synagoge, die von über 300 erhalten blieb, diente 1492 als Hospital für Tollwutkranke, 1588 als Versammlungsort der Schuhmacherzunft. 1885 wurde das Gebäude zum Nationaldenkmal erklärt. Eine Tafel im Hof ehrt die in Córdoba 1135 geborene größte geistige Persönlichkeit des Judentums, den Theologen, Philosophen und Arzt *Moses Maimonides*. Auf dem nach ihm benannten nahen Platz zeigt ein Monument den Rabbi sitzend mit Turban und Robe; die spanische Regierung hat das Bildwerk 1964 in Auftrag gegeben.

Ehem. Synagoge: Thora-Nische

Gleich Averroës, seinem Cordobeser Landsmann, griff auch Maimonides auf Aristoteles zurück und bemühte sich um den Ausgleich von Wissen und Glauben, von Vernunftwahrheit und Offenbarungsgesetz. Daneben bemühte er sich als Universalist produktiv um die verschiedensten geistigen Disziplinen. Der Stauferkaiser Friedrich II. beschäftigte sich mit seinem Werk. Von den Almohaden verfolgt, begab er sich um die Mitte des 12. Jh. nach Kairo, wo er als Mediziner und Polyhistor am Hofe Saladins wirkte. Er starb 1204 in Palästina; sein schlichtes Grab wird bei Tiberias am See Genezareth gezeigt.

Nach der Überlieferung sind die ersten Juden, die von David abstammende Familie Abrabanal, bereits 586 v. Chr., nach der Zerstörung des Salomonischen Tempels, nach Spanien gekommen. Unter den duldsamen Kalifen von Córdoba spielten Juden eine führende Rolle; Isaac ben Baruch Albalia bekleidete im 11. Jh. am Hof der Omaijaden das Amt des Hofastrologen; Abraham ben Meir stieg sogar zum Vizekönig auf. Juden kleideten sich arabisch, nahmen arabische Sitte und Sprache an und zählten teilweise zur merkantilen Oberschicht. Im Gegensatz zu den Gettos in den Ländern nördlich der Pyrenäen genossen sie auch weitgehende Freiheiten und sogar, zumindest was die führenden Namen betraf, Ansehen, nicht zuletzt deswegen, weil die Herrschenden sie brauchten. Am Ausgang des Mittelalters, unter der Krone des vereinigten Spanien, war die Zeit der Duldung vorbei; die Judería von Córdoba verödete.

Dennoch ist es erstaunlich, wieviel vom Kolorit des berühmten Viertels bewahrt worden ist. Man geht auch hier, wie in der Judería von Sevilla, über grobes Pflaster durch enge, gewundene Gassen mit wenigen vergitterten Fenstern, Wandlaternen an weißem Gemäuer, über das Kaskaden von Blüten regnen. Und dann sieht man plötzlich durch ein schmiedeeisernes Schmuckgitter in einen Patio mit einer

Fülle von Blumen, die in Blumentöpfen sorgsam auf dem Estrich stehen oder aber in kleinen Körben, teilweise stufenförmig angeordnet, die Mauern dekorieren. Manche Gassen sind so schmal, daß sich gerade zwei Mulis begegenen können. Und immer wieder hat man den Blick auf den Turm der Mezquita, der im Gewirr der Judería richtungweisend ist. In der Nähe der Moschee reihen sich basarähnliche Souvenierläden aneinander. Die schönste Straße ist die *Calle de las Flores*, eine mit Blumentöpfen verschwenderisch dekorierte Sackgasse, die man von der Nordostecke der Mezquita über die Calle de Velazquez leicht erreicht. Die Patios weisen verzierte Bodenplatten auf, die Eisengeländer sind an jeder Stufe der zum Oberstock führenden Treppen mit Blumentöpfen behängt, Kletterpflanzen bedecken die Wände, in den Höfen stehen Schöpfbrunnen, da und dort auch in Ziergestellen riesige Amphoren.

In der *Casa de las Bulas* (16. Jh.) befindet sich ein *Stierkampfmuseum* (*14;* geöffnet: 9.30–13.30 Uhr, Mai–Sept.: 17–20 Uhr, Okt.–Apr.: 16–19 Uhr), verbunden mit einer Schau des Kunsthandwerks, vor allem der für Córdoba typischen Erzeugnisse aus Leder und Silber. Diese werden auf dem ›Zoco‹ (Markt) unmittelbar vor dem Museum feilgeboten.

Calle de las Flores

Gang durch die Altstadt

Verteilt im Stadtbereich innerhalb der ehemaligen Ummauerung befinden sich zahlreiche historisch interessante Bauten, vor allem Kirchen, die am leichtesten von den Plätzen aus zu finden sind. In der Calle Barroso, nördlich der Judería, begegnet man nochmals dem maurischen Córdoba; denn die barocke Kirche *San Juan (15)* weist einen zierlichen Turm auf, dessen verwittertes Gemäuer bis zum Oberteil, das mit einem Schutzdach abgedeckt ist, das Aussehen des einstigen Minaretts bewahrt hat. – Von hier erreicht man unschwer die *Plaza José Antonio (16)*, das Zentrum des Geschäftsviertels, erkennbar am Reiterstandbild des Gran Capitán. Nördlich davon kommt man zur Kirche *San Miguel (17)*, einer Gründung Fernandos III., frühgotisch, mit einer schönen Rosette über dem Hauptportal, einer mudéjaren Südpforte mit gestreiftem Hufeisenbogen sowie einer sehenswerten Taufkapelle. Westwärts trifft man an der Avenida del Gran Capitán auf die Kirche *San Hipólito (18)*, deren stattlicher Turm überrascht, weil er einem Minarett gleicht; er stammt aber aus dem 15. Jh. Im Innern ist Valdés Leal, der Sohn der Stadt, mit einem ›Ecce Homo‹ vertreten.

Östlich vom Hauptplatz führt die Calle de Claudio Marcelo zum *Rathaus (8; 16. Jh.)*, neben dem man römische Reste zu einem kleinen Tempel formiert hat. Im Umkreis des Rathauses liegt die romanisch-gotische Kirche *San Pablo (19)*, eine Stiftung San Fernandos. Der Portalbogen ruht auf Kapitellen der Kalifenzeit. Wenn der Bau auch sonst viel Maurisches aufweist, liegt es an den Bauteilen aus Medina Azahara, das als ›Steinbruch‹ diente (vgl. Nr. 14). Die Wände im Innern sind mit Azulejos verkleidet, die Artesonadodecke gefällt durch ihre akuraten geometrischen Muster. Von Juan de Mesa stammt eine realistische Pietà, ›Virgen de las Angustias‹ genannt.

Durch die Calle de San Pablo und die Calle Santa María de Gracia erreicht man die ganz im Osten der Innenstadt gelegene Kirche *San Lorenzo (20)*, die durch ihre dreibogige Vorhalle, eine besonders fein ziselierte Rose und einen Glockenturm auffällt, dessen laternenähnlicher Aufsatz diagonal auf der Plattform des Turms steht. Die ursprünglich gotische Kirche wurde 1687 weitgehend barockisiert.

Wo die Carretera nach Madrid beginnt, südlich von San Lorenzo, empfiehlt sich der Besuch der Kirche *Carmen Calzado (21)* wegen des mächtigen *Retablo* von *Valdés Leal* aus dem Jahr 1658, der als sein wichtigstes Werk gilt (wenn man auch seine Bilder im Hospital de la Caridad in Sevilla höher schätzen mag; vgl. Nr. 1.9). Alt- und neutestamentliche Szenen und Einzelfiguren werden vom Tableau einer Schutzmantel-Madonna überragt, einem Gegenstück zu dem auch von Zurbarán und Fernández gestalteten Motiv.

Portal zur Kirche San Pablo

Begibt man sich in den Norden der Innenstadt, so erblickt man an der Westseite der Plaza de Colón (an dem sich auch der Malmuerta-Turm befindet) den gewaltigen Komplex des Deputationsgebäudes, das ehem. Kloster *La Merced (22)*, dessen hausartige Front durch ein üppiges Portal mit gedrehten Säulen und eine attraktive Barock-bemalung auffällt. Das Innere war vor Jahren ausgebrannt, doch den noblen zweistöckigen Patio mit Doppelsäulen und achteckigem Brunnen hat man wiederhergestellt.

Im Nordteil des alten Córdoba befinden sich drei weitere volks-tümliche Plätze: Die *Plaza de la Corredera (23; 18. Jh.)* ist ein riesiges Rechteck, nach allen Seiten durch vierstöckige, durchgehende Häu-serfronten abgeschlossen und dadurch eher der große Hof eines Vierflügelbaus. Der Platz erinnert in seiner ausdrucksstarken Ge-schlossenheit an die Plaza Mayor in Madrid. Früher loderten hier die Scheiterhaufen der Inquisition, auch fanden Stierhetzen statt. – An der *Plaza de los Dolores (24; Platz der Schmerzen)* rühmt man die Stille. In der gleichnamigen Kirche wird die ›Virgen de los Dolores‹ verehrt, eine Marienstatue mit mächtiger Goldkrone, echt wirken-den Tränen im glatten Antlitz und einem durchstochenen Herzen auf der geschmückten Brust. Ein Wahrzeichen Córdobas ist der auf dem Platz befindliche ›Cristo de los Faroles‹ (Christus der Laternen) aus dem Jahre 1794. Das steinerne Kruzifix wird von acht Leuchten umrahmt, die abends auf dem Platz ein geheimnisvolles Licht verbreiten. – Die *Plaza de Santa Marina (25)*, hat ihren Namen von der festungsartigen Kirche, deren mehrfach gestuftes Spitzbogenportal sich hinter weit vorspringenden Mauerstützen versteckt hält. Auf dem Platz steht das vielbeachtete Denkmal des 1947 bei einer Corrida von dem Kampfstier Islero getöteten Toreros Manolete. Das wenig geglückte Bronzemonument zeigt den Stierkämpfer auf hohem Sockel, vor ihm Männer mit Pferden in Marmor, dahinter Putten mit einem nach rückwärts blickenden Stierkopf.

Die Stadt besitzt eine Reihe von Adelspalästen, wenn auch nicht in der gleichen Dichte wie in Sevilla. Alle werden aber an Umfang und Pracht überragt von dem *Palacio del Marqués de Viana (26)*, der südlich der Kirche Santa Marina über die kurze Morales-Gasse erreichbar ist. Der stattliche Bau an der Stelle eines einstigen Kalifenpalastes besitzt 181 Räume und 13 Patios, davon 8 Innenhöfe. Der blumenreiche Haupthof wird von Spitzbogen-Arkaden umgrenzt, die auf ionischen Säulen lasten. Der Palast, der zeitweise (bei Abwesenheit der Familien) besichtigt werden kann, enthält antike Möbel, darunter ein Schlafzimmer Ludwigs XIV., und Gemälde spanischer und niederländischer Meister (u. a. Zurbarán, Goya und van Dyck).

Museo Provincial de Bellas Artes *(Museum der Schönen Künste)* **(27)**

Geöffnet: Tgl. 10.00–13.30 Uhr, April–Sept.: 16–19 Uhr, Nov.–Febr.: 15–17 Uhr, März und Okt.: 15–18 Uhr. So und Fei ab 14 Uhr geschlossen.

Andalusien nennt vier große Gemäldesammlungen sein eigen: nach der größten in Sevilla die Museen in Cádiz, Málaga und Córdoba, wo vor allem die dortige Schule aus dem 15., 16. und 17. Jh. vertreten ist. Schon das Gebäude ist museums- bzw. denkmalwürdig: das von den katholischen Königen gegründete *Hospital de la Caridad* (frühes 16. Jh.), dessen Portal mit alfiz-umrahmtem, breitem Rundbogen allerdings neueren Datums ist. Der hübsche Platz davor trägt den Namen *Plaza del Potro* (Fohlen-Platz), nach einem achteckigen Brunnentrog, in dessen Schale vier Löwenköpfe an einer geschuppten Amphore Wasser speien. Der Brunnen wird von einem springenden Fohlen bekrönt. Neben dem Portal des ehem. Hospitals hält eine Keramik-Plakette fest, daß *Cervantes* den Platz in seinem ›Don Quijote‹ und seinem ›Rinconte y Cortadillo‹ erwähnt; er soll im *Mesón del Potro* abgestiegen sein, einem an der Plaza gelegenen Gasthaus, das mit seinem bezaubernden Hof voller Blumen, Keramikteller und einer langen Holzgalerie heute noch besteht. Auch kann man von dem historischen Platz aus die von Fernando III. gegründete Kirche *San Francisco* betreten, die außer prachtvollen churrigueresken Verzierungen Bilder von Valdés Leal sowie Skulpturen von Alonso Cano, José Cano und Pedro de Mena aufweist.

Die großen Namen der andalusischen bildenden Kunst, darunter der Malerschule von Sevilla, findet man im Oberstock, wo vor allem im Mittelsaal Malerei der ersten Garnitur anzutreffen ist. *Zurbarán* ist erstklassig mit dem Bildnis des Kirchenlehrers und Bischofs von Mailand, St. Ambrosius, vertreten. Der Heilige trägt eine Kette goldgefaßter Edelsteine – Zurbarán hat immer gerne Schmuck dargestellt – und schreibt mit einem Federkiel in ein aufgeschlagenes Buch, und zwar der Inspiration folgend, die ihm der Hl. Geist in Gestalt der Taube eingibt; verklärt blickt der Dargestellte nach oben. Das Bild besitzt eine wunderbare Plastizität und einen eindringlichen Hell-Dunkel-Effekt. – *Murillo* ist mit einer ›Unbefleckten Empfängnis‹, dem immer wieder behandelten Thema, gegenwärtig. – Von *Ribera* sieht man eine gemüthaft wiedergegebene ›Hl. Familie‹; Maria stillt das Kind an ihrer Brust, Joseph schaut, an einen Baumstamm gelehnt, wohlgefällig lächelnd zu, zwei rubenshafte Putten, eher Eroten, pflücken Rosen ab, um sie über die Familien-Idylle zu streuen. – Von *Alonso Cano* besitzt das Museum einen ›Schutzengel‹, von dem ›göttlichen‹ *Morales* eine ›Pietà‹. – Die vielleicht wertvollsten Bilder im gleichen Saal stammen von *Goya*: die Porträts des später von Napoleon abgesetzten bourbonischen Königspaars, des behäbigen Carlos IV. und seiner häßlichen Gemahlin Maria Luisa von Parma, bei deren Anblick auf Goyas Bild man das Urteil Talleyrands versteht: »Ihre Geschichte ist ihr ins Gesicht geschrieben. Brauche ich mehr zu sagen?« Auch Goyas Förderer *Anton Raphael Mengs* aus Aussig fehlt nicht.

Ältere Meister findet man im Nebenraum. Einen ›Christuskopf‹ von *Alfonso Martínez* (1286) hat man 1890 in der Villaviciosa-Kapelle der Mezquita entdeckt; das Fresko wurde allerdings nicht ganz sachgemäß abgenommen. Ein Altaraufsatz von *Alfonso de Aguilar* (um 1500) stellt die ›Geißelung Jesu‹ dar; vor ihm liegt auf dem Estrich die Dornenkrone. Perspektivische Tiefe, bewegte Szenen im Hintergrund deuten auf toskanischen Einfluß.

Die Cordobeser Malerschule kann sich mit der von Sevilla nicht messen, doch besitzt sie Format, und im Museum am Ort wird man gerade ihr Augenmerk schenken. Die Bilder der örtlichen Künstler befinden sich in einem eigenen Saal des Oberstocks. Zu nennen sind Vater und Sohn Castillo, die während des spanischen ›Siglo del Oro‹ in ihrer Vaterstadt wirkten. *Agustín de Castillo* ist mit einer ›Dreifaltigkeit‹ vertreten, *Antonio* (1616–1668), selbständiger als der Vater, mit einer ›Kreuzigung‹: eine nächtliche Szene, Jerusalem im Hintergrund mondlichtbeglänzt, Maria ganz in grün, Johannes in Rot; man spürt die Lehre bei Zurbarán. – *Valdés Leal* und *Alejo Fernández* sind in

Sevilla so führend vertreten, daß man ihre Córdobeser Herkunft vergißt. Die ›Geißelung‹ von Fernández hat mehr Originalität als die frühere von Aguilar; der an die Säule gefesselte Christus ist von Stifterfiguren umgeben. Schon ganz dem Barock gehört Valdés Leals ›Jungfrau der Silberschmiede‹ an, ein großes Bild, das munter erzählt und viel zu schauen gibt: Putten schleppen, vom Himmel herunterpurzelnd, silberne Werkstücke herbei und legen sie zu Füßen Mariä nieder; ein Priester und ein Mönch sind Zeugen. Hier ist nichts von der Todesnähe zu spüren, die seine Bilder im Hospital von Sevilla kennzeichnen. – Ein weiterer Raum enthält flämische und italienische Kunst.

Im Patio des Museums der schönen Künste steht ein Barockbau, der als Annex das *Museo de Julio Romero de Torres* beherbergt. Der Maler (1885–1930) wurde hier geboren und hat hier gearbeitet; in seinem ehem. Atelier hängt seine Totenmaske. Hauptsächlich hat er Porträts, Allegorien und Akte mit olivgrüner Haut geschaffen, einmal sogar einen Skandal hervorgerufen. Seine Popularität am Ort versteht man kaum. Eine ganze Saalfront füllt seine Komposition ›El Poema de Córdoba‹: Frauengestalten unter neugotischen Kielbögen, deren Hintergrundprospekte bekannte Partien des Stadtbildes zeigen.

Museo Arqueológico *(Archäologisches Museum)* **(28)**

Geöffnet: Tgl. 10–13 Uhr; Jan.–Mai und Sept.–Dez. 16–18 Uhr, Juni–Aug. 17–19 Uhr. So und Fei nachmittags geschlossen.

Reicher noch als die Sammlung im Alcázar breitet das Archäologische Museum Exponate der Antike und des Mittelalters aus. Es ist im *Palacio de los Páez*, einem Renaissance-Palast, untergebracht, dessen figurenreiche Platereskfassade mit großem Wappenbild im Tympanon Hernán Ruiz schuf. In den Patios des Palastes sind Antiken aufgestellt, mythologische Marmorfiguren um einen Brunnentrog, zwischen Taxushecken, Rosensträuchern und Orangenbäumen, und im Geviert eines zweiten, von Arkaden umgebenen Hofes Kapitelle, Grabstelen, Säulenreste und Mosaiken. Die Säle sind im Uhrzeigersinn angeordnet. Saal 1 präsentiert *Vorgeschichte*, mit Kopien von Felsmalereien, Saal 2 *iberische Funde*, darunter Bronzestiere, wahrscheinlich Votivgaben, und eine primitive Hirschjagd aus Almodóvar del Río. In der *römischen Abteilung* stehen Büsten des Germanicus aus der julisch-claudischen Kaiserfamilie und von Mark Aurels Sohn Commodus, der sich für Herkules hielt und im Zirkus auftrat. Auch der doppelgesichtige Gott Janus ist vertreten. Ein schöner Mithras-Altar erinnert an den Kult, der mit dem frühen Christentum konkurrierte und den die römischen Legionäre im ganzen Imperium verbreitet hatten. Bestens erhalten ist ein sternförmig angelegtes Bodenmosaik aus La Valenzoleja. In den *Patio Romano* ist die originale Treppenanlage eines Rundbaus wirkungsvoll eingefügt.

Ein frühchristlicher Sarkophag hält Bibelszenen fast als Vollrelief zwischen korinthischen Säulen fest: u. a. das erste Menschenpaar und die Opferung Isaaks. Von der *westgotischen Zeit* künden Funde von Kreuzen aus Torredonjimeno.

Die Ausstellungsstücke der *islamischen Epoche* sind im Obergeschoß ausgebreitet: Das ›Paradestück‹, ein niellierter Bronzehirsch, kreisförmig ornamentiert, fand man in Medina Azahara (vgl. Nr. 14). Dargeboten sind ferner (Saal 7) eine Reihe von Holzkohlebecken, ein reich dekorierter und grünlasierter Ziehbrunnen mit umlaufendem Ajimeces-Fries, zahlreiche Mosaiken. Ein iberischer Steinlöwe ähnelt den Löwenplastiken der Alhambra in Granada, so daß man annehmen möchte, er gehöre eher dem maurischen Kulturkreis an.

14 Medina Azahara · San Jerónimo · Las Ermitas · Almodóvar del Río

Medina Azahara

Geöffnet: 9.30–13.00; 15.30–17.30 Uhr.

Wohl jeder, der Córdoba besucht und nicht mit der Zeit geizen muß, schließt einen Abstecher nach Medina Azahara mit ein. Die archäologische Stätte ist über die gleichnamige Ausfallstraße, die Autobahn nach Sevilla und dann auf einer rechts abbiegenden Seitenroute in einer Entfernung von 10 km zu erreichen. Bei der Ausfahrt sieht man bereits die Sierra de Córdoba, einen Ausläufer der Sierra Morena. Den Fuß der Hügelkette hatte der erste Kalif, *Abd ar-Rahman III.*, mit genialem Blick ausgewählt, um sich einen Palast zu erbauen, der sich die Stadt auf Distanz hielt, zugleich aber den Anspruch des von ihm geerbten und erweiterten Großreiches erfüllte. Es wurde eine Residenz, ja eine Residenzstadt daraus, die 20 000 Menschen fassen konnte und die Bewunderung der Zeitgenossen fand.

Noch um die Jahrhundertwende war von der weitgedehnten Palastanlage kaum etwas zu erkennen. Der Baedeker von 1906 schrieb, daß der nahe Konvent von San Jerónimo von den Trümmern der einstigen Märchenstadt erbaut worden sei, über die der 1631 gestorbene arabische Geschichtsschreiber Al-Makkari berichtet habe. Was damals noch bestand, hieß *Córdoba la Vieja* (Alt-Córdoba); der Glanz von einst war verschwommene Erinnerung. Zu Beginn des 20. Jh. erwachte das Interesse. In mehreren Ausgrabungskampagnen, die heute noch andauern, hat man durch Jahrzehnte genug ans Tageslicht gebracht, um eine gewisse Vorstellung von der ehemligen Anlage, ihrer Bausubstanz und ihres Luxus zu gewinnen. Es verdient höchste Anerkennung, wie sorgsam man die aufgefundenen Architektur- und Schmuckteile, oft nur Bruchstücke, zusammenfügt.

Medina Azahara

Zur Zeit der Blüte des Kalifats lag das für Abd ar-Rahmans ›Versailles‹ vorgesehene Gelände am Fuß des *Jebel al-arús* (Berg der Braut) keineswegs in einer verlassenen Gegend. Die Flußebene des Guadalquivir und das bewässerte fruchtbare Land bis zum Gebirge wies hunderte von Herrenhäusern und Hofgütern auf, die dem maurischen Adel gehörten. Eine arabische Inschrift, die im Palast um die Plinthe einer Säule läuft, gibt Auskunft über den Baubeginn: 19. Nov. 936. Der Gründer-Kalif nannte den Palast nach seiner Lieblingsfrau *Azahara* (Blume). Auf dem Haupttor Bab al-bubbá (Tor der Kuppeln) stand eine weibliche Figur, die für ein Abbild der ›Blume‹ ausgegeben wurde; wahrscheinlich handelte es sich aber um eine antike Statue.

Obwohl Abd ar-Rahman autoritär regierte, fühlte er sich doch bemüßigt, über die Höhe der Kosten eine Erklärung abzugeben: Aufgrund seiner weisen Kriegsführung brauche man keine Gefangenen loszukaufen, so daß die Summe nun der Finanzierung der neuen Residenz zugute komme. Der Sohn des Kalifen und spätere Nachfolger, *Al-Hakem (II.)*, führte die Aufsicht über die Bauarbeiten, an denen zeitweise 10 000 Maurer und Stukkateure mitwirkten und die über den Tod des Gründers hinaus 25 Jahre dauerten. Als führender Architekt wird *Maslama ben Abdallah* genannt.

Die Palaststadt des ersten andalusischen Kalifen wurde in drei langen Terrassen angelegt. Die oberste, die sich an den Fuß der Sierra anlehnt, mußte dem ansteigenden Gelände angeglichen werden. Der mit Pinien und Steineichen bewachsene Hang ist auch der Ausgangspunkt, von dem aus heutige Besucher von Osten her zum Ruinenfeld hinabsteigen, auf einem genau vorgezeichneten Rundweg, den man wegen der noch lange in Arbeit begriffenen Restauration verständlicherweise nicht verlassen darf.

Das gesamte Areal bildet ein Rechteck von 1,5 km Länge und 750 m Breite und umfaßt den Raum des größten Palastes, der je in Spanien gebaut worden ist. Bodenspuren ließen für die Ausgräber den Verlauf der doppelten, mit Türmen befestigten Umfassungsmauer nachweisen. Auf der obersten Terrasse, auf der die Ausgrabungen begannen, standen die Wohn- und Repräsentationsbauten des Kalifen; hier hatten auch die meisten Bauspuren die Zeiten überdauert. Inzwischen ist es gelungen, den *Saal der Botschafter* (Dar al-Mulk) durch Aufrichtung der Mauern, der Säulen, durch Zusammenfügung der Stuck-Relikte so wiederherzustellen, daß man beim Besichtigungsgang einen unversehrten originalen Bau vor sich zu haben glaubt. Die Marmorsäulen des dreischiffigen Saales lassen dem Aussehen nach ihre – nahe – Herkunft vermuten: Die himmelblauen stammen aus dem nahen Córdoba-Gebirge, die rosafarbenen aus der Sierra de Cabra im Süden der Provinz. Die Säulen tragen durchweg gestreifte Hufeisenbögen mit Stuckornamentierung; auch die Wände sind mit Blattmustern aus Stuck verziert. Kleinere Bögen führen beiderseits und an der Rückwand zu Nebenräumen.

In den Saal gelangt man durch einen Narthex, eine Vorhalle, deren Eingang durch 5 Hufeisenbögen gebildet wird. Die filigranartig gemeißelten ionischen Kapitelle des Saales selbst und des Portikus deuten auf byzantinische Vorbilder, wie ja auch beim guten Verhältnis zwischen Konstantinopel und Córdoba zur Kalifenzeit die Bestellung oströmischer Spezialisten anzunehmen ist. Das Zierbecken vor dem Dar al-Mulk, heute auch ›Salon Rico‹ genannt, war im Umriß erkennbar und wurde wiederhergestellt. Auf der obersten Terrasse standen, vom Kalifen aus der Nähe kontrollierbar, die wichtigen Gebäude der Streitkräfte und der Münze, an deren Wiederherstellung gearbeitet wird. Gerne sah der Kalif von seinem Palast aus den Exerzier-Übungen zu. Den Posten des Münzvorstehers bekleidete Almansor 20 Jahre lang, was erklärbar macht, daß er, obwohl zur Nachfolge nicht berechtigt, die Macht an sich reißen konnte.

Man weiß durch Protokolle von zahlreichen Empfängen ausländischer Gesandtschaften im Dar al-Mulk, vonseiten Konstantinopels, doch auch der christlichen Königreiche im Norden Spaniens, die den Kalifen in dynastischen Auseinandersetzungen um Parteinahme

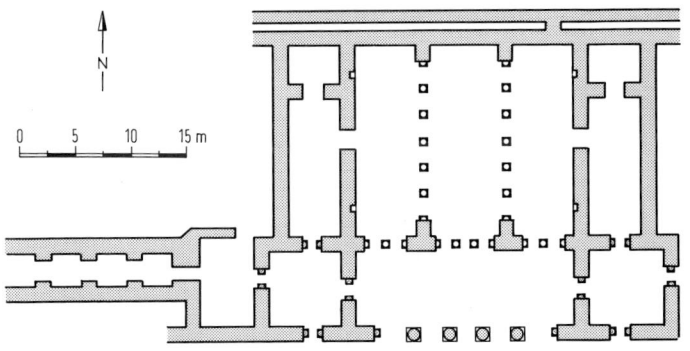

Königlicher Palast: Grundriß

baten. Der Empfang ging jeweils nach einem streng geregelten Zeremoniell vor sich, mit kaum erträglichen Wartezeiten und einem Gepränge, das an den byzantinischen Cäsaropapismus erinnert, um dem endlich vorgelassenen Besucher die Gottähnlichkeit des Kalifen vor Augen zu stellen. Johann von Gorze, der 956 mit einer Botschaft des deutsch-römischen Kaisers Otto I. in Medina Azahara weilte, gab einen ausführlichen Bericht. Für den regen schriftlichen Verkehr mit auswärtigen Potentaten benötigte der Kalif hunderte von Kopisten.

Die zweite Terrasse, die man nun beim Rundgang betritt, enthielt die *Gärten*, die im Zuge der Restaurierung wieder eindrucksvoll erstanden sind, mit einer Fülle teilweise exotischer Pflanzen. Zur Bewässerung hatte Abd ar-Rahman ein raffiniertes Kanalsystem angelegt, welches das Wasser aus den Bergen teilweise 15 km weit über Aquädukte und durch Tunnels in das Gartenparadies des Kalifen beförderte. Sowohl an den Quellen wie auch in der Medina selbst dienten Tierplastiken als Wasserspeier. Ein Steinelefant steht noch an der ursprünglichen Stelle in Caño Escavita. Ein Bronzelöwe aus Monzón de Campos gelangte in den Louvre, ein Bronzegreif ins Museo Civico in Pisa. Der Bronzehirsch im Archäologischen Museum von Córdoba diente ebenfalls als Wasserspeier in Medina Azahara. Ein zweites Röhrensystem galt der Ableitung von Abwässern in den Río Guadalquivir.

Nach zeitgenössischen Berichten befand sich in der Palaststadt auch ein *Gestüt*, der arabischen Pferde-Passion gemäß, und ein *Zoo* mit Elefanten, Giraffen, Zebras und Straußen, die manchmal durch Córdoba zogen und großes Aufsehen erregten. Solche Umzüge haben vielleicht den moslemfreundlichen Kaiser Friedrich II. angeregt, seinerseits auf Reisen eine Menagerie mitzuführen.

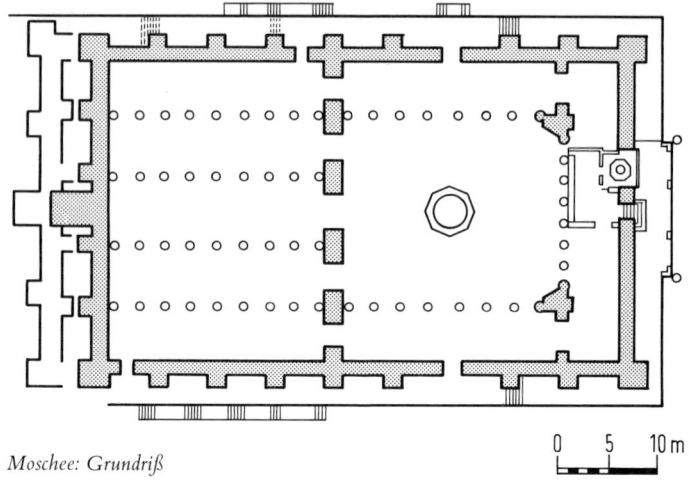

Moschee: Grundriß

0 5 10 m

Auf der Ebene der dritten, untersten Terrasse standen die Häuser des für den gewaltigen Apparat nötigen Personals, geradezu eine eigene Stadt. Medina Azahara war autark, das Notwendigste wurde am Ort hergestellt, bis zu Seidengeweben, ziselierten Waffen gleich den Damaszener Klingen und den Sonnendächern für die Höfe.

Die unterhalb des Königspalastes nachgewiesene *Moschee* mit 5 Schiffen wird restauriert. In kleinerem Format ähnelt sie der Mezquita.

Als die Omaijaden-Dynastie ihre Kraft verloren hatte, zerschlugen im Jahre 1010 berberische Söldner die Anlage. Wie bei anderen Bilderstürmern der Geschichte war für sie der Luxus des Palastes Gotteslästerung. Ein allgemeiner ›Ausverkauf‹ der Kunstwerte begann. Die Almohaden verwendeten 121 Kapitelle für die Fensternischen der Giralda. 1405 verkaufte die Stadt Córdoba das Gelände an den Hieronymiten-Orden. Im 16. Jh. war von den Trümmern so wenig erkennbar, daß Ambrosio de Morales, der Historiograph Philipps II., sie für römisch hielt. Erst Pedro Días de Riva bestimmte ihre maurische Herkunft. Doch man beachtete sie wenig; sie wurden vergessen. Einzelne Objekte wie Räucherpfannen, Zinnleuchter oder Ziervasen gelangten in die Museen der Welt. Dann begann in der 2. Hälfte des 19. Jh. die Rückbesinnung, die dazu führte, daß Medina Azahara wieder ans Licht des Tages stieg. Der Staat kaufte hierfür 143 ha Land auf. 1923 wurde die einstige, nun museal wieder auferstandene Märchenstadt der Kalifen zum Nationaldenkmal erklärt.

San Jéronimo de Valparaiso: ehem. Kreuzgang

San Jerónimo de Valparaiso: In einer Entfernung von 1,5 km gelangt man auf steilem Aufweg zum ehemaligen Kloster des Hieronymus-Ordens, der, nach dem Kirchenvater und Bibelübersetzer aus Cäsarea benannt, nur auf der Iberischen Halbinsel vertreten ist. Der portugiesische Mönch Vasco de Sousa gründete 1408 San Jerónimo de Valparaiso; die Abtei liegt wirklich in einem ›paradiesischen Tal‹. Vor allem sehenswert ist der *gotische Kreuzgang*, der als der schönste der Provinz bezeichnet wird. Der Brunnen in der Mitte wird von einer Tierfigur aus Medina Azahara bekrönt, die dem dort gefundenen Hirsch ähnelt (jetzt im Archäologischen Museum in Córdoba). Die hochragende, schmale Fassade besitzt ein krabbenbesetztes gotisches Portal und darüber einen barocken Okulus; der größte Teil des Klosters wurde zu Beginn des 18. Jh. erbaut. Der Turm ist mit bunten Fliesen belegt. Seit der Auflösung der Mönchsgemeinschaft 1835 gehört das Anwesen den Marquéses del Mérito, die es renovierten und mit wertvollem Mobilar ausstatteten. Bei Rückfrage ist Besichtigung möglich. Man zeigt noch die Wohnräume Isabellas I. Der Gran Capitán hatte im Alter von 20 Jahren um Aufnahme ins Kloster ersucht, was der Abt mit den Worten ablehnte: ›Gott hat dich zu Größerem bestimmt.‹ Hieronymitenmönch war hier der Geschichtsschreiber Morales, Biograph Philipps II.

Las Ermitas: Etwas bergauf liegen in einem Waldstück der Sierra de Córdoba die Einsiedler-Klausen Las Ermitas, in denen vor allem während der Almohadenzeit verfolgte Christen Zuflucht suchten. Einige der bescheidenen Klausen sind noch erhalten. Der Besuch der Stätte lohnt sich namentlich als Landschaftserlebnis.

Almodóvar del Río: Der Klischeevorstellung einer trutzigen mittelalterlichen Burg entspricht in idealer Weise Almodóvar del Río, das 24 km von Córdoba entfernt am rechten Ufer des Guadalquivir liegt. Von der am Flußufer vorbeiführenden Carretera und Bahnlinie ist das Kastell auf steilem Kegel mit seinen zahlreichen Türmen gut einzusehen; die stattlichsten (etwa 40 m hoch) sind die *Torres del Moro, La Cuadrada, La Redonda* und *La Escucha*

(Wachtturm). ›Der Christen Plage‹ hieß das Kastell, als es noch ein maurischer Alcázar war. Peter der Grausame benützte die Burg, die er umbaute, als Schatzkammer, doch er konnte nicht verhindern, daß ein ungetreuer Gefolgsmann den Schatz entwendete. Dicht an den Burgberg drängen sich die geweißelten Häuser des Ortes Almodóvar. Eine Straße windet sich zum restaurierten, ja überrestaurierten Kastell empor. Eindrucksvoll der Waffenplatz in der Mitte der Wehranlage.

15 Castro del Río · Baena

Castro del Río: Man erreicht die Stadt in südöstlicher Richtung auf der Straße nach Baena, die ungefähr dem Lauf des Guadalquivir-Nebenflusses Guadajoz folgt und diesen bei Santa Cruz überquert. Die Silhouette von Castro del Río ist durch die erhöht gelegene Kastellruine, die römischen Ursprungs ist, schon von fern zu erkennen. Auch Reste der römischen Stadtmauer blieben erhalten. Die Kirche *La Asunción* entstammt dem 16. Jh. Im Rathaus *(Casa Consistorial)* wird die Zelle gezeigt, in der Cervantes 1592 gefangen saß, weil er angeblich als Steuereinzieher von einem Geistlichen eine Weizenabgabe forderte, ohne von der Steuerfreiheit des Klerus zu wissen. Auch wird gesagt, er habe hier zumindest einen Teil des ›Don Quijote‹ geschrieben, ein lokaler Anspruch, den auch Sevilla und Argamasilla (La Mancha) erheben.

Baena: Das nahe Baena liegt malerisch an einem kahlen, felsenreichen Hügel, den die ehemals arabische Medina krönte. Dort erhebt sich der Bergfried der Burg, die dem Gran Capitán gehörte. Auch stehen in der Oberstadt einige Renaissance-Paläste, die vom Älter gezeichnet sind. Die Kirche des Klosters *Madre de Dios* (Muttergottes) ist seltsamerweise nach Norden ausgerichtet. Das Giebelfeld des spätgotischen Portals enthält als Relief die ›Verkündigung Mariä‹. Im Innern ist die gefaßte frühgotische Steinstatue ›Virgen de la Antigua‹ sehenswert; die Jungfrau hält statt des Granatapfels eine Birne in der Hand. Die dahinter liegende Pfarrkirche *Santa María Mayor*, vorwiegend gotisch, besitzt eine schöne Reja und eine schmiedeeiserne Kanzel. Eine andere Kirche ist *Nuestra Señora de Guadelupe* geweiht, der berühmten Wallfahrts-Madonna der Toledoberge. Die kleine Stadt mit ihren engen, weißen Gassen trägt orientalisches Mittelalter zur Schau und erinnert an Sidi Bou Said in Tunesien. Von der ehem. Stadtmauer steht noch die *Torre del Sol.*

16 Montilla · Aguilar · Lucena · Cabra

Montilla: Um nach Montilla zu gelangen, das im Flachland südlich des Río Guadalquivir liegt, benützt man erst die Carretera nach Sevilla, biegt aber nach 14 km nach links ab. Das *Muda Baetica* der Römer – Caesar lieferte hier den Söhnen des Pompejus eine Schlacht – wird von der Bahnlinie Córdoba–Malaga berührt. Einen guten Namen hat der dortige Wein, zumal der weiße ›Amontillado‹, den man früher sogar dem Sherry zugesetzt hat.
Auch Montilla besitzt an erhöhtem Platz eine *maurische Festung* auf Römerfundamenten. Der Hochaltar von Blas de Escobar im Kloster Santa Ana weist einen biblischen Figurenzyklus auf Pedro Roldán auf (1652). 1443 wurde hier der Gran Capitán geboren, den man gewöhnlich für einen Cordobesen ausgibt. Das Stammschloß sucht man vergebens; denn Ferdinand der Katholische ließ es aus nichtigen Gründen einäschern, als er sich mit seinem ruhm-

Almodóvar del Río: Kastell

reichen Feldherrn in dessen letzten Lebensjahren entzweit hatte. Unter den Palästen sticht der des *Inca Garcilaso* (1539–1616) hervor, Sohn eines Hidalgo und einer Inkaprinzessin, der zu den wichtigsten Chronisten des Entdeckungszeitalters zählt (›Comentarios reales de los Incas‹), seit 1560 in Spanien lebte und in Córdoba starb.

Aguilar: Eine typisch andalusische Stadt ist Aguilar, 9 km südlich von Montilla, mit einer ansprechenden achteckigen Plaza Mayor (Plaza San José), auf die 4 Torwege zulaufen. Die barocke Fassade der Kirche des *Convento de las Descalzas* (Kloster der Barfüßerinnen) ist angefüllt mit gedrehten Säulen, vergoldeten Gesimsen und Fresken. Von der Plaza aus steigt man zum Gipfel empor, auf dem der allvermögende Gran Capitán seinen Sitz hatte. Doch nur die Torre de Reloy (Uhrenturm) steht noch zwischen Ruinen.

Lucena: Die Stadt, auch von Baena aus erreichbar, hatte im Mittelalter eine stattliche Judería. Der Burgberg trägt ein zweitürmiges *Kastell*, in dem Boabdil 1483 gefangensaß, nachdem der Graf von Cabra ihn in seine Gewalt bekommen hatte. Durch ein Neutralitätsabkommen und Tributzahlungen kam er wieder frei, um dann neun Jahre später seinen Thron endgültig zu verlieren. Hinter dem unter Denkmalschutz stehenden Kastell liegt die Plaza Nueva mit der Pfarrkirche *San Mateo*, deren Renaissance-Retabel 19 Reliefszenen aus dem Leben Jesu aufweist. Das *Hospital de San Juan de Dios*, ein dörflich aussehender, weiß gestalteter Bau, hat im Gegensatz zur Kirche selbst ein prachtvolles Barockportal in doppeltem Aufbau mit korinthischen Säulen; der Kirchenpatron steht in einer Nische. Lucena ist bekannt für seine riesigen Tonkrüge *(Tinajas)*, die Weinfässer ersetzen.

Cabra: An der Verbindungsstraße zwischen Lucena und Baena liegt fast auf dem Gipfel eines Hügels die Stadt Cabra mit bedeutender *Schloßanlage* und einigen Kirchen von Belang, u. a. *San Juan Bautista*, eine der ältesten der Provinz und wegen ihrer Lage am Steilhang ›Iglesia del Cerro‹ (Kirche des Berges) genannt. Sie stammt aus dem 7. Jh., also aus westgotischer Zeit; während der Messe bedient man sich eines Glockenrads. Die ›Virgen de la Sierra‹ wird in einer 1200 m hoch gelegenen Kapelle verehrt, in einer großartigen Umgebung, die unter Naturschutz steht.

Die Provinz Jaén wird die Pforte von Neukastilien nach Andalusien genannt. Stößt die Nachbarprovinz Córdoba auch weiter nach Norden vor, so befinden sich hier doch die entscheidenden Übergänge über die grenzbildende *Sierra Morena*: die Carretera Madrid–Sevilla und der Schienenweg der Staatsbahn. Der Grenzpaß (1009 m) heißt *Puerta de Despeñaperros* (›Wirf die Hunde hinunter‹). Wahrscheinlich bezog sich das Wort auf die Mauren; denn der Paß war während der Reconquista öfter hart umkämpft. 15 km weiter südlich, bei *Las Navas de Tolosa*, fand 1212 eine der beiden Entscheidungsschlachten statt, in der die vereinigten Streitkräfte Kastiliens, Aragons und Navarras unter Führung Alfonsos VIII. das maurische Heer Al-Nasirs entscheidend schlugen, Voraussetzung für den Vormarsch Fernandos III. ein Menschenalter später und das Ende des almohadischen Kalifats von Córdoba.

Von drei Seiten wird die Provinz von Gebirgszügen umrahmt: der *Sierra Morena* im Norden, den *Sierras de Segura* und *Cazorla* im Osten und den *Sierras de Mágina* (mit 2165 m die höchste), *Huelma, Noalejo* und *Valdepeñas* im Süden. Nach Westen öffnen sich weite, fruchtbare Ebenen, die in die Flußebene des *Río Guadalquivir* übergehen. Andalusiens bedeutendster Wasserlauf entspringt im zerklüftet-schroffen, wildromantischen Cazorla-Gebirge. Unübersehbare Ölbaumkulturen breiten sich in der Provinz aus und bilden das größte Olivengebiet der Welt. Auf Jaéns roter Erde hat man 150 Mill. Stämme gezählt. Unter den Ölbäumen wächst Korn und Wein; dazwischen breiten sich als weiße Tupfen die Gutshäuser (Cortijos) aus.

17 Jaén

Die Hauptstadt der Provinz liegt am Fuß der *Sierra de Ibalcuz* und zählt heute 100 000 Einwohner. Im Vergleich zu den anderen führenden Städten der Region befindet sie sich etwas ›im Abseits‹, weist aber dennoch ein reges Leben auf. Sie bestand schon zur Zeit der Phönizier und der phönizischen Karthager. Hannibal hat sich aus der Umgebung (Castulo) seine Frau Imilko geholt. Die Araber nannten den Platz ›Geen‹ (Karawanenweg), woraus der heutige Name hervorging.

Der breite *Paseo de la Estación* (Bahnhofstraße) führt als Hauptachse zum urbanen Stadtzentrum. Auf der *Plaza de las Batallas* erinnert ein *Monument (1)* an die zwei Entscheidungsschlachten im Norden der Provinz: Las Navas de Tolosa und Bailén, wo Napoleon die erste Niederlage erlitt, wodurch sein Nimbus der Unschlagbarkeit verblich. Hügelauf erreicht man an der hochragenden Nordseite der Kathedrale entlang die durch Zierbecken und Beete verschönte *Plaza de Santa María*, von der aus man auf die imposante Fassade des gewaltigen Kirchenbaus blickt.

Die Kathedrale (2)

Geöffnet: 8–14 und 16–20 Uhr.

An ihrer Stelle befand sich während der Taifa, die dem almohadischen Kalifat von Córdoba unterstand, die Hauptmoschee, die nach der Einnahme Jaéns durch Fernando III. 1246 in ein christliches Gotteshaus umgewandelt wurde. Das heutige Gebäude, vorwiegend

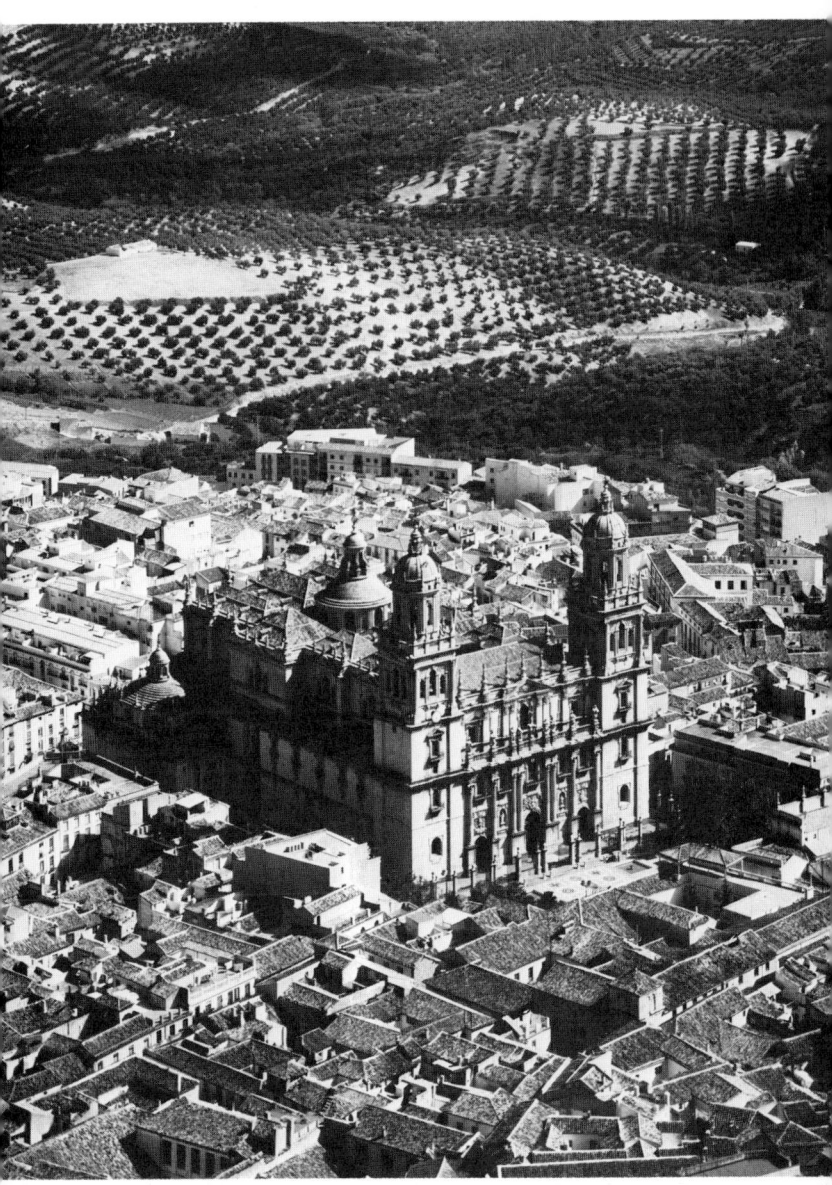

Jaén: Blick vom Kastell auf die Kathedrale und die Stadt 139

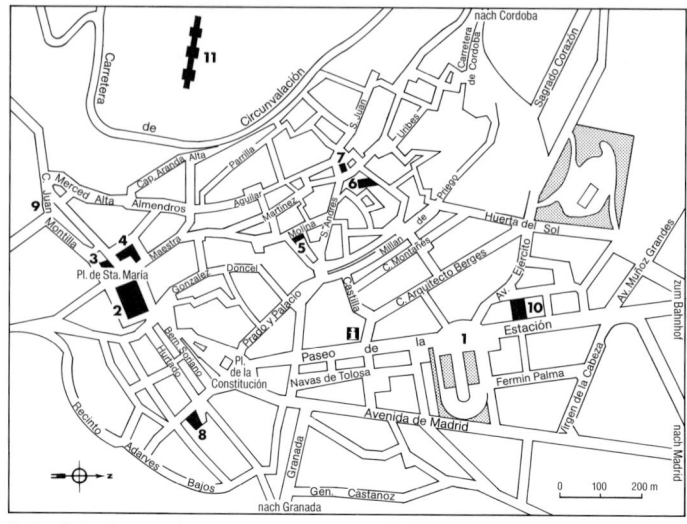

Jaén: Orientierungsplan
1 Plaza de las Batallas – 2 Kathedrale – 3 Rathaus – 4 Erzbischöflicher Palast –
5 San Bartolomé – 6 Capilla de San Andrés – 7 San Juan – 8 San Ildefonso –
9 Kloster der Unbeschuhten Karmeliter – 10 Museo de Bellas Artes – 11 Kastell

Renaissance, doch mit spätgotischen, platberesken und barocken Elementen, entstand ab 1512 nach Plänen des einheimischen Architekten *Andrés Vandaelvira*, doch vollendet wurde der Bau erst 1694.

Wuchtig wirkt die breit ausladende, goldgelbe *Fassade*, die von hohen, barock empfundenen gekuppelten Türmen flankiert wird. Römisch-antikes Gepräge hat die untere Partie der Kathedralfront mit ihren 8 korinthischen Säulen, die das Gesims des Oberteils tragen. Nachklang des Maurischen ist der Alfiz über dem *Rundportal (a)*, in der Mitte eine Putten-umschwirrte, zum Himmel aufsteigende Maria von Pedro Roldán. Im Oberteil nimmt San Fernando den zentralen Ehrenplatz ein, mit Schwert und Reichsapfel in Händen – dies sicher in Anlehnung an die deutsch-römischen Imperatoren des Mittelalters. In Jaén wird der kastilische König besonders verehrt, weil hier sein Siegeszug gegen das Kalifat der Almohaden begann. Zur Seite Fernandos postieren sich Heilige und Kirchenväter, in ihrer Gestik schon ganz barock. Man vergesse nicht, dem *Nordportal (b)* einen Blick zu schenken, wo Juan de Aranda, ein Meister der Renaissance, eine ins Gebet versunkene Maria mit innigem Ausdruck in eine Nische gestellt hat, ihr zu Füßen ein Gewirr von Engelsköpfen. Beiderseits stehen auf Sockeln zwei bärtige Männer in der Kleidung des 17. Jh.

Das *Innere* ist mit Kuppeln und Halbkuppeln überwölbt, die von Bündeln korinthischer Säulen getragen werden. Ein architektonisches Meisterwerk ist die *Vierungskuppel* Juan de Arandas zwischen *Capilla Mayor (c)* und *Coro (d)*. Reliefs in den Zwickeln stellen die Heiligen Michael, Jakob, Eufrasio und Katharina dar. Das Kuppelgewölbe wie auch die Laterne darüber haben je acht Fenster. Der *Hauptaltar* des Meisters Bartolomé ist der ›Tröstung Mariä‹ geweiht; Heilige umgeben die Gottesmutter. Der Coro ist berühmt wegen seiner *Reliefschnitzereien*, die alt- und neutestamentliche Szenen darstellen. Unter den Meistern wird auch ein Deutscher namens Gierero genannt. Auf einer der Rückenlehnen sind zwei pausbäckige Putten zu sehen, die ein Wappen emporheben; darauf sieht man Maria mit Kind auf einer Bank mit gotischen Krabben, obwohl die übrige Darstellung der Renaissance zugehört. Auch ist im Wappen die Stadt Jaén wiedergegeben und darüber ein Drache. Es handelt sich hier um die Anspielung auf eine lokale Legende: Einem Verurteilten sollte das Leben geschenkt werden, wenn es ihm gelänge, das Untier, das Jaén heimsuchte, zu erschlagen. Er füllte eine Schafshaut mit Schießpulver und versah sie mit einer Zündschnur; diesen Köder bot er dem

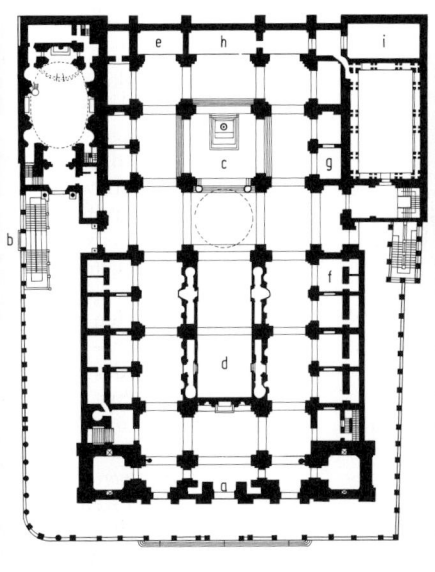

Kathedrale: Grundriß und Fassade

Kathedrale: Innenraum

Drachen an, der ihn schluckte und sich dadurch in die Luft sprengte. Von den 17 Kapellen verdienen einige Beachtung: In der *Capilla de San Fernando (e)* im Chorumgang ist der hl. König in ähnlichem Habitus wie an der Fassade dargestellt; Valdés Leal, der das Bild gemalt hat, gab im Hintergrund die Silhouette von Jaén wieder, so daß wir wissen, wie die Stadt im 17. Jh. ausgesehen hat. Das Bild ›Jungfrau der Schmerzen‹ in der *Capilla de la Virgen de los Dolores (f)* stammt von Meister Pancorbo. José de Mora schnitzte die Altartafel der *Capilla de las Angustias (g)*. Die größte Verehrung wird der *Capilla del Santo Rostro (h)* zuteil, in der eines der drei Schweißtücher der Veronika mit dem Antlitz Christi verwahrt wird; der Cordobeser Goldschmied Francisco de Valderrama fertigte den Schrein. Die Statue der Jungfrau in dieser Kapelle ist mit einem reichbestickten Mantel umhüllt; das Jesuskind läßt sich durch seine schwere Goldkrone nicht am Säugen behindern.

San Pedro de Osma erteilt im mittleren Bild des Altaraufsatzes im *Kapitelsaal (i)* den Segen. Die golden eingefaßten Gemälde des Retablo schuf *Pedro Machuca*, der Erbauer des Alhambra-Schlosses; als echter Renaissancekünstler war er vielseitig begabt, also auch Maler. Die Altarbilder im Kapitelsaal der Kathedrale von Jaén nehmen etwas vom Nazarenertum vorweg. Ganz oben zeigt Veronika in einem runden Goldrahmen das Schweißtuch. Die unterste Bildreihe stellt Schreibstuben des höchsten Klerus dar, mit Regalen, die mit Folianten bepackt sind.

Im *Kathedral-Museum (i)* befinden sich vorwiegend Werke regionaler Kunst, doch auch zwei Bilder von Ribera (›St. Matthäus‹ und ›St. Jakobus‹) sowie das ›Haupt des Täufers‹ von Valdés Leal.

Das *Rathaus (3)* gegenüber der Kathedrale bietet eine dekorative Front aus dem 17. Jh. dar. Der *Erzbischöfliche Palast (4)* gefällt durch seine Loggia nach italienischem Vorbild. Die Kirche *San Bartolomé (5)* am gleichnamigen Altstadtplatz (15. Jh.) nennt ein grünes Keramik-Taufbecken mit gotischem Schriftrelief ihr Eigen; ein Prozessions-Paso stammt von Montañés. Sehenswert ist die figurenreiche Reja des in Jaén geborenen Meisters Bartolomé in der *Capilla de San Andrés (6)* nahe der Plaza de San Juan; die Szenen, darunter ein ›Baum Jesse‹, haben Vorder- und Rückseite, da sie, gesondert hergestellt, zusammengeschweißt wurden. Die Kapelle enthält eine Reihe von Gemälden der florentinischen Renaissance, was sich daraus erklärt, daß der Stifter, Gutierre González Doncel, Schatzmeister der Medici-Päpste Leo X. und Clemens VII. gewesen ist. An der Plaza verdient die gleichnamige Kirche *S. Juan (7)* einen kurzen Halt, da ein mittelalterlicher Turm mit offenem Glockenträger über dem Tor-Spitzbogen die Zeiten überdauerte; in ihm tagten die Stadtväter unmittelbar nach der Rückeroberung.

San Ildefonso (8)

Von der Ostseite der Kathedrale aus gelangt man auf geradem Weg durch Altstadtgassen mit Hauslaternen, vergitterten Fenstern und

Miniaturbalkonen zur Kirche San Ildefonso, die nach dem auf der gesamten Halbinsel verehrten westgotischen Heiligen benannt ist. Sie hat drei Portale, die drei verschiedene Stile dokumentieren: eines im Stil Palladios, das man mit den jeweils zwei Säulen auf beiden Portalseiten schon als klassizistisch bezeichnen könnte, ein plateresques mit beachtlicher Figurenfülle, ganz oben Gottvater, und ein gotisches mit einer Schleife über dem Tor-Spitzbogen, welche Maria umkränzt. Von hohem Rang zeugt das Marienrelief des Altaraufsatzes im Innern: Leute blicken aus den Fenstern ihrer Backsteinhäuser und bestaunen Maria mit ihren Begleitern, eine in spätgotische Folklore transportierte biblische Geschichte.

Erwähnung verdient das *Kloster der unbeschuhten Karmeliter (9)*, eine der vielen Gründungen der Teresa von Ávila, weil sich hier das Original des ›Canto espiritual‹ (Geistlicher Gesang) von Juan de la Cruz befindet. Das religionsgeschichtlich bedeutende Manuskript, zugleich ein Gegenstand der Verehrung, wird täglich um 16 Uhr ausgestellt.
San Juan de la Cruz (Johannes vom Kreuz; 1542–1591), mit Ávila ebenso eng verbunden wie Santa Teresa, war Hymniker und Mystiker, der allnächtlich im Freien betete und ›die schönsten Liebesgedichte an Gott‹ geschrieben hat. Seine Heiligsprechung erfolgte 1675. Anläßlich der Kanonisierung wurde sein ›unverweslicher Leichnam‹ in einen Prunksarkophag umgebettet, der dem Repräsentationsbedürfnis der Kirche, doch nicht der demütigen Seele des Heiligen entspricht.

Museo de Bellas Artes (10)

Durch ein plateresques Portal betritt man das Provinzmuseum, das eine *Gemäldegalerie* und eine *archäologische Abteilung* enthält. Es liegt am Paseo de la Estación, nahe der Plaza de las Batallas mit dem Monument für die zwei Entscheidungsschlachten. Die Kunstsammlung besitzt einige Bilder von hohem Wert: u. a. ein Marienbild von *Alonso Cano* und ›Christus an der Geißelsäule‹ von *Pedro Berruguete*, einem der frühen Vertreter der großen Zeit spanischer Malerei. – Im archäologischen Teil steht ein frühchristlicher Sarkophag, der dem in Córdoba ähnelt, im Faltenwurf der Figuren aber gröber ausgefallen ist. Die Vorgeschichte ist durch Höhlenmalereien von Despeñaperros und aus der Cueva de la Granja (Jimena; Campo de Gibraltar) vertreten. Beachtenswert sind auch der iberische Stier von Porcuna und die iberischen Löwen aus Albánchez, (beide Provinz Jaén).

Castillo de Santa Catalina (11)

Das Kastell, neben der Kathedrale das markanteste Bauwerk von Jaén, liegt in einer Entfernung von 4,5 km hoch über der Stadt. Seine mächtigen Mauern und Türme sind von den meisten Plätzen aus zu sehen. Der berühmte Geograph Idrisi von Córdoba, der sich lange am normannischen Königshof in Palermo aufgehalten hat, erwähnte die Burg bereits als eine der größten von Al-Andalus. Von der *Torre de Homenaje* (Huldigungsturm) hat man einen grandiosen Blick auf die Stadt. Im Kastell ist heute ein Parador untergebracht.

Der Kern des Kastells stammt noch von den Nasriden und wurde 1246 am Tag der hl. Katharina (25. Nov.) von Fernando III. erobert, so daß der nun in christlichen Händen befindliche Wehrbau den Namen der Tagesheiligen erhielt. Die von dem Eroberkönig gestiftete Kapelle besteht heute noch; sie birgt die Schutzherrin von Jaén, die ›Virgen de la Capella‹. Barockengel tragen eine Wolke mit Mondsichel, auf der sich die Muttergottes erhebt, überaus prächtig gewandet mit Goldkrone und goldener Aura.

18 Linares · Bailén · Andújar

Die Bahnstation von Linares, an der Hauptstrecke Madrid–Sevilla, ist Ausgangspunkt zum Besuch von Linares selbst, das 5 km von der Station entfernt liegt, wie auch für die kunstgeschichtlich reichsten Städte der Provinz, Úbeda und Baeza. Es bestehen gute Busverbindungen.

Linares, eine Industriestadt mit 70 000 Einwohnern, geht auf eine Gründung griechischer Kolonisten zurück, die den Platz *Hellandes* nannten. Die Renaissance ist auch hier mit hervorragenden Bauwerken vertreten: u. a. die *Casas Consistoriales*, der *Palast der Markgrafen von Linares*, und die *Casa de las Cadenas*, in der sich im 17. Jh. das Münzamt Philipps IV. befand. Die Umzäunung durch Ketten (Cadenas) hat dem Gebäude den Namen gegeben.

Bailén, nordwestlich von Linares, ist nennenswert durch die entscheidende Schlacht vom 22. Juli 1808, in welcher der napoleonische General Dupont nach dem mißglückten Versuch, Andalusien zu erobern, mit seinem 1800 Mann starken Heer zur Kapitulation gezwungen wurde. Der spanische Sieger Javier Castaños y Arragori ist in der gotischen Pfarrkirche von Bailén beigesetzt; ein marmornes Flachrelief zeigt ihn im Bild.

Andújar: Hier wurde die Kapitulation Duponts unterzeichnet. Das Städtchen, von den Arabern *Altuja* genannt, liegt am Río Guadalquivir, nahe der Grenze zur Provinz Córdoba. Die Brücke über den Fluß geht, wenn auch oft erneuert, auf die Zeit der Römer zurück. Andújar besitzt ein hübsches, typisch andalusisches Stadtbild mit engen, gewundenen Gassen voll reichen Blumenschmucks. Als eines der schönsten Gebäude präsentiert sich die *Casa de Don Gome* in der Calle de Maestra. Bekannt ist die örtliche Keramikherstellung, vor allem die Jaras Grotescas aus lackierter Fayence mit Groteskfiguren. Bedeutendste Sehenswürdigkeit der Altstadt ist die Kirche *Santa María* (15. Jh.) mit plateresker Fassade. In der 2. Kapelle links findet man einen El Greco (›Christus am Ölberg‹). Pacheco ist in der Kirche mit einer ›Himmelfahrt Mariä‹ vertreten. Der Turm von Santa María (Torre de Reloj = Uhrturm) steht frei gleich einem Campanile. Unklar ist, ob er auf einen der Stadtmauertürme, ein Minarett oder einen mozarabischen Turm zurückgeht, zugehörig zur Kirche jener Christen, denen unter moslemischer Herrschaft der Gottesdienst nicht verwehrt war.

Gemeinsam mit Baeza wurde Úbeda 1975 anläßlich des Internationalen Jahres der Denkmalpflege vom Europarat mit dem Prädikat einer ›Musterstadt‹ ausgezeichnet. In der Tat ist die bereits 1234 vom christlichen Spanien den Mauren entrissene Stadt *Ubladat al-Arab* ein *Freilichtmuseum der Renaissance* mit Dutzenden von Adelspalästen, deren noble Fassaden, schmuckreich, doch ohne überladen zu sein, das Stadtbild bestimmen. Gleich Jaén verfügt Úbeda über einen Parador in einem ehemaligen Palast, der dem ersten Pfarrer der benachbarten Erlöserkirche, Fernando Ortega Salido, gehörte. Der *Parador* ist nach dem Kronfeldherrn (Condestable) *Fernando Dávalos* benannt, dem Günstling des kastilischen Königs Juan II. (1406–1454), der versucht hatte, das Königreich Portugal der kastilischen Krone zu unterwerfen und in der Schlacht von Aljubarrota kläglich unterlag. Der Parador liegt an der Plaza Vázquez de Molina, die rings von Palästen aus der Blütezeit Úbedas, dem 16. Jh., umgeben ist. Schlanke Säulen stützen die Arkaden beider Stockwerke des Innenhofs.

Die *Erlöserkirche*, in der Fernando Ortega Salido wirkte, wurde von *Diego de Siloé* entworfen und von *Andrés Vandaelvira*, auf den auch die Kathedrale von Jaén zurückgeht, in Gemeinschaft mit *Alfonso Ruiz* erbaut. Die Fassade wird von runden Ecktürmen mit pagodenartiger Bekrönung, niederer als die Kirchenfront selbst, in eigenartiger Weise flankiert. Über dem von jeweils zwei kannelierten korinthischen Säulen umgebenen Portal sieht man auf einem rechteckigen Relief den von knienden Mönchen angebeteten Erlöser (= Salvador) in einem Strahlenkranz. Der Südturm gleicht einem Minarett. Der Stifter der Kirche, Francisco de los Cobos y Molina, Sekretär Karls V., ist in der Krypta beigesetzt.

Das doppeltürige Portal von *San Pablo* wird von einem mächtigen, gestaffelten Spitzbogen mit leichtem Anflug eines Eselrückens eingerahmt. Elemente der Gotik und der Renaissance treten bei der Fassade des Jahres 1511 gemeinsam in Erscheinung. Ganz der Renaissance zugehörig sind die Engel, welche die von Gottvater gekrönte Maria des Tympanons umfliegen. Der Apostel Paulus mit Schwert und Buch steht auf einer Konsole des Mittelpfeilers, ihm zu Häupten ein gotisch gerippter Baldachin. Ein ganzes System gotisch ornamentierter kreis-, stern- und rautenförmiger Rippen, weist der Eingang zur *Capilla de las Mercedes* auf; die dadurch entstandenen Felder sind mit Figürlichem ausgefüllt: Engeln, Löwen und in der Mitte, von Engeln gehalten, die kastilische Königskrone.

Die Pforte der Klosterkirche *Santa Clara* vereint drei Bogen verschiedener Stile: der innerste ein mudéjarer Fächerbogen, darüber ein Zackenbogen nach der Art normannischer Kathedralen und

Erlöserkirche (San Salvador)

außen ein Muster, das an den antiken Eierstab erinnert. – *Santa María de los Reales Alcázares* wurde auf Fundamenten einer maurischen Festung errichtet, was den Namen erklärt. Das Portal der breiten Fassade ist von zwei offenen Glockenträgern umrahmt. Der Kreuzgang gehört noch der Gotik an. – Der Hochchor des *Oratorio de San Juan de la Cruz* (1627) steht an der Stelle, an der der Heilige 1591 starb. Ein Silberschrein enthält einige Reliquien; der Leichnam San Juans wurde auf Veranlassung einer Doña Ana de Peñalosa geraubt und nach Segovia überführt. – Die wuchtige *Kirche der Dreifaltigkeit* wirkt festungshaft; nur über dem Hauptportal konzentriert sich fast schon barocke Ornamentik.

San Nicolás nimmt den Platz einer Synagoge des 13. Jh. ein; Vandaelvira hat die Kirche entworfen. Bemerkenswert das reich mit Krabben verzierte gotische Südportal. Der schlichte Turm war früher der höchste Úbedas, wurde aber 1832 verkürzt, um seinen Einsturz zu verhindern. Die Capilla del Deán im Innern fällt durch reichen plateresken Schmuck auf. – Eigenartig wirkt das *Hospital de Santiago* durch zwei monumentale Türme, die an der Frontseite ein langgestrecktes, niedriges Gebäude einfassen.

Hatte ein Sekretär Karls V. die Erlöserkirche gestiftet, so ließ ein Sekretär Philipps II. den *Palacio de las Cardenas*, ebenfalls von Vandaelvira, errichten (heute Rathaus). Das untere Geschoß wird von korinthischen, das mittlere von jonischen Säulen gegliedert, während die Okuli des Oberstocks von Karyatiden umgeben sind. – Das *alte Rathaus* ist ein Kubus mit Arkaden, Blendarkaden und einer Loggia. – Balkonartige Eckfenster, von Marmorsäulen gestützt, findet man am *Palacio del Conde de Guadiana* und am *Palacio de Vela de los Cobos*. Eine Art Wahrzeichen für Úbeda ist der *Palacio del Marqués de Maucera* (16. Jh.), an dessen linkem Fassadeneck ein Mirador mit barocken Okuli und Wandschmuck angebracht ist.

20 Baeza

Nahezu 800 m hoch liegt Baeza, die Zwillingsstadt Úbedas, der sie in vielem gleicht: in der noch sichtbaren maurischen Vergangenheit, im Besitz von über 50 Palästen im Stil der andalusischen Renaissance, in ähnlich verlaufender Geschichte, in einer gewissen Noblesse, die das Landstädtchen über das Provinzielle hinaushebt. Man kann die wichtigsten Sehenswürdigkeiten, die von Baezas ›Goldenem Zeitalter‹ zeugen, bequem auffinden; denn sie liegen ohne große Entfernungen im Umkreis des *Paseo de José Antonio.*

Unmittelbar schließt sich die *Plaza del Pópulo* an, die rings von alten Gebäuden umgeben ist und auch *Plaza de los Leones* (Löwenplatz) genannt wird, nach dem Löwenbrunnen in der Mitte (1550). Die vier wasserspeienden Löwen, und die weibliche Figur auf dem Säulenkopf sind römisch und stammen aus der Zeit der Provincia Baetica, zu der *Vivatia*, das antike Baeza, gehörte. Es wird behauptet, das steinerne Bildnis habe sich ursprünglich im nahegelegenen Castulo befunden und stelle Hannibals Ehefrau Imilko dar, die dort geboren wurde. – An der einen Breitseite des Platzes erstreckt sich eine majestätische Fassade mit einer Galerie im Oberstock, die über die ganze Breite des mächtigen Bauwerks verläuft. Fast der einzige Schmuck ist das riesige Wappenbild Karls V. mit Doppeladler und Goldenem Vließ. Man ist überrascht zu erfahren, daß es sich um das ehem. Schlachthaus *(Carnicería)* handelt. Heute ist hier das Historische Archiv untergebracht. Am gleichen Platz befindet sich der zweigeschossige Bau des *ehem. Appellationsgerichts*, in dem sich platereske und mudéjare Elemente vereinen. Im Untergeschoß waren einst die Kanzleilauben der Stadtschreiber installiert.

In einer Ecke der Plaza de los Leones halten zwei aneinandergebaute Spitzbogentore der früheren Stadtmauer Ereignisse der örtlichen Geschichte fest: Durch die *Puerta de Jaén* zog Karl V. in Baeza ein.

Carnicería

Der *Arco de Villalar* erinnert an den Aufstand der für bürgerliche Freiheiten eintretenden Comuneros gegen den jungen Karl, der seinen Aufenthalt in Deutschland abbrechen mußte, um nach Spanien zurückzukehren, wodurch der deutsche Protestantismus eine Schonfrist erhielt. Die Comuneros wurden in der Schlacht von Villalar 1521 geschlagen, der Anführer Padilla und 73 Anhänger sofort enthauptet.

Auch nahe der Plaza de Santa María passiert man ein Portal der ehemaligen Stadtmauer, den *Arco del Barbudo*, der nach einem Großmeister des 1170 gegründeten Militärordens von Alcántara heißt. Der nach der Mutter Jesu benannte Platz ist der städtebauliche Gegenpol zur Plaza de los Leones. Auch hier bildet ein historischer Brunnen die Platzmitte, die von mehreren Säulen getragene, von einem Giebel bedeckte Fuente de Santa María. Zur Seite des Brunnens bildet die festliche Fassade der *Casas Consistoriales* von 1511 eine repräsentative Begrenzung des Platzes. Zwischen dreigeteilten spätgotischen Prunkfenstern sieht man die Wappenreliefs Philipps des Schönen und dessen Gemahlin Juana la Loca (Johanna die Wahnsinnige).

Kathedrale Santa María

An der oberen Flanke der Plaza de Santa María liegt die Kathedrale von Baeza, und zwar an der Stelle der ehem. Hauptmoschee, die etwa den Umfang des heutigen, sehr sehenswerten Kreuzgangs einnahm.

Teile des Minaretts sind am Fuß des Glockenturms erkennbar. Die Decke des schönen Innenraums weist verschlungene Rippen der Spätgotik und bemalte Medaillons der Renaissance auf. Der ganz in Gold gehaltene Hauptretablo besteht aus zwei Stockwerken, die durch gedrehte Säulen gleich einem Triptychon dreigeteilt sind, in der unteren Mitte die Statue Marias. Die Reja des Meisters Bartolomé ist ein hervorragendes Beispiel andalusischer Schmiede- und Dekorationskunst. An der Brüstung der metallenen Kanzel, einem Sechseck, sieht man die Apostel Paulus und Andreas, der auch am Hauptaltar erscheint, sowie vier Bischöfe Baezas, Engel und Stifterwappen. Der Kanzelfuß hält Szenen der Geschichte Samsons fest. Von der gotischen Vorgängerkanzel hat 1410 *San Vincente Ferrer* gepredigt, der Heilige aus Valencia, der in der halben christlichen Welt predigend reiste, für die Päpste von Avignon eintrat, in Spanien Mauren und Juden zu bekehren versuchte, im Notfall mit drastischen Mitteln, und 1458 heiliggesprochen wurde. Bewunderung verdient auch die Prozessions-Monstranz von Gaspar Nuño de Castro aus Alenquera (1700).

Palacio de los Marqueses de Jabalquinto

Geht man von der Plaza de Santa María die Calle de San Felipe ein kurzes Stück bergab, so steht man vor dem berühmtesten Profangebäude der Baezaner Renaissance, dem Palacio de los Marqueses de Jabalquinto, den der vielbeschäftigte *Juan Guas* erbaut hat; seine Handschrift ist unverkennbar, wenn man den Jabalquinto-Palast mit dem gleichfalls von Guas stammenden Prinzenpalast in Guadalajara vergleicht. Die Front des Baezaner Palacio ist mit ihrer Vermischung verschiedener baulicher Formen isabellinisch, doch mit Zutaten, die nur hier in ihrer Originalität anzutreffen sind. Die Fassade ist mit ›Picos‹ ornamentiert, spitz facettierten Steinen, die an geschliffene Diamanten erinnern, wie man sie im nördlichen Spanien sehen kann, doch nicht in Andalusien. Aber eine speziell andalusische Eigenart sind die Halbrundpfeiler an der Gebäudefront, die auf trichterförmigen Kapitellen Altane tragen und bis zur Zone der Loggia des Oberstocks reichen. Im Innern betritt man eine marmorne Monumentaltreppe mit einem mächtigen Löwenrelief zur Seite. Der Patio wirkt trotz seiner Ausmaße leicht und luftig, mit schlanken, eleganten Arkadensäulen. Im einstigen Adelspalast ist heute das *Seminario de San Felipe Neri* untergebracht.

Dem Palast gegenüber liegt die kleine Kirche *Santa Cruz*, deren Grundstein 1227, kurz nach der Rückeroberung, gelegt worden ist und die noch romanische Baubestandteile, so an den Portalen, aufzuweisen vermag.
Wenn man durch die Calle de la Compaña zur Plaza de José Antonio zurückkehrt, kommt man an zwei Renaissance-Bauten vorbei, die von der Bedeu-

Palacio de los Marqueses de Jabalquinto

tung der Stadt für den Handel im 16. Jh. zeugen: dem *Getreidedepot El Posito*, für einen Nutzbau unvermutet reich mit Wappen geschmückt, und der *Getreidebörse Alhóndiga* mit drei übereinandergesetzten Arkaden, die unteren beiden auf Bögen, die oberste auf Säulen gestützt.

Casas Señorales

Vom Hauptplatz findet man leicht zur *Calle de San Pablo*, die ebenfalls zur *Zona Historico-Artistica* gehört und vor allem durch ihre stattlichen Casas Señorales auffällt, mit berühmten Namen Baezaner Adelsfamilien, wie die Condes de Garcíez, die Cerónes, die Acuñas, die Cabreras. Ihre Häuser weisen zwar bauliche Varianten auf, doch läßt sich eine Grundform des örtlichen Renacimiento bestimmen. Die Bauten zeichnen sich durch ihre massive Größe und durch ihre Länge aus, wobei das Hauptaugenmerk auf der repräsentativen Ausgestaltung der Schauseite liegt. Doch die Architekten überschütteten sie nicht mit Dekor – der Palacio de Jabalquinto bleibt eine Ausnahme –, sondern ließen die Fassaden frei, bis auf die dominierenden Prunkfenster und die steinernen ›Visitenkarten‹ der Escudos (Wappen). Manchmal sind Balkonfenster an die Ecke gesetzt, doch dafür gibt es auch Beispiele in Extremadura. Ein kräftiges Mittelgesims unterteilt die Palastfront. Man liebt es, die massiven Bauten auf Arkaden zu stellen, und oft erscheint unterm Dach eine Loggia. Das mit Hohlziegeln abgedeckte Dach kragt ein Stück über und ist auf der Unterseite durch Konsolen oder Freskomalerei bereichert. Kaum ein Palast ohne Patio, kaum einer ohne mudéjare Attribute. So zeichnet sich der *Palacio de los Condes de Mejorada* durch den gefächerten Hufeisenbogen des Portals, die ziselierte Wandbehandlung und Aljimeces-Fenster aus, diese gleichfalls mit Fächerbögen. Wenn man sich an den Casas Señorales auch mit Dekor zurückhält, so bringt man ihn dennoch mit Vorliebe an der Portalzone an, plateresk oder im Mudéjar-Stil. Gerne setzt man auf die rechteckige Umrahmung eines Portals ein zweites, kleineres Rechteck, das Gelegenheit für eine Reliefgestaltung gibt. Als Modell der örtlichen Renaissance wird der *Palacio de Vandaelvira* angesehen; zwei Krieger halten über der Pforte ein Wappenschild. Die Hidalgos, die sich diese Stadtschlösser hielten, stammten von Familien ab, die für ihren Einsatz während der Reconquista reichlich mit erobertem Land belohnt worden sind oder von der Handelsblüte im 16. Jh. profitierten. Reizvoll kontrastiert mit der Pracht der Paläste der in vielen Partien Baezas vorherrschende ländliche Stil, eine Schlichtheit des Bauens, die in den Soportales zum Ausdruck kommt, straßenlangen Kolonnaden, deren Balkendecken auf einfachen Viereckpfeilern ruhen.

Unter den Sakralbauten Baezas kommt *San Andrés* eine besondere Bedeutung zu. Der Haupteingang der ganz im Norden gelegenen Kirche ist mit Groteskmasken und Kerzenleuchtern dekoriert. Andreas steht in einer mit Schnörkelwerk verzierten Mittelnische. Das einschiffige Innere ist modern und nichtssagend renoviert. Doch birgt die Kirche 9 gotische Tafeln des 15. Jh. im Chor, die, mehr Volkskunst als Kunst, Neutestamentliches von der ›Gefangennahme Christi‹ bis zu ›Mariä Himmelfahrt‹ wiedergeben.

Zwei Gotteshäuser sind nur noch in Ruinen erhalten: die Pfarrkirche *El Salvador* im sog. Araberviertel sowie, nahe dem Zentrum, die Kirche des Konvents *San Francisco.* Ein Erdbeben zu Beginn des 19. Jh. hat den Konvent einstürzen lassen; zudem benützten die napoleonischen Truppen die Räume als Pferdeställe. Das Hauptportal besitzt zwei dorische Säulenpaare, darüber die Wappen der Stifter. Ein rechteckiges Relief über der Pforte zeigt den Ordensgründer bei der Anbetung des Gekreuzigten. Die gesamte Portalzone ist von einem haushohen Bogen umrahmt. Der Aufsatz des Hochaltares zeigt über dem Terzett dreier Nischen Reliefs mit der Anbetung der Könige und der Hirten. Da die Capilla Mayor ein Torso ist, kann man durch das Triforium oberhalb der Altarwand in die freie Landschaft sehen.

Um die Ecke der Calle de San Francisco gelangt man zu einem Renaissancebau, der mit seinen mächtigen Fenstern und dem großen Wappen Karls V. nicht ausgelassen werden darf: Es handelt sich um das *Rathaus*, das früher ein Karzer war – nicht schmeichelhaft für die Magistratsbeamten.

Martos: Die Provinz Jaén ist besonders reich an Kastellen, von denen die meisten bereits aus maurischer Zeit stammen. Verständlich, da am oberen Río Guadalquivir und seinen Nebenflüssen Guadiana Menor, Guadalén und Guadalbullon heftig gekämpft wurde. Hier begann der Siegeszug Fernandos III. nach Córdoba und Sevilla, hier war Hauptkampfgebiet vor der Einnahme von Granada. Die malerische Stadt Martos, knapp 20 km westlich von Jaén, weist gleich zwei Burgen auf: die Ruine von *Pena de los Carvajales* auf einem schroffen Felsenriff sowie eine gut restaurierte *Wehranlage* mit hohem Bergfried auf einem bewaldeten Hügel mitten im Stadtbereich. Daneben steht die isabellinische Kirche *Santa María de la Villa*, die auf einen Bau aus dem 13. Jh. zurückgeht. Das ansehnliche *Rathaus* von 1577 war früher Gefängnis. Festungsartig wirkt das von Säulen flankierte Portal, dessen Tür mit großen Nägeln beschlagen ist, eine Eigenheit, die auf die Araber zurückgeht. Die *Fuente Nueva* aus der Barockzeit ist ein sog. ›Pilar‹, ein öffentlicher Brunnen mit breitem Becken und wappengeschmücktem Aufbau dahinter.

Als die Nasriden Martos eroberten, fiel die Tochter des christlichen Gouverneurs, *Isabel de Solis*, in ihre Hände. Sie wurde die Lieblingsfrau Muley Hassans, des Vaters von Boabdil, was zu jenem Familienzwist führte, der den Untergang des maurischen Königreichs von Granada samt seinem Herrscherhaus zumindest beschleunigte (vgl. S. 156).

Alcalá la Real: Auf dem Weg nach Granada lohnt sich ein Stop in Alcalá la Real, das nahe der Grenze zu den Provinzen Granada und Córdoba liegt und sich gleichfalls eines besichtigungswerten Kastells erfreut. Die von den Mauren begründete *Fortaleza de la Mota* auf steilem Berg war einst Sitz des Grafen von Tandilla, der nach der Einnahme Granadas das Amt des ersten Gouverneurs der Alhambra bekleidete; ihm unterstand auch das Gebiet zwischen Granada und Jaén. Das Kastell war vor dem Sieg über die Granadiner Mauren zugleich Fluchtburg, in der viele christliche Gefangene, die ihrer Haft entkamen, Zuflucht fanden. Auf den Wachttürmen, die auf Anhöhen aufgestellt waren, entzündete man Leuchtfeuer zur Orientierung der Flüchtigen. Durch einen Hufeisenbogen betritt man das Kastell, in dessen Hof eine Kapelle des Jahres 1520 steht. Der besteigbare Glockenturm gibt den Blick bis zur Sierra Nevada frei. Am Burgberg bieb die Ruine der Kirche *Santo Domingo de Silos* (16. Jh.) erhalten, in der Stadtmitte die Kirche *Santa María de las Angustias*, in der sich der Taufstein befindet, aus dem *Juan Martínez Montañés* 1568 die Taufe empfing. Die Statue des 1649 in Sevilla verstorbenen Bildhauers und Baumeisters steht vor dem nahen Rathaus, den ehem. *Casas del Cabildo* (Ratsherrensitz) mit klassizistischer Front, dekoriert mit Kartuschen (Waffen-Ornamenten) und Masken.

22   Segura de la Sierra · La Iruela

Im Osten der Provinz Jaén liegen romantische Gebirgszüge, dazwischen die zu Seen aufgestauten Flüsse *Guadalquivir* und *Guadalimar.* Mit 1830 m ist die *Sierra de Cazorla* der höchste Gebirgsstock, ein Naturschutzgebiet von großer landschaftlicher Schönheit, ein Wildreservat und Vogelparadies. Die Zeilen der Ölbäume dringen bis in entlegene Täler. *Scipio*, der größte Feldherr Roms vor Caesar, hat hier mit dem Numidier *Massinissa* gefochten, und genialer als seine Siege war das Geschick, den Reiterführer endlich auf seine Seite zu ziehen, eine der Voraussetzungen des römischen Triumphs über Hannibal im 2. Punischen Krieg. Fernando III. machte die Gebirgsstadt *Cazorla* zur Haupt-

Alcalá la Real: Fortaleza de la Mota

stadt des Bistums Toledo, nachdem der kriegerische Bischof Jimenez de Rada, Mitstreiter bei Las Navas de Tolosa, die Stadt nach mehrfachem Frontenwechsel den Ungläubigen entrissen hatte.

Weit verstreut in der Gebirgslandschaft um Cazorla liegen zahlreiche pittoreske Dörfer, weißgestrichen, geduckt, eng und gewunden, von denen mehrere überraschend den Koloß eines Alcázar aufweisen.

Segura de la Sierra: Der hochgelegene Ort, nahe der Straße, die von Linares aus durchs Gebirge zieht und bei Albacete auf die Straße nach Madrid trifft, wirkt arabisch, vor allem die Calle del Baño Moro. Daß Segura mehr war als Ackerbauerndorf, lassen die zahlreichen Wappen über den Toreingängen erkennen. Das zinnenreiche, neuerdings renovierte Kastell war einst Hochburg des Taifa-Königtums, das Abul-Asvar 871 gewonnen hatte. Christlich geworden, unterstand es dem Santiago-Orden, einem der drei großen Militärorden der spanischen Reconquista – Calatrava, Alcántara, Santiago –, dessen Kreuz man in Segura mehrfach sieht. Von hier aus wurde mit Hilfe Santiagos Murcia erobert und verteidigt. Kunstgeschichtlich bedeutsam sind die *Parroquia de Nossa Señora de Collavo*, das *Alte Jesuitenkolleg* (h. Rathaus), mit platereskem Portal, die *Fuente Carlos I.* (Karl V.), kolossaler noch als die in Martos, mit Kielbögen über den Wasserröhren und einem mächtigen Aufbau mit korinthischen Säulen. Diese Art Brunnen haben ihren Weg gemacht bis nach Lateinamerika, wo man sie Chefarizes nennt. – Prachtvoll ist vom Burghügel der Blick auf die Berge von Segura und Cazorla, auf das Guadalquivir-Tal und die Sierra Morena. Ein Chronist des 15. Jh. hat von dem 1300 m hoch gelegenen Kastell Seguras gesagt, es sähe aus, als stünde es im Himmel.

La Iruela: Das Gleiche könnte man von der ehemals maurischen Burg von La Iruela sagen, die, nicht weit von Cazorla entfernt, hoch über den kubischen Häusern des Gebirgsdorfes auf einem senkrecht in die Höhe ragenden Felsen liegt, so daß man kaum annehmen möchte, daß sie einnehmbar wäre. Die Tempelritter hielten die Stellung im ›Castillo roquero‹, und als der Orden durch Machenschaften der Krone Frankreichs zu Beginn des 14. Jh. aufgelöst wurde, lebten die Templer von La Iruela als Montesa-Ritter fort.

In der Sierra befindet sich die *Brücke von Herrerías*. Sie hat nur einen Pfeiler. Man sagt, sie sei in einer einzigen Nacht gebaut worden, um Isabella der Katholischen während der Kampagne gegen Granada den Weg zu erleichtern.

H. DIE KUNSTDENKMÄLER DER PROVINZ GRANADA

23 Granada

Lage: Granada besitzt eine ideale Lage, sowohl aus geographisch-ökonomischer Sicht als auch strategisch und vom Standpunkt der ›vue romantique‹. Die Hauptstadt der gleichnamigen Provinz liegt am nordwestlichen Rand der schneebedeckten *Sierra Nevada*, Spaniens höchstem Gebirge (3481 m), das einen grandiosen Hintergrundprospekt bildet. Durch südliche Stadtbezirke windet sich der *Río Genil*, der weit im Westen, bei Palma del Río (Provinz Córdoba), in den Río Guadalquivir mündet. Die breite Flußebene des Genil ist gut bewässert und fruchtbar. Im Osten erhebt sich der bewaldete *Cerro del Sol*; auf einem vorgelagerten Plateau breitet sich Granadas bauliches Kleinod, die *Alhambra*, aus, deren Gemäuer bis zum *Monte Mauror* im Süden reicht. Im Norden liegt die Anhöhe von *Albaicín*, Ort der frühesten Besiedlung, des iberischen *Iliberis*. Zwischen Albaicín und Alhambra-Hügel gräbt sich das tiefe, felsige Bett des *Río Darro* ein, der weiter westlich unterirdisch, unter dem Stadtbezirk, zur breiten Vega geleitet wird, wo er sich mit dem Genil vereint. Die Topographie der drei Höhen, über die sich ein großer Teil Granadas ausdehnt, vergleicht man mit den drei Teilen eines aufgesprungenen Granatapfels. Man rühmt Granada, seine Lage und seine Schätze mit einem Ausspruch, der dem Lob Sevillas ähnelt: »Quien no ha visto Granada/No ha visto nada.«

Granada: Orientierungsplan
1 Alhambra – 2 Kathedrale/Capilla Real – 3 Alcaicería – 4 Santa Ana – 5 San Jerónimo – 6 San Juan de Dios – 7 La Cartuja – 8 Casa de los Tiros – 9 Albaicin – 10 Sacromonte

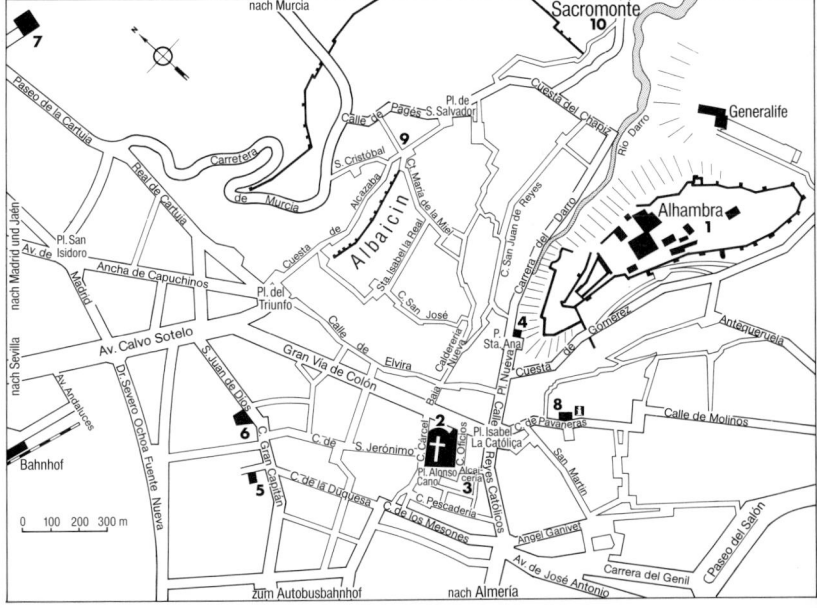

Geschichte

Das iberische, römische, westgotische Granada spielte eine nur untergeordnete Rolle. Erst die Mauren machten sich die Vorteile der Lage zunutze. Nach dem Sturz der Omaijaden Córdobas gründete einer ihrer Vizekönige die grandinische Dynastie der *Ziriden.* Der letzte des Geschlechts, *Abdallah ben Badis*, wurde 1090 von den cordobesischen *Almoraviden* abgesetzt. Sie und ihre Nachfolger, die *Almohaden*, waren die neuen Herren Granadas, bis nach der Schlacht von Las Navas de Tolosa (Provinz Jaén) 1212 der Untergang des almohadischen Kalifats von Córdoba eingeleitet und mit der Einnahme der Kalifenstadt 1236 besiegelt wurde.

Die Bedrängnis der Almohaden nützte ein Usurpator, *Mohammed Alahmar*, zur Gründung einer neuen Granadiner Dynastie aus, der *Nasriden*, die als Taifa-Könige von 1232–1492 trotz vieler Zwiste am Ruder blieben. Da Mohammed (I.) erkannte, daß er sich gegen die siegreichen christlichen Heere nicht behaupten konnte, verbündete er sich mit dem kastilischen König Fernando III. gegen die eigenen Glaubensbrüder, als geschickter Unterhändler oder auch maurischer Renegat – wie man es sehen will. Der Nasride zahlte an die kastilische Krone Tribut und leistete Fernando militärische Schützenhilfe bei der Einnahme Sevillas 1248. Er war sich der Fragwürdigkeit seiner Handlung bewußt; denn als das Volk ihn nach der Rückkehr jubelnd als Sieger begrüßte, sagte er resignierend: »Es gibt keinen Sieger außer Allah«.

Die Gnadenfrist, die der Taifa von Granada durch das maurisch-kastilische Bündnis gewährt war, ermöglichte die letzte und vielleicht großartigste Blüte islamischer Kunst und Kultur auf spanischem Boden. *Mohammed I.* legte in seiner Hauptstadt den Grundstein zur einzigen in ihrer Ganzheit erhaltenen Palastanlage der moslemischen Welt, der Alhambra. Von *Mohammed* stammt der private Trakt im Osten, *Jussuf I.* (1333–1354) fügte den Comares-Turm und die Bäder (Baños Reales) hinzu, und *Mohammed V.* (1354–1359; 1362–1391) ließ den schönsten Teil, den Löwenhof, errichten. Die Alhambra blieb bis zuletzt königlicher Sitz der maurischen Herrscher Granadas, »wo diese, mit dem Glanz und der Verfeinerung asiatischen Wohllebens umgeben, über jene Gebiete herrschten, die sie als ein irdisches Paradies rühmten« (Washington Irving).

Die Verständigung mit Kastilien nahm im Verlauf des 15. Jh. ein Ende. Es setzten wieder Plänkeleien ein, die dann, nachdem die Katholischen Könige durch ihre Vermählung 1469 Spanien vereinigt hatten, zu einem regelrechten Feldzug im Zeichen des Kreuzes ausweiteten, mit dem Ziel, den letzten islamischen Brückenkopf zu liquidieren. 1482 fiel Alhama de Granada, eine Schlüsselposition der Hauptstadt, wodurch die lebensnotwendige Verbindung zur Küstenstadt Málaga abgeschnitten war. 1485 fiel Málaga selbst. Das Nasridenreich bestand jetzt nur noch aus der Residenz am Río Genil, ähnlich wie das oströmische Reich in der Agonie seines Endkampfes um Konstantinopel. In dieser für das letzte Maurenreich unseligen Phase entbrannte unter den Nasriden ein dynastischer Streit. König Muley Hassan (1461–1485) erwählte die Spanierin Isabel de Solis, die als Kind in Gefangenschaft geraten und mohammedanisch erzogen worden war, zu seiner Favoritin; sie erhielt den Namen Soraya. Der König schenkte ihren Verdächtigungen eines Komplotts der legitimen Gemahlin Aischa und deren Sohn Boabdil Gehör, so daß er beide im Comaresturm der Alhambra einsperrte. Es gelang Aischa, ihren Sohn an zusammengeknüpften Schärpen aus dem Fenster hinabzulassen. Boabdil setzte seinen Vater ab und bestieg selbst den Thron.

Als die Katholischen Könige vom nahen Santafé aus 1492 Granada belagerten und Boabdil zur Übergabe geneigt war, soll seine stolze Mutter zu ihm gesagt haben: »Dies alles, seht es Euch an, wollt Ihr preisgeben. Und bedenkt auch,

Alhambra: Palacio Real, Alcazaba, Palast Karls V.

daß alle Eure Vorfahren als Könige von Granada gestorben sind!«Im November 1491 lieferte der letzte Nasride die Stadtschlüssel aus und unterzeichnete die Übergabe. Boabdils Wunsch, das Tor, durch das er seine Residenz verließ, möge nie mehr durchschritten werden, respektierte die spanische Königin, indem sie die Pforte vermauern ließ. Der entthronte Maurenkönig nahm seinen Weg mit Mutter und Gemahlin zum Alpuxarra-Gebirge im Süden. Von einer Höhe unterwegs warf er einen letzten Blick auf die Alhambra; der Ort heißt »La Cuesta de las Lagrimas« (›Die Höhe der Tränen‹). Aischa soll zu ihrem Sohn gesagt haben: »Du tust wohl, daß du wie ein Weib beweinst, was du als Mann nicht verteidigen konntest.« Ein anderer Punkt auf der Route zum Gebirge, in dem Boabdil noch eine Zeitlang zubrachte, trägt den Namen ›El ultimo Suspiro del Moro‹ (›Der letzte Seufzer des Mauren‹). Karl V., der später einige Monate mit seiner jungen Gemahlin in der Alhambra wohnte, äußerte über Boabdil: »Wäre ich er oder er ich gewesen, so hätte ich die Alhambra eher zu meinem Grab gemacht, als daß ich ohne ein Königreich in der Alpuxarra gelebt hätte.« Der letzte Herrscher von Granada fiel 1527 in Marokko im Kampf gegen den dortigen Sultan.

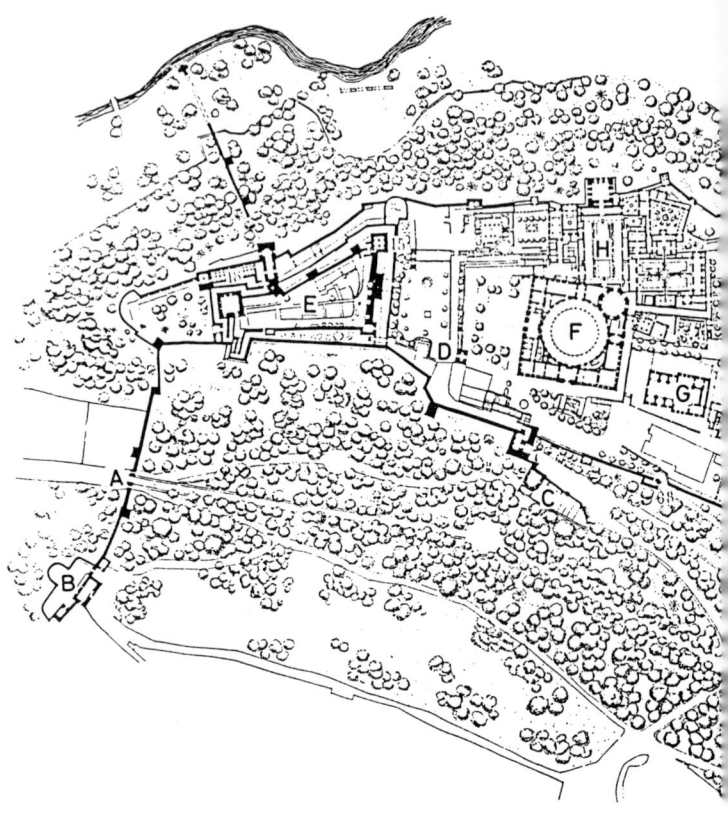

Alhambra: Orientierungsplan

A Puerta de las Granadas – B Torres Bermejas – C Puerta de la Justicia –
D Puerta del Vino – E Alcazaba – F Palast Karls V. – G Santa María de la
Alhambra – H Nasridenpalast (Palacio Real) – I Jardines del Partal – J Palacio
de las Damas – K San Francisco – L ehem. Oratorium – M Torre de los Picos –
N Torre de la Cautiva – O Torre de las Infantas – P Generalife

Die Alhambra (1)

Geöffnet: 9.30 Uhr (im Winter 10 Uhr) bis Sonnenuntergang. Nächtliche Führungen Di, Do, Sa sowie 1. und 15. eines jeden Monats von April–Sept. von 21–24 Uhr.

Urbanes Zentrum des historischen Stadtkerns von Granada ist die *Plaza Isabel la Catolica*, ein Platz, der zur Orientierung gute Dienste leistet. Schnurgerade zielt die verkehrsreiche Gran Via de Colón auf die Plaza zu, in deren Mitte das historisch-romantische Bronzemonument der sitzend und gekrönt dargestellten Isabella I. steht, wie sie Kolumbus empfängt, ein folgenreicher Empfang, der sich ja 1492 in der Bannmeile um Granada abgespielt hat. Wenige Schritte nach links gelangt man zu den Grünanlagen der *Plaza Nueva.* Die einzige

Abzweigung nach rechts ist die aufwärtsführende *Cuesta de Gomerez*, die bald die Häuserzeilen hinter sich läßt und in einen parkartigen, von Bächen und Teichen durchsetzten Talgrund mündet, wo sie sich dreigeteilt fortsetzt. Der linke Verkehrsweg führt am Hügel der Alhambra entlang, der mittlere durchschneidet den Talgrund, berührt das über hundertjährige *Hotel Washington Irving* und endet am Parkplatz der Alhambra, der rechte tangiert das 1573 gegründete *Kloster der Märtyrer* (San Juan de la Cruz war hier Prior) sowie den *Konvent Carmen de los Catalanes* mit den einstigen Verliesen der gefangenen Christen. Museum ist heute die ehem. Wohnstätte des Komponisten *Manuel de Falla* in der Calle de la Antequeruela Baja.

In den Talgrund zwischen Alhambra und Monte Mauror, Alameda de la Alhambra genannt, gelangt man durch die *Puerta de las Granadas (A)*, einem Triumphbogen der spanischen Frührenaissance, erbaut von Pedro Machuca, dem Architekten Karls V. Über der Archivolte sieht man das Wappen des Kaisers und drei aufgesprungene Granatäpfel. Die Puerta ist ein Teil der Mauer, die von der Umgürtung der Alhambra zu den *Torres Bermejas (B)* führt, den ›Zinnobertürmen‹, die auf römischen Fundamenten stehen.

Den Zugang zum *Nasridenpalast*, der maurischen Akropolis, auch 8. Weltwunder genannt, erreicht man über eine steile, schattige Straße, die von der rechten Fahrbahn der dreigeteilten Alameda de la Alhambra abzweigt. Vom Parkplatz der Fahrbahn gelangt man zu Fuß in wenigen Minuten zur *Puerta de la Justicia (C)*. Der mächtige rechteckige Torbau Jussufs I. hat seine Gestalt kaum verändert. Davor sprach man in maurischer Zeit Urteile; auch fanden gelegentlich Hinrichtungen statt. Am Schlußstein des Hufeisenbogens sieht man eine Hand, vielleicht ein Sinnbild des Rechts oder aber des Glaubens, das die fünf Gebote des Islam anzeigt (Glaubensbekenntnis, Beten, Fasten, Almosen, Wallfahrt nach Mekka). Über dem Alfiz, der den Torbogen umrahmt, sind strahlenförmige Leisten angebracht, beiderseits flankiert von schlüssellochförmigen Luken. Leere Konsolen am geziegelten Oberteil des Torhauses hatten wohl eine hölzerne Balustrade getragen. An der Fassade entdeckt man noch die Haken zur Anbringung der Hellebarden. Hinter dem Hufeisenbogen des vorderen Tores befindet sich ein zweiter, dessen Schlußstein mit einem Schlüssel verziert ist. In einer Nische darüber steht eine Marienstatue, umgeben von Joch und Pfeilen, den Emblemen der Katholischen Könige, also erst nach der Eroberung Granadas angebracht. Ein vierfach geknickter Gang führt aus dem Torhaus hinaus auf das Plateau der vielschichtigen Anlage der Alhambra.

Dort hat man nochmals einen Tortrakt zu durchmessen, die *Puerta del Vino (D)* aus der Zeit Mohammeds V., wo der aus Alcalá la Real kommende Wein entladen und steuerfrei an die Belegschaft der

Zitadelle ausgegeben wurde. Ein Alfiz umgibt den Spitzbogen, in dessen Zwickeln Bandmuster in Form von Flachreliefs angebracht sind. Über dem Scheitelpunkt des Hufeisens ist wie beim vorigen Tor ein Schlüssel eingraviert; darüber verläuft eine Inschrifttafel in kufischen Lettern. Ein zierliches Ajimez-Fenster bildet den Oberteil der Fassade. Auf der Rückseite des Torbaues erfreuen Azulejos das Auge, die über dem Bogenschwung der Puerta sich reizvoll vom warmen Rotton des Ziegelgemäuers abheben.

Die Alcazaba (E)

Hinter dem ›Weintor‹ breitet sich nun eine große, leere Fläche aus, umrahmt von den Befestigungen der Alcazaba (= Alcazar) im Westen und den Palacios Reales, dem Regierungs- und Wohnpalast, im Osten. An Stelle des Platzes lag in maurischer Zeit ein schluchtartiger Graben. Der Hofmarschall der Katholischen Könige und erste christliche Befehlshaber der Alcazaba ließ den Graben zuschütten und Zisternen (Aljibes) zur Speicherung des Regenwassers anlegen, die dem Platz den heute noch üblichen Namen *Plaza de los Aljibes (a)* gaben. Schließlich ebnete man das Gelände ein, um einen Waffenplatz zu schaffen.
Die Alcazaba, wohl der älteste, noch vor-nasridische Teil der Alhambra, der wie ein Schiffsbug auf die westlich gelegene Stadt vorstößt, ist im wesentlichen das Werk Mohammeds I. Der mächtige,

Alcazaba: Orientierungsplan
a Plaza de los Aljibes – b Torre del Homenaje – c Torre Quebrada – d Torre del Adarguero – e Torre de los Hidalgos – f Torre de las Armas – g Jardín de los Adarves – h Turm der Sultanin – i Pulverturm – j Torre de la Vela

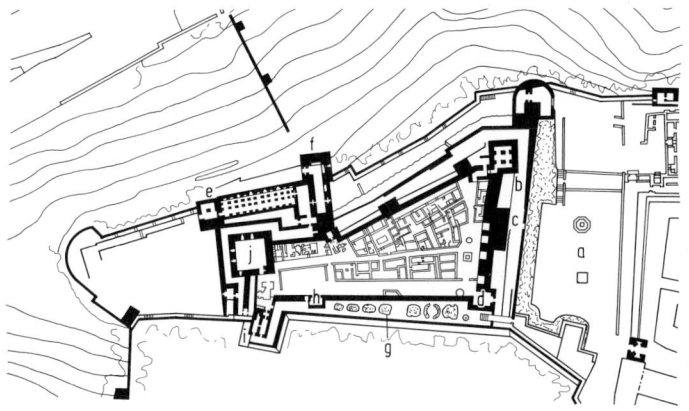

Alcazaba

türmereiche Bau bietet mit der schneebedeckten Sierra Nevada im Hintergrund vom jenseitigen Darro-Ufer aus einen prächtigen Anblick. Als Mohammed I. die aus eisenhaltigen Tonziegeln erbauten Mauern rot erstrahlen sah, prägte er den Namen ›Rote Zitadelle‹. Auf der Ostseite, an der Plaza de los Aljibes, erheben sich drei Türme, im Norden über dem Steilabfall zum Darro die *Torre del Homenaje* (*b*; Huldigungsturm und zugleich Bergfried), in der Mitte die *Torre Quebrada* (*c*; Zerbrochener Turm) und im Süden, auf der Seite der Alameda de la Alhambra, die *Torre del Adarguero* (*d*; Turm des Schildträgers). Der ›Huldigungsturm‹ mit 5 Stockwerken und 25 m Höhe diente im 16. Jh. als Wohnturm für den Befehlshaber. Die Nordflanke der Alcazába weist die *Torre de los Hidalgos* (*e*) und die *Torre de las Armas* (*f*) auf; hier, wo sich der frühere Eingang zur Alhambra befand, mußten Besucher ihre Waffen ablegen.

Die ›Rote Zitadelle‹ besitzt einen zweifachen Mauermantel; der tieferliegende äußere ist mit Schießscharten versehen. Im 13. Jh. verband Samuel ibn Nagrella, jüdischer Minister unter den Nasriden, das Burggemäuer mit den Mauern der Stadt. Anfang des 17. Jh. füllte man den Zwischenraum zwischen den südlichen Mauern mit Erde auf und legte einen Garten mit Buchs- und Myrtenhecken und reichem Blumenflor an. Über diesem *Jardín de los Adarves* (*g*) erheben sich in Westrichtung zwei weitere Türme, der *Turm der Sultanin (h)* und der *Pulverturm (i)*, vor dem der Pfad an einer Terrasse endet. Durch einen Torbogen gelangt man zum höchsten Punkt der Zitadelle, zur *Torre de la Vela (j)*, dem Wachtturm, der gleich dem ›Huldigungsturm‹ 5 Geschosse zählt; das unterste diente zeitweise als Getreidesilo und als Gefängnis. Man kann den Turm besteigen; auf dem zinnenbewehrten Flachdach befindet sich ein barocker offener Glockenträger. Die 1773 gegossene Glocke zeigte mit ihrem Geläut früher den Landleuten den Zeitpunkt der Berieselung der Vega an, gleich der Wasserglocke der Kathedrale von Valencia. Heute läutet sie nur aus wenigen Anlässen, so jeweils am 2. Januar den ganzen Tag, zum Gedenken an den Einzug der christlichen Eroberer in die Alhambra (1492). Damals bestiegen führende Persönlichkeiten Kastilien-Aragóns den Wachtturm (u. a. der Kardinal-Primas, der Meister des Santiago-Ordens und der künftige Kommandant der Alhambra) und richteten über den Zinnen das Christuskreuz, das Santiago-Banner und die violette Königsstandarte auf. Bewegt verfolgten Ferdinand und Isabella das feierliche und triumphale Zeremoniell von einem Ort unterhalb des Burgberges.

Besuchern der Alhambra sei sehr empfohlen, die Terrasse der Torre de la Vela zu ersteigen, des überwältigenden Blickes wegen, den man auf die Stadt Granada und die Weite der Vega genießt, ja bis Santafé, wo die Katholischen Könige während der Belagerung ihr Zeltlager hatten.

Palacio de Carlos V (Palast Karls V.) (F)

Kehrt man auf dem gleichen Pfad zur Plaza de los Aljibes zurück, so fällt der Blick sogleich auf den gewaltigen Komplex des Palastes Karls V., den der Kaiser durch seinen Architekten *Pedro Machuca* auf dem Alhambra-Plateau hatte errichten lassen, und zwar dicht an die maurischen Bauten heran, so daß man vom Myrtenhof der nasridischen Casa Real direkt in die Kellerräume des Palastes gelangt. Machuca, ein Schüler Michelangelos, stammte aus Toledo, hatte auch Altaraufsätze gefertigt und in Granada außer der Puerta de las Granadas, den Palast des Kaisers erbaut. Die 1527 begonnenen Arbeiten sollen von den 80 000 Dukaten bezahlt worden sein, welche die in Spanien verbliebenen Mauren als Tribut zu entrichten hatten. Es empfiehlt sich, den Palast zuerst zu besichtigen.

Inwieweit maurischer Baubestand weichen mußte, ist nicht mehr feststellbar, doch sicher nicht im gleichen Maße, wie es mit dem Einbau der Kirche Karls V. in die Mitte der Mezquita in Córdoba der Fall gewesen ist. Den Palast der Alhambra kann man gelten lassen, weil er den Eindruck der nasridischen Bauten, der ja vor allem ein Eindruck von Innenräumen ist, nicht wesentlich stört, weil außerdem Karls

Palast Karls V.

Zutat zur Alhambra als eines der kraftvollsten und schönsten Beispiele der Renaissance außerhalb Italiens zu betrachten ist. Der beauftragte Architekt starb während der Arbeit, so daß sein Sohn *Luis Machuca* 1550 den Bau fortsetzte.

Der Grundriß des Palastes bildet ein Quadrat mit einer jeweiligen Seitenlänge von 63 m. Die Portalzone wird von dorischen Halbsäulen gegliedert, deren Postamente mit *Reliefs* versehen sind, die den *Feldzug Karls V. nach Tunis* verherrlichen. An den Rustika-Quadern des Erdgeschosses halten Löwen- und Adlerköpfe Eisenringe, an denen man einst die Pferde anband. Über den Fenstern beider Stockwerke sind Okuli angebracht, über dem mittleren des Oberstocks das kaiserliche Wappen, mit Relief-Medaillons zu beiden Seiten.

Tritt man ein, so blickt man in einen kreisrunden Hof von 31 m Durchmesser, der an eine Stierkampfarena denken läßt. Die Wohnräume befinden sich hinter zwei Galerien, die untere mit dorischen, die obere mit ionischen Säulen. Hohlziegel bedecken das Dach. Im Palast sind heute zwei Sammlungen untergebracht, das *Kunsthistorische Museum* und das *Museum für spanisch-arabische Kunst*, beide enthalten Exponate erster Güte. Das Kunstmuseum im Oberstock wurde 1958 eröffnet und umfaßt 11 Säle sowie die Eingangs- und Ausgangshalle. Ein besonders wertvolles Ausstellungsstück ist ein spätgotisches *Emaille-Triptychon* aus Limoges mit Darstellungen der Kreuzigung und des Jüngsten Gerichts; es war Eigentum des Gran Capitán, des in Granada verstorbenen Feldherrn der Katholischen Könige. Ein rührendes religiöses Bild, ›Maria weckt das Jesuskind‹, hing ursprünglich in der Kartause von Granada und stammt von dem Kartäusermönch *Juan Sánchez Cotán* (1560–1627). Ihn kennzeichnet Schwermut und Konzentration des Lichts auf das Wesentliche des Bildinhalts. Sicher hat Cotán den Ordensbruder Zurbarán beeinflußt; gleich jenem war auch er ein Meister des Stillebens. *Diego de Siloé,* der Miterbauer der Kathedrale von Granada, hat eine statisch strenge ›Maria mit dem Kinde‹ geschnitzt. Flämische Gobelins hängen im ›Saal des italienischen Kamins‹ das der Michelangelo-Schule angehörte. *Emilio Sala* malte im vorigen Jahrhundert ›Die Vertreibung der spanischen Juden‹, zwar kein Objekt der Kunst, aber doch eine kostümgetreue Veranschaulichung eines mit Granada zusammenhängenden geschichtlichen Vorgangs. Die beiden großen Granadeños *Alonso Cano* und *Pedro de Mena* sind mit mehreren Skulpturen vertreten.

Das zweite, dem maurischen Kunstschaffen gewidmete Museum, das sich im Erdgeschoß des Palastes befindet, lohnt einen Besuch allein wegen zweier Ausstellungsstücke: Ein *1,30 m hoher Krug* aus dem Jahre 1320 ist ganz bedeckt mit abstrahiertem vegetabilem und figürlichem Schmuck, so die Wiedergabe von Antilopen, wobei sich die Anbringung der Motive schwerpunktmäßig an die Tektonik des Gefäßes hält. Ein *Steintrog* des 10. Jh. zeigt, von kufischen Lettern umgrenzt, im Relief archaische Löwen, die sich auf Hirsche stürzen. Der Stil spricht für das omaijadische Córdoba; der Trog wurde nach dessen Fall mutmaßlich hierher gebracht. Darüber täuscht eine Lobpreisung Mohammeds III. nicht hinweg; der Text kann später angebracht sein. Grabsteine, Glas, Schnitzereien, Lampen, Braseros (Kupfergefäße für Holzkohlenfeuer), Truhen ergänzen die Sammlung. Von einer der ehemaligen Moscheen Granadas wird die Stange mit Kupferkugeln gezeigt, die einst das Minarett krönte.

Am Platz neben dem Palast Karls V. stand in nasridischer Epoche die *Moschee* der Alhambra. Sie wurde nach der Reconquista abgerissen zugunsten der *Kirche Santa María de la Alhambra (G).* Im Innern bemerkenswert die ›Virgen de las Angustias‹ (›Jungfrau der Ängste‹) von Torcuato Ruiz de Peral sowie ein Cruzifixus von Mena. Zur maurischen Zeit predigten zwei Franziskaner vor der Moschee-Pforte die Botschaft Christi und erlitten das Martyrium. Ein Kreuz vor der Kirchentür erinnert daran.

Der Nasridenpalast (Palacio Real) (H)

An der Nordwestecke des Palastes Karls V. betritt man das Labyrinth des Nasridenpalastes. Durch einen kleinen Vorraum gelangt man zunächst in den *Audienz- und Gerichtssaal (a)*, der den Namen *Mexuar* trägt. Er hat im Lauf der Zeit am meisten gelitten. Doch Spuren der Azulejo- und Stuckverkleidung aus der Epoche Mohammeds V. blieben erhalten, ebenso Zutaten Karls V., erkennbar an seinen Wahlsprüchen. 1629 installierte man eine Kapelle. Vier Postamente trugen ursprünglich eine Laterne. Die im rückwärtigen Teil wahrnehmbare Holzempore stammt aus der Renaissance, wie man an dem antikisierenden Fries unter der Balustrade erkennen kann. Ein moslemisches Oratorium mit nachgebildeten Stukkaturen schließt sich an, von dessen Außenwand man durch Zwillingsfenster einen malerischen Ausblick auf das Darro-Tal und die jenseits gelegene Anhöhe von Albaicín gewinnt. Die ehemalige Gebetsnische unter einem Hufeisenbogen ist noch erkennbar. Eine arabische Schriftzeile besagt: »Sei nicht unter den Nachlässigen. Nahe dich im Gebet.«

Nasridenpalast (Palacio Real): Orientierungsplan
a Mexuar – b Patio de Machuca – c Cuatro Dorado – d Myrtenhof – e Palacio de Comares – f Löwenhof – g Sala de los Abencerrájes – h Sala de los Reyes – i Sala de las dos Hermanas – j Lindaraja-Garten – k Anbau Karls V. – l Peinador de la Reina – m Baños Reales

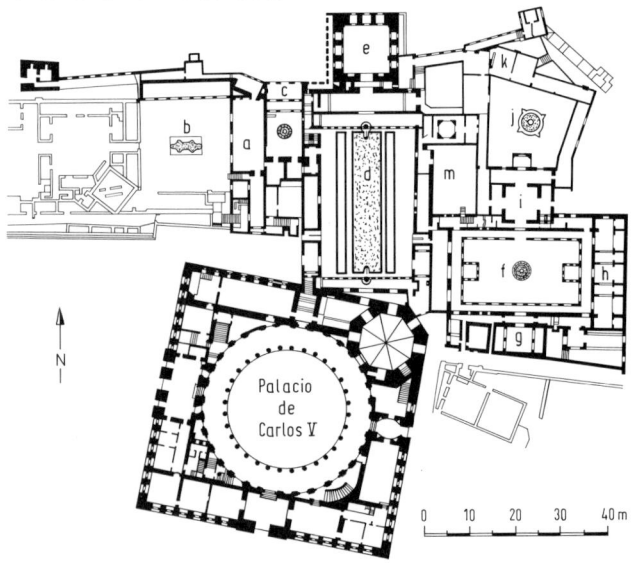

Ohne Verbindung zum Mexuar (und in den Besichtigungs-Rundgang nicht einbezogen) breitet sich westlich der *Patio de Machuca (b)* aus, nach Karls V. Hofarchitekten benannt. Buchshecken umrahmen ein Brunnenbecken; dahinter stehen Orangenbäume und Zypressen. Eine zierliche Galerie schließt den Patio ab.

In der rechten hinteren Ecke des Mexuar gelangt man zum gleichnamigen *Patio*, einem Zwischenglied zum Haupttrakt des Palastes. Vor der Wiederherstellung im vorigen Jahrhundert diente der Hof als Maultierstall. Jetzt prangen die Wände wieder in warmem, honiggelbem Ton, reich ornamentiert, von Zwillingsfenstern unterbrochen und von einer Stalaktitenleiste nach oben abgeschlossen. Aus dem Marmorboden steigt eine Fontäne über einer muschelförmigen Schale auf, die als Ersatz für die in den Lindarajahof versetzte ursprüngliche Schale hier eingefügt wurde. Von den kachelumkränzten Türen führt eine in den benachbarten *Cuatro Dorado* (*c*; Goldenes Zimmer), der gleichfalls Ausblick nach Norden gewährt. Den Namen hat der Raum vom golden schimmernden Stuck der Wände und der mit Goldmustern versehenen Artesonadodecke, welche die Katholischen Könige hatten anbringen lassen. Über einem Paneel farbiger Kacheln verläuft ein Schriftband aus Stuck.

Patio de los Arrayanes (Myrtenhof) (d)

Ein kammerartiger Raum mit zwei Türen verbindet den Patio de Mexuar mit einem der Prunkhöfe der Alhambra, dem berühmten Myrtenhof. Hier befindet man sich bereits im Herzstück des Palacio Real mit ausgesprochener ›Tausendundeiner-Nacht-Kulisse‹, von der bereits Irving 1832 geschwärmt hat: »Es schien, als wären wir plötzlich in andere Zeiten und in ein anderes Reich versetzt und beträten die Szenen der arabischen Geschichte.« Wiesen die bisherigen Räume zu großen Teilen Ergänzungen durch die Katholischen Könige und Karl V. auf, so beginnt nun ein Palastteil von ureigener nasridischer Gestaltung, dessen partielle spätere Restaurierung beim Anblick des Ganzen kaum auffällt. Man spricht von diesem Teil des Palacio Real als vom Serail.

Höfe dieser Art, Sinnbilder des Paradieses, finden sich in zahlreichen Palastanlagen der islamischen Welt. Der Myrtenhof und die ihn umgebende Architektur sind spätzeitlich und werden als ›maurisches Rokoko‹ bezeichnet, doch weitab von Kraftlosigkeit und Dekadenz kommt hier nochmals die volle Blüte arabisch-maurischer Kunst zum Ausdruck. Festes Gemäuer findet man nur in der Umgürtung des Palastes, die, nach außen abwehrend, den ganzen Zauber an Kunst und Dekor dem Innern überläßt, den Gärten, Fest- und Privaträumen, die wirklich von ›Spinngeweben Gottes‹ überzogen sind, einer überschäumenden Fülle dekorativer Leitmotive. Nicht festgefügte Hausteine, sondern Ziegel, Holz und Stuck sind das eigentliche Baumaterial. Vegetabiler Schmuck ist mit kufischen Lettern verflochten, die Allah ebenso preisen wie einzelne nasridische Herrscher. Die mit Modeln eingedrückten, heute goldgelben Muster waren einst bunt bemalt (wie ja auch die griechischen Tempel), und an manchen Stellen erkennt man noch die Farben. Der Kontrast von bunt gekachelten Paneelen und Tür- und Fensterumrahmungen und Wänden ohne Kolorit war demnach ursprünglich nicht eingeplant. Dem Dekor kommt auch im Myrtenhof mehr Bedeutung zu als dem architektonischen Gerüst; die Mauern verschwinden hinter dem Netzwerk der Ornamentierung, die teils an die Gebilde von Tropfsteinhöhlen, teils an Textilmuster erinnert. Im Gegensatz zur abendländischen Baukunst erscheinen die Wände flach, unprofiliert, vor allem meidet man scharfkantige Gliederungen. Theophile Gautier sprach launig von »Spitzendeckchen aus gestanztem Papier, mit denen der Konditor sein Zuckerwerk bedeckt«. Fast nur die schlanken Säulen an den Schmalseiten bestehen aus festem Material. Aber gerade dadurch erzielten die Dekorateure den Eindruck der Schwerelosigkeit, die arabisch-maurischem Lebensgefühl entsprach.

Die Kontinuierlichkeit der Bau- und Schmuckformen während der gesamten maurisch-nasridischen Herrschaft hat zur Folge, daß man, ähnlich wie in Altägypten und Altrom, Entstehungszeiten nicht leicht erkennen kann; auch lassen sich ornamentierte Stuckwände, wenn man Abgüsse als Model einsetzt, ohne wesentlichen Unterschied zum Original erneuern, so daß ausgebesserte Wandteile nie den Eindruck des Geflickten erwecken.

Der Myrtenhof, der harmonisch Architektur, Wasser und Pflanzenwuchs vereint, geht auf *Jussuf I.* zurück, doch ließ sein Nachfolger *Mohammed V.* die meisten dekorativen Flächen nach seinem Sinn neu gestalten. Bei dem Bündnis Mohammeds mit Kastilien glaubt man, an seinem Beitrag auch spanische Einflüsse feststellen zu können, so daß man ihm den Beinamen ›Christlicher Sultan‹ gegeben hat.

Als Rechteck von 37 m Länge und 24 m Breite weist der Myrtenhof in seiner Mitte ein langes Zierbecken auf, das von Myrtenhecken umgeben ist. Ursprünglich diente ein Brunnen auf dem Beckengrund als Wasserspender; heute besorgen kleine Fontänen an den beiden Enden die Auffüllung. Wasser hat hier die Funktion von ›nasser‹ Architektur. Während der Hof an den Längsseiten nur durch wenige Hufeisenbögen und Ajimeces gegliedert ist, konzentriert sich der ganze Schmuck auf die Schmalseiten. Dort bilden jeweils 7 Bögen eine Arkadenreihe, wobei der mittlere die anderen an Spannweite übertrumpft, so daß eine Einförmigkeit der Bogenreihen vermieden wird. Die Bögen ruhen auf Säulen mit mächtigen Kämpfern,

die freilich nur zum Schein die Archivolten tragen; denn sie setzen sich durch kaum wahrnehmbare Stützen bis zum darüberliegenden Pultdach fort; die Wände dazwischen mit ihrer Sebka-Verzierung sind also nichts weiter als Füllung.

Moslemische Bauplaner liebten in ihrer Raumanordnung eine dramatische Steigerung. So stellt der Myrtenhof das erste Glied zunehmender baulicher Pointen dar. Den Anschluß nach Norden bildet die prächtige *Sala de la Barca*, an die sich als Höhepunkt der *Gesandtensaal* anschließt. Dieser liegt im höchsten Turm des Serails, der *Torre de los Comares*. Man überblickt die Konzeption der baulichen Steigerung am besten vom südlichen Ende des Wasserbeckens aus. Durch die Arkaden der Sala de la Barca, die sich im Teich spiegeln, schaut man auf den Portikus des Saales mit seinem aus Stalaktiten gebildeten Hufeisenbogen und durch diesen hindurch in den Gesandtensaal, von dem eine dortige kufische Inschrift sagt: »Ich bin von allen Teilen des Palastes das Herz.«

Palacio de Comares (e)

Über der Arkadenreihe am nördlichen Ende des Myrtenhofes erhebt sich der wehrhafte, zinnengekrönte Turm des Palacio de Comares. Zwei vorgelagerte kubische Ecktürmchen sind nachmaurischen Ursprungs. Von der oberen Plattform des Comares-Turms aus hatte Boabdil die Kämpfe der nasridischen und kastilischen Heere verfolgt. Die *Sala de la Barca*, gewissermaßen das Vorzimmer des Gesandtensaals, soll ihren Namen von der barkenähnlichen Artesonadodecke erhalten haben. Glaubwürdiger ist die Herkunft der Bezeichnung vom arabischen Wort ›baraca‹ (Segen). Zwickel aus ›Bienenwaben‹ leiten vom rechteckigen Grundriß des Raumes zum Oval der Decke über.

Der *Gesandtensaal*, auch *Thronsaal* genannt, in den man nun eintritt, heißt gleich dem Turm nach den einstigen Farbfenstern (Camariyas). Der Thron des Nasridenkönigs stand der Pforte genau gegenüber, umgeben von Fenstern, die auch hier den Ausblick zur prächtigen Landschaft des Darro-Tales und der jenseitigen Anhöhen gewähren. Die Zierlichkeit der Verschnörkelungen, die man eher für natürliche Kristallisation als für Menschenwerk hält, ist hier nahezu auf die Spitze getrieben. Vor allem gilt dies für die Zedernholzdecke, auf der Sternmuster ineinander übergreifen. Eine kleine Stalaktitenkuppel bildet die Krönung. Das Sternmotiv erscheint auch auf den Keramiksockeln. Der Marmor des Fußbodens wurde im 17. Jh. durch Ton ersetzt. Luken unterhalb der Kuppel, die man mit einem geschliffenen Diamanten verglich, sind mit netzförmigen Gittern aus Gipsschnitt versehen. Unter den Stuckarabesken, welche die

Wände überziehen und Wandteppiche ersetzen, hat man 152 verschiedene Motive gezählt. Jussuf I., der die Dekoration anordnete, erlebte noch die Fertigstellung, ehe er 1354 beim Gebet in der Alhambra-Moschee ermordet wurde.

Patio de los Leones (Löwenhof) (f)

Erfüllte der Trakt des Myrtenhofes und des Comaresturms die Aufgabe eines arabischen Serail, so entsprach der Löwenhof mit den ihn umgebenden Räumen dem Harem, dem Wohnsitz des Sultans, seiner Frauen und Odalisken sowie der Vielzahl der Kinder. Der Hof mißt 35 m in der Länge und 20 m in der Breite; die ihn umgebenden Arkaden mit 128 Säulen haben eine Höhe von 7 m. 12 steinerne Löwen, deren Bemalung noch teilweise erhalten ist, tragen in der Hofmitte eine 12eckige flache Schale, deren Rand ein arabisches Schriftband von 24 Versen zu je 22 Silben aufweist. Der Text lautet übersetzt:

> Flüssiges Silber fließt zwischen edlem Gestein / und nichts kommt seiner Schönheit / an Weiße und Reinheit gleich. / Dem Blick vermischen sich Flüssiges und Festes, / Wasser und Marmor, und wir wissen nicht, / welches von beiden dahingleitet. / Ähnlich sind sie dem Liebenden, / in dessen Augen Tränen glänzen.

*Arkadenreihe
des
Löwenhofs*

In der Mitte des Beckens springt eine Fontäne empor, und auch die Tierleiber dienen als Wasserspeier. Öfter wurde beanstandet, sie würden nicht der Anatomie von Löwen entsprechen, und es sei schwierig, etwas zu finden, was diesen weniger gliche als diese Produkte afrikanischer Phantasie. Doch gerade das Unnaturalistische, Archaische, Orientalische der Tiere mit ihren ungeformten, kantigen Beinen und dem stilisierten Gekräusel des Felles bildet den besonderen Reiz des Löwenbrunnens; seine Gedrungenheit kontrastiert wirksam zum Filigran der Arabesken des Galerie-Umlaufs (vgl. auch Titelbild).

Der Patio de los Leones unterscheidet sich vom Myrtenhof nicht nur durch den Brunnen anstelle des Teichs und die Arkaden an allen vier Seiten, sondern auch durch zwei *Pavillons*, die an den Schmalseiten in den Hof vorstoßen, mit zierlichen Einzel- und Doppelsäulen und Hängern an den Stalaktitenbögen, die den Eindruck erwecken, als tropfe Gold von ihnen herab. Der rechte Pavillon hatte noch im 19. Jh. ein Zinnendach mit einer buntgekachelten Kuppel, wurde dann aber von dem Restaurator Contreras nach der mutmaßlichen Originalform mit einem hohlziegel-bedeckten Zeltdach versehen, das dem intimen Charakter des Patio bestens entspricht.

Kreuzförmig führen schmale Wasserrinnen zu den jeweils gegenüberliegenden Räumen. Wasser ist auch hier ein Element, das Atmosphäre schafft, ebenso das Licht, welches das Gespinst und Rankenwerk der Mauern in stets wechselnden Farben erscheinen läßt. *Neben der Mezquita von Córdoba gehört der Löwenhof der Alhambra von Granada zum Eindrucksvollsten, was islamische Kunst auf europäischem Boden hervorgebracht hat.*

Der Patio de los Leones wird an drei Seiten von bemerkenswerten Sälen umgrenzt: im Süden die *Sala de los Abencerrájes (g)*, im Osten die *Sala de los Reyes (h)*, im Norden die *Sala de las dos Hermanas (i)*.

Die *Sala de los Abencerrájes (g)*, die man durch eine original-maurische Tür mit geschnitztem Mushrabije-Muster betritt, heißt nach der gleichnamigen Fürstensippe, mit deren Namen sich die Erinnerung an eine Bluttat verbindet. 36 Angehörige des Geschlechts wurden von ihren Todfeinden, den Zegris, hier in einen Hinterhalt gelockt und enthauptet. Die Täter warfen die Köpfe angeblich in die Schale des Löwenbrunnens. Dort wie auch auf dem Estrich des Saales werden rostrote Flecken, die von Eisenoxyd stammen, als Blutspuren gedeutet. Die Überlieferung will wissen, daß ein Page davonrannte, um die übrigen Abencerrájes zu warnen und damit vor gleichem Schicksal zu retten. Der grausige Vorgang gab den Stoff für einen Roman von Chateaubriand. – In dem besonders prächtig ausgestatteten Saal sollen die Sultane ihre Winterfeste gefeiert haben. Die arabischen Fliesen wurden im 16. Jh. durch spanische ersetzt. In der

Saalmitte befindet sich ein Becken. Durch Bögen sind zwei Neben-gemächer angegliedert, in denen man Ruhebetten aufstellte. Derlei Räume hießen Alkoven – ein Fremdwort aus dem Arabischen, das, wie viele andere, bis heute auch in unserer Sprache erhalten blieb. Doch was den Saal vor allem zu einem einzigartigen Erlebnis werden läßt, ist seine *Kuppeldecke*, die aus einem achteckigen Stern gebildet ist und mit einer aufgesprungenen Blüte verglichen werden kann. 16 durchbrochene Fenster verbreiten über die Decke ein magisch gedämpftes, irisierendes Licht.

5 Kuppeln wölben sich über die fünfteilige *Sala de los Reyes (h)* an der Ostflanke des Löwenhofs. Azulejo- und Stuckverzierungen lassen keinen Platz frei. Die von Honigwaben bordierten Spitzbögen zwi-schen den einzelnen Abschnitten des gangartigen Saals vermitteln den Eindruck von Grotten. Überraschend sieht man im Oberteil der Räume *Fresken*; das bedeutendste in der Mitte der Saalfolge, das zehn teilweise vollbärtige Männer in prächtiger Kleidung und mit Krummschwertern in den Händen darstellt. In der Mitte des oval-umrandeten Bildes befindet sich ein großer, goldfarbener Diwan, auf dem grüne Sterne eine Linie bilden. Die um den Diwan angeordne-ten Männer scheinen sich zu beraten, was durch die expressiv spre-chende Gestik der Hände zum Ausdruck kommt, in ähnlicher Weise, wie man es von frühmittelalterlich-romanischer Buchillumination des Abendlandes kennt. Stilistisch liegen Vergleiche zu persischer Miniaturmalerei nahe. Die Fresken sollen auf besonders präpariertes Leder gemalt und auf Zedernholztafeln aufgezogen sein. Weil man die Dargestellten auch für nasridische Könige gehalten hat, kam der Name ›Sala de los Reyes‹ auf. In den übrigen nischenartigen Räumen erblickt man ebenfalls Bildliches: Ein jugendlicher, bartloser Reiter mit Mädchengesicht und Turban ersticht einen Eber, der zugleich von einem Jagdhund angesprungen wird; im Baumgeäst tummeln sich phantastische Vögel. Ein wilder Mann ergreift eine Dame, die einen zahmen Löwen an der Kette hält. Der Wilde wiederum wird von einem schildbewehrten Berittenen, wahrscheinlich dem Lieb-haber, mit dem Speer durchbohrt. Eine zweite Dame ist dahinter mit bittender Geste auf einem Mirador abgebildet, begleitet von ihrer Dienerin; der Kleidung nach handelt es sich offensichtlich um die gleiche Person wie auf der Vordergrundszene. Die Architektur im Hintergrund entspricht der italienischen Spätgotik. Vögel tummeln sich auch hier im Gezweig früchtereicher Bäume. Die Darstellung mag ein orientalisches Märchen illustrieren. Verwunderlich, daß man in einer islamischen Palastanlage Gemälde mit Figürlichem antrifft. Einerseits wird vermutet, christliche und möglicherweise italienische Künstler seien hier am Werk gewesen (was aber zu bezweifeln ist, denn die islamischen Auftraggeber hätten eine so

Sala de los Reyes

gröbliche Abweichung vom Kodex der Bilderlosigkeit sicher nicht geduldet), und andererseits, die berberischen Nasriden hätten sich nicht in gleichem Maße an orthodoxe Vorschriften gehalten wie ihre strengeren arabischen Glaubensbrüder. Einleuchtender ist wohl, daß die Anbringung der Fresken spätzeitlich zu datieren ist und in der Bilderfrage bereits eine gewisse Lockerung eingetreten war. Auch bei den Juden, die bei der Ausstattung ihrer Synagogen ebenfalls Figürliches mieden, finden sich aus römischer Zeit Abweichungen vom üblichen Brauch (z.B. Dura Europos im Zweistromland und Kaphernaum am See Genezareth).

Die *Sala de las dos Hermanas* (i; Saal der zwei Schwestern) erhielt ihren Namen von zwei übergroßen Marmorplatten des Estrichs, zwischen denen sich ein Fontänen-Brunnen rundet. Ein gekacheltes Paneel wird von Lebensbaum-Zinnen en miniature bordiert. Darüber läuft ein arabisches Spruchband, das ein Gedicht des Poeten Ibn Zamrak wiedergibt. Die Stuckwände weisen labyrinthisch verschlungene Linien auf. Über einem darüber angeordneten Fries mit kufischen Lettern tragen kleine Säulen Blendarkaden, deren Spitzbögen aus Stalaktiten gebildet sind. Die ganz aus Honigwaben geformte Kuppeldecke des Saales (vgl. Abb. S. 17) ist ein Gegenstück zu jener des Abencerrájes-Saales, nur noch funkelnder und verwirrender, mag auch Mathematik den Formenreichtum bemessen haben. Es handelt sich um einen gleichfalls von durchbrochenen Lichtgaden erhellten Sechzehnstern. Vom quadratischen Grundriß des Raumes leiten höhlenartige Zwickel aus Stalaktiten (›mozárabes‹) zur sterngemusterten Decke über, die am Scheitelpunkt eine kleinere Kuppel trägt. – Der besonders üppig ausgestattete Saal soll die Residenz von Boabdils Mutter Aischa gewesen sein. Ein nach Norden anschließender intimer Raum heißt wegen seiner beiden Zwillingsfenster *Sala de los Ajimeces*. Man blickt aus ihnen zum tiefer liegenden *Lindaraja-Garten* (j) hinab, den man freilich erst nach der Reconquista angelegt hat. Zierbäume umgeben in dem kleinen trapezoiden Geviert die gerippte Brunnenschale, die sich zuvor im Mexuarhof befand und deren Wasser in ein barock geschwungenes Becken fließt. Zwischen den Fenstern springt ein Erker in den Garten vor, der *Mirador de Daraxa*, den man für das Ankleidezimmer der Sultanin hält. ›Palast der Sultanin‹ ist die Bedeutung des Wortes Daraxa, aus dem sich auch der Name Lindaraja gebildet hat. Eine Inschrift besagt, daß die Gemahlin des Sultans von hier aus ihre Blicke über die Landschaft schweifen ließ. Heute ist dies nicht mehr möglich, da die Anbauten, die Karl V. bis zur Nordmauer der Alhambra errichten ließ, den Blick versperren. Das Fayencemosaik des Miradors weist besonders kleine Teile auf und darf als das feinste und kunstvollste des ganzen Palastes gelten. Die Ajimeces-Fenster sind tief angeordnet, da es bei den Mauren üblich war, auf Kissen oder Ottomanen am Boden zu ruhen.

Zum *Anbau Karls V. (k)* gelangt man vom Saal der zwei Schwestern aus durch einen langen Gang. Die Gemächer, die der Kaiser mit seiner jungen Gemahlin und später auch öfter allein bewohnte, sind mit Fresken versehen, die im Stil der toskanischen Renaissance Szenen aus Karls Feldzug 1535 nach Tunis festhalten, die gleichen Motive, die auf den Gobelins im Alcázar von Sevilla zu sehen sind. Neben seinen anderen Siegen, etwa gegen die deutschen Protestanten oder den König von Frankreich, rühmte sich Karl mit Nachdruck dieser Kampagne, da sie gegen Ungläubige gerichtet war und ihn als Nachfahren der Kreuzfahrer verherrlichte. Man sieht an den Wänden die kaiserliche Flotte, die Ruinen Karthagos, den Einsatz der christlichen Truppen und die Rückfahrt nach Sizilien. Zeitweise hegte Karl V. den Plan, in den sechs Räumen seinen Herrschersitz einzurichten. Auch sein Sohn, der spanische König Philipp II., bewohnte sie.

Mit dem Wohntrakt der habsburgischen Monarchen ist der *Peinador de la Reina* (*l*; Frisierzimmer der Königin) verbunden, der anmutigste Ort dieses Teils der Alhambra. Es handelt sich um einen typischen Mirador mit dem Blick auf die herrliche Bergumgebung nach drei Seiten hin. Das kleine, zweiteilige ehemalige Boudoir liegt im Obergeschoß eines der Festungstürme der Nordmauer. In maurischer Zeit stand hier ein Leuchtturm. Der Peinador wurde bereits von Isabella, der Gemahlin Kaiser Karls, benützt und später von Elisabeth von Parma, der ersten Bourbonenkönigin in Spanien, deren Gemahl Philipp V. durch den spanischen Erbfolgekrieg ans Ruder kam und 1701 den Thron bestieg.

Wie eine Tafel in den ›Habitaciones del Emperador‹ vermerkt, hat sich der amerikanische Schriftsteller *Washington Irving* 1829 in vier der Räume einige Monate aufgehalten und seine in alle Sprachen übersetzten ›Cuentos de la Alhambra‹ (›Erzählungen aus der Alhambra‹) verfaßt. Er war der eigentliche Neuentdecker der Schönheiten des maurischen Festungspalastes. Das große Echo, das seine Alhambra-Geschichten gefunden hatten, waren auch der Anstoß zur Rettung und sachgemäßen Restaurierung der unvergleichlichen Anlage.

Washington Irving wurde 1783 in New York als Sohn eines schottischen Vaters und einer englischen Mutter geboren. Zum Rechtsbeistand ausgebildet, galt sein Interesse der Literatur. Ersten Erfolg erzielte er mit einer Geschichte seiner Geburtsstadt. Eine Europareise dehnte sich zu einem 17jährigen Aufenthalt aus. Ein Zusammentreffen mit Walter Scott weckte in ihm den Sinn für romantisch verklärte Vergangenheit. Seine Erzählungen über die Alte und Neue Welt machten ihn auch in Europa bekannt. 1822/23 weilte Irving in Dresden. Ein Auftrag, die Reisen des Kolumbus ins Englische zu übersetzen, brachte ihn nach Spanien. Dort verfaßte er eine Chronik über die Eroberung Granadas. Kurz darauf folgte sein Hauptwerk über die Alhambra mit dem Eingangssatz: »Im Frühjahr 1829 unternahm der Verfasser dieses Werkes, den die Neugierde nach Spanien geführt hatte, eine unbeschwerte Erkundungsfahrt von Sevilla nach Granada.« Ausführlich beschrieb er, wie er sich für seinen Aufenthalt in der Nasriden-Residenz den ihm am meisten zusagenden Platz suchte: »Ich war nicht zufrieden, in Zimmern des Palastes wohnen zu sollen, die neu waren und auf der Vorderseite lagen, und wünschte mich mehr im Herzen des Gebäudes einzunisten.« Sein romantischer Sinn entschied sich für die kaiserlichen Räume am Lindaraja-Garten, obwohl sie einen stark verwahrlosten Eindruck machten. Hier entstand sein Meisterwerk, ein Gebilde aus gemüthaftem Realismus und Phantasie, das vielleicht gerade durch das Verfallen-Makabre der Umgebung inspiriert worden war. Die Monate in der Alhambra fanden ihr Ende, als Irving zum Botschaftssekretär nach London berufen wurde. 1842–1846 bekleidete er den Posten des Gesandten am spanischen Hof. In die Staaten zurückgekehrt, legte er noch mehrere geschichtliche Werke vor und starb 1859, als er gerade eine vielbändige Biographie über George Washington abgeschlossen hatte. Mehr aber blieb im Gedächtnis der Nachwelt sein persönlicher Bericht über die Alhambra, den er mit der etwas wehmütigen Schilderung seines Abschieds abschloß: »So endete einer der heitersten Träume eines Lebens, von dem der Leser vielleicht denken mag, daß es den Träumen zu nahe war.«

Baños Reales (Königliche Bäder) (m)

Von den kaiserlichen Gemächern gelangt man treppabwärts zunächst zum *Patio de los Cipreses*, in dem vier Zypressen, gleich Säulen im Quadrat angeordnet, einen Springbrunnen umstehen. Südlich des kleinen Hofes führt ein Portal zu den königlichen Bädern, einem dreiteiligen Komplex innerhalb des Palastes, unter dem Bodenniveau zwischen Myrten- und Löwenhof gelegen. Die Badekultur nahm in den Ländern des Islam einen breiten Raum ein, wobei die Struktur der Einrichtungen dem altrömischen Bäderwesen angeglichen war, mit Kalt-, Warm- und Heißwasserbad. Zugleich kam der Reinigung durch Bad und Waschungen in der moslemischen Welt auch kultische Bedeutung zu. In der arabischen Kunst spielte demnach das Badehaus von Granada bis Istanbul eine gewichtige Rolle. Die Baños der Alhambra entstammen der Zeit Jussufs I., sind aber im 16. und 19. Jh. stark erneuert worden.

Der erste Raum, die *Sala de Camas* (Salon der Ruhebetten), ist quadratisch, mit schlanken Säulen, die an allen vier Seiten Galerien tragen. Die Kachelung der Sockelpartie weist eine große Vielfalt der Motive auf, über Eck gestellte Quadrate, Kreuzformen oder Wellenmuster. Die Schmuckziegel wurden zur nasridischen Zeit (bis 1487) in Málaga hergestellt, dem Zentrum der Azulejo-Manufaktur. Hinter Zwillingsbögen öffnen sich breite Nischen für die Betten. In der Mitte des Raumes steht ein runder Brunnen. Die Unterseiten der Galerien weisen Holzdecken mit Mushrabija-Schnitzereien auf. Die Galerien sind mit Holzgitter-Balustraden versehen, die von alfizartigen Spruchbändern umrahmt werden. Darüber wird eine Vielzahl verschlungener Linien zum Symbol der Ewigkeit. Der Raum bietet durch seine vollständige Bemalung eine gute Anschauung, wie einst die gesamte Alhambra farblich ausgesehen hat. Ist die Farbgebung aus neuerer Zeit auch in manchen Partien, so an den Stalaktiten der Kapitelle, zu undezent-grell geraten, so kann man sie dennoch gelten lassen, weil sie eine Vorstellung der ursprünglichen Farbigkeit vermittelt.

An die Sala de Camas schließen die Baderäume (Hammam) an: die *Sala de Inmersión* (Salon des Eintauchens) mit großem und kleinem Bassin für kaltes und warmes Wasser. Der untere Teil des Raumes ist wie in der Sala de Camas gekachelt, der obere völlig schmucklos. Die

Nische des großen Bassins ist von einem weitgeschwungenen Hufeisenbogen eingefaßt, der auf Halbsäulen lastet; in der Rückwand wird eine zierliche, mit kleinen Fliesen gekachelte Nische von einem Vielpaßbogen überwölbt. Dem Caldarium der Römer entspricht ein Nebenraum, die *Sala de Exudación*. Das in riesigen Kupferkesseln erhitzte Wasser wurde durch Röhren in das Bad geleitet, wo es sich auf dem Marmorboden in Dampf verwandelte. Dieser zog durch sternförmige Öffnungen im Gewölbe ab.

Jardines del Partal (I)

Der markierte Rundgang durch den Alhambra-Bereich führt aus den Bädern durch den Jardin de Lindaraja in östlicher Richtung zu den Jardines del Partal mit ihren Palmen und ihrem prächtigen Pflanzen- und Blütenarrangement in sorgsam abgezirkelten, heckenumgebenen Beeten, zwischen denen Wege mit Kiesel-Ornamenten verlaufen. Das Terrain war bis ins 20. Jh. eine verwahrloste Fläche; da aber der ehemalige Grundriß nachweisbar war, konnte man die Gärten originalgetreu wieder anlegen und damit den Eindruck dieses irdischen Garten Eden herbeizaubern, mit dem *Palacio de las Damas (J)* als zierlichem Hintergrund. Dieser ›Palast der Damen‹, ältester Teil der Alhambra, stammt von Mohammed III., dem dritten Nasridenherrscher (1302–1309). Das Gebäude, auch als Turm bezeichnet, besteht aus einem hübschen, fünfbogigen Arkadenvorbau, dessen mittlerer Bogen, wie in der Alhambra üblich, die anderen überragt und der innen mit einer geschnitzten Decke versehen ist, mit eingebauter vieleckiger Holzkuppel. Die 1965 errichteten Arkadensäulen entsprechen nicht dem ursprünglichen Zustand; die Bögen waren durch Pfeiler abgestützt. Am linken Ende ist dem luftigen Bau ein geziegelter Mirador mit Walmdach und drei Luken aufgesetzt. Eine Vedute von D. Roberts 1832 zeigt das Aussehen des Palacio vor der Restaurierung – er glich einem heruntergekommenen, vielfach ausgebesserten andalusischen Bauernhaus. Der Palacio de las Damas spiegelt sich in einem langen Zierbecken, an dessen oberem Ende zwei urige wasserspeiende Löwen hocken; sie stammen aus dem ehemaligen maurischen Irrenhaus.

Im Gelände, das sich innerhalb des Mauerrings nach Osten ausdehnt, befindet sich das kurz nach der Eroberung errichtete *Kloster San Francisco (K)*, das den Platz eines Maurenpalastes einnimmt. Der Bau, in den man eines der Staatshotels (Paradores) einbezogen hat, ist von Zypressen umgeben; sein quadratischer Turm trägt ein flaches Spitzdach nach der Art Herreras. Isabella die Katholische hatte das Kloster zu ihrer und ihres Gemahls Begräbnisstätte bestimmt, und zunächst war das königliche Paar auch in der Krypta beigesetzt. Nach Vollendung der Kathedrale von Granada bettete man beide in die dortige Capilla Real um.

Palacio de las Damas

Der Generalife (P)

Was Trianon für das Schloß von Versailles, war Generalife für die Alhambra, der Lustsitz der nasridischen Sultane. Der besondere Reiz der Sommervilla liegt nicht in der Architektur als solcher, sondern im Zusammenklang von Bauwerken, Gärten und Wasserspielen als Gesamtkunstwerk. Die Anlage voll Zartheit und Eleganz zieht sich am Cerro del Sol empor, der den Palästen der Alhambra gegenüberliegt; da der Hang großenteils verkarstet ist, wirkt der Generalife wie eine Oase. Der Name wird als ›Garten des Architekten‹ (Genat alarife) gedeutet. Einem Baumeister soll das Gelände, ehemals eine Plantage, gehört haben, bis der nasridische Herrscher *Ismael I.* (1314–1325) ihm den schöngelegenen Platz abkaufte und umgestaltete. Nach der Reconquista war die Anlage Privatbesitz von Adelsgeschlechtern und gelangte 1921 in die Hand des Staates.

Von den Söllern der Alhambra hat man den Generalife bereits vor Augen, den man durch eine genial gestaltete Kunstlandschaft in einer Viertelstunde Aufweg erreicht. Vom Partal-Garten führt der Weg parallel zur Nordmauer südostwärts, zur linken Hand zuerst ein kleines *Oratorium (L)* und dann einige Wachttürme: *Torre de los Picos (M), Torre de la Cautiva (N)* und *Torre de las Infantas (O).* Man verläßt die Mauerwehr und trifft mit einer Schwenkung nach Nordosten zu einer Allee mit auffallend hohen Zypressen (Paseo de los Cipreses).

Generalife

Etwas unterhalb zur linken Seite liegt eine 1951 gebaute *Freilichtbühne*, an die sich neuere Gärten anschließen, mit Magnolien und Granatapfelbäumen, Ulmen und Lorbeerbäumen, vor allem aber mit einer Fülle von Rosen. Über den Wegen sind Bögen aus Buchshecken geschnitten.

Der *Paseo de los Cipreses* setzt sich fort im *Paseo de las Adelfas*, der, von Oleander gesäumt, auf den Eingangspavillon des Generalife stößt, einen dreibogigen Bau, der einst einen einzigen großen Hufeisenbogen hatte. Nach Durchschreiten des Gebäudes steht man vor dem prächtigen langgestreckten *Patio de la Acequia* (Hof des Wassergrabens), in der Komposition dem Myrtenhof vergleichbar, doch noch reicher, poetischer als jener. Fontänen ergießen sich beiderseits in einen von Rosen umgrenzten Teich, der sich über die ganze Länge des Patio hinzieht. Seitlich befanden sich in maurischer Epoche Wandelhallen, von denen die der Alhambra zugewandte noch steht; in der Mitte ragt ein kleiner Mirador über die Halle hinaus.

Am Ende des Patio steht das Hauptgebäude in dessen ganzer Breite. Ein Arkadenvorbau von vier Bögen, die denen des Palacio de las Damas ähneln, ist mit Sebka-Mustern geschmückt. Im Obergeschoß befindet sich das von Ismael I. stammende einstige Gemach des Nasridenkönigs, mit Alkoven beiderseits. Nach Norden ist ein Mirador angebaut, in dem wohl der Thron des Sultans stand. Der Bau hat viele Veränderungen erfahren, so daß er, ausgenommen den Vorbau, eher europäisch wirkt. Doch sein Wert liegt ohnehin mehr im wirksamen Abschluß einer Gartenanlage, die man *die schönste aller Gärten der Welt* genannt hat.

Rechter Hand führt ein Aufgang zu weiteren, bergauf gelegenen Besichtigungspunkten, so dem botanisch interessanten *Zypressenhof der Sultanin* und der lorbeerüberrankten *Wassertreppe*, an deren Seiten sich Kaskaden ergießen. Am obersten Punkt liegt ein neuerer *Aussichtsplatz* an der Stelle eines einstigen Gebetstempels.

Vom Generalife, der ›Coda‹ der Alhambra-Symphonie, hat sich *Manuel de Falla* inspirieren lassen für sein Nocturno ›En el Generalife‹ und seine symphonischen Bilder ›Nächte in spanischen Gärten‹.

Kathedrale und Capilla Real (2)

Geöffnet: 11–13 Uhr und 16 Uhr bis Sonnenuntergang im Sommer, 15.30 Uhr im Winter. Getrennte Eingänge. Eintrittgebühren gemeinsam in der Capilla Real.

Ganz Europa nahm an der Rückeroberung Granadas 1492 freudigen Anteil. Die Christenheit sah darin einen Ersatz für den Verlust von Konstantinopel im Menschenalter zuvor (1453). Im Westen war die Gefahr erneuten Vordringens des Islam über die Iberische Halbinsel für immer beseitigt. Von der Straße von Gibraltar bis zur Nordsee läuteten die Glocken. Freudenfeuer flammten auf. Innozenz VIII. hielt in Rom persönlich die Dankesmesse ab. Heinrich VII., der erste Tudorkönig Englands, ritt an der Spitze der Kardinäle zur St. Pauls-Kathedrale, um dem Tedeum beizuwohnen.

In Granada selbst hatte der epochale Sieg der Katholischen Könige eine rege Bautätigkeit im Zeichen der Renaissance zur Folge. Die kastilische Königin veranlaßte laut königlicher Bulle, die am 13. Sept. 1504 in Medina del Campo in Altkastilien bekannt gemacht wurde, den Bau der Capilla Real als Grabstätte für sich und ihren Gemahl. Mit Entwurf und Bauleitung wurde *Enrique de Egas*, der bei der Ausstattung der Toledaner Kathedrale mitgewirkt hatte, beauftragt. Isabella erlebte die Fertigstellung der Kapelle nicht mehr; sie starb 1506. Erst 1521 überführte man sie und ihren Gemahl vom Kloster San Francisco auf dem Alhambra-Hügel in die Capilla Real.

Capilla Real *(Königliche Kapelle)*

Es empfiehlt sich, die Königliche Kapelle, die an der Südseite der Kathedrale in der Calle de los Oficios durch eine eigene Pforte zugänglich ist, zuerst zu besichtigen. Das Gemäuer über dem *Eingang (a)* weist über dem Gesims ein reichverziertes platereskes Schnörkelwerk auf, in das die Anfangsbuchstaben der königlichen Namen, Y und F, einbezogen sind. Links von der Pforte springt der 1518–1522 angebaute Komplex der *Lonja (b;* Handelsbörse) vor, die im Innern eine schöne, achteckig kassettierte Holzdecke besitzt; im Obergeschoß befindet sich der Kapitelsaal der Capilla Real.

Man betritt den Westteil der einschiffigen Kapelle und blickt neben dem Eingang auf eine großformatige Kopie des oft reproduzierten

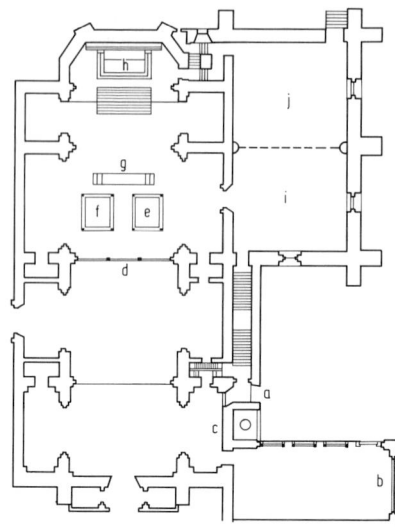

Capilla Real: Grundriß

Historienbildes von *Pradilla* (19. Jh.), das die ›Übergabe von Granada‹ (c) darstellt. Vor dem Grabraum rechts hat man eine der am reichsten verzierten *Rejas (d)* Spaniens vor sich, von *Bartolomé de Jaén* 1518 aus Schmiedeeisen gefertigt. Das vergoldete Gitter ist mit Königswappen, Heiligenfiguren und Medaillons geschmückt. Ein Band bewegter biblischer Szenen läuft im Oberteil der Reja über deren ganze Breite; darüber erhebt sich eine freistehende Gruppe: der Gekreuzigte mit Maria und Johannes. Das Gitter ist unter der Figur des hl. Petrus mit dem Signum des Meisters Bartolomé versehen.

Auf der Rückseite des Prunkgitters, die dem Chorabschluß und Altar zugewandt ist, umgeben die Embleme der Katholischen Könige, Joch und Pfeile, das von Löwen gestützte kastilische Wappen. Dieser Teil der Capilla ist eines der bedeutendsten Dokumente der Geschichte Spaniens, von erhabener Ruhe und feierlicher Majestas. Auf zwei marmornen Ruhebetten liegen die Begründer des vereinigten Königreichs und deren erste Nachfolger: Rechts sieht man die *Katholischen Könige* (e), von verblüffender Gegenwärtigkeit in der Darstellung des italienischen Renaissance-Meisters *Francesco Alexandre Fancelli. Ferdinands* Hände umschließen leicht das Schwert; er trägt den St. Georgsorden; zu seinen Füßen kauert ein Löwe. *Isabellas* Hände sind gefaltet; das ihr zugeordnete Tier ist ein Hund als Symbol der Treue. Sie trägt das Santiagokreuz. Ihr Kopfkissen ist tiefer eingesunken als das Ferdinands, woraus der Volksmund schließt, ihr Gehirn sei schwerer gewesen als das ihres Gemahls. Putten halten am Fußende des Ruhebettes eine Tafel, auf der man die Namen ›Fernandus‹ und ›Helisabetha‹ liest, ›unanimes Catholici appelati‹ (Gemeinsam Katholische Könige genannt). Links neben Ferdinand und Isabella und etwas erhöht ruhen beider Tochter *Juana* und deren habsburgischer Gemahl *Philipp der Schöne (f).* Dieses gleichfalls in Carrara-Marmor gemeißelte Werk stammt, an künstlerischem Rang nicht ebenbürtig, von dem spanischen Meister *Bartolomé Ordóñez.* Auch hier hält die männliche Figur das Schwert; die Spitze und einige Finger sind abge-

Eingangsportal zur Capilla Real mit ehem. Börse

brochen. Am Halsschmuck mit dem Zeichen des Joches hängt der Orden des Goldenen Vließes, der Stolz der Habsburger. Auf das Gewand sind Kastell und Löwe gestickt. Auch Juana ist betend wiedergegeben. In den gefalteten Händen hält sie ein Zepter, obwohl sie nie den Rang einer Königin besaß. Der Hund zu ihren Füßen weist eine ungewöhnliche Größe auf; hündisch hing sie auch an ihrem Gemahl, und dies noch lange und mit geradezu psychopathischen Anwandlungen nach seinem frühen Tod. Als die Skulptur 1519 gefertigt wurde, lebte die Königstochter im Zustand der Verwirrung noch 36 Jahre.

Durch die Heirat der thronberechtigten *Infantin Juana (Johanna)* mit *Philipp, Erzherzog von Österreich*, konnte das Haus Habsburg seine Macht weit in den Südwesten des Kontinents und bis in die Neue Welt jenseits des Ozeans ausdehnen. Die Tochter der Katholischen Könige wurde das tragische Opfer der aus dynastisch-politischen Überlegungen gestifteten Ehe. Die Infantin trat 17jährig am 22. Aug. 1496, erstmals der Fürsorge ihrer bedeutenden Mutter entrückt, mit großem Gefolge die Reise nach Flandern an, das zum mütterlichen Erbe ihres Verlobten gehörte und wo Philipp auch den größten Teil seiner Jugend verbracht hatte. Bei der ersten Begegnung mit der hübschen Spanierin war der Kaisersohn entzückt. Auch von Juana wird berichtet, sie sei sofort ›perdidamente enamorada‹ (unsterblich verliebt) gewesen. Die Zeit nach der Vermählung in den Niederlanden galt als ihre unbeschwerteste. Sie gebar einen Sohn, den späteren Imperator Karl V. Nachdem das Paar in Spanien eingetroffen war, kühlte die Verliebtheit Philipps merklich ab. Er zog es vor, für eine gewisse Zeit in das heitere Flandern zurückzukehren. Bei Johanna zeigten sich unterdessen erste Regungen einer unmäßigen Eifersucht, Symptom ihrer Verfallenheit an den fernen und leider so unbeständigen Gemahl, wohl auch schon Vorboten des später ausbrechenden Wahnsinns, der ihr den Beinamen ›Juana la Loca‹ (Johanna die Wahnsinnige) eintragen sollte. Nach Spanien zurückgekehrt, nahm Philipp, wieder mit Juana vereint, in Burgos, der kastilischen Residenz, Quartier. Dort erkrankte er und starb 1506. Juana wich nicht von dem Toten. Sie bewachte den Leichnam und verhinderte tagelang das Schließen des Sarges. Schließlich erfolgte die Beisetzung in der Nähe von Burgos. Als dort eine Seuche ausbrach, siedelte Juana mit dem Sarg in einen anderen Ort um. Als Juanas psychische Störung immer weiter zunahm, ließ ihr Vater, für die Autorität der Krone fürchtend, sie 1509 im Kloster Santa Clara in Tordesillas festsetzen, wo sie die restlichen 46 Jahre ihres Lebens von der Welt abgeschlossen verbrachte. Auch ihr Sohn Karl V. vertrat die These ihres – graduell nie ganz geklärten – Irrsinns, da er, hätte man die Tochter der Katholischen Könige für normal erklärt, die spanische Königskrone an diese hätte abtreten müssen. Juana starb 1555 in ihrer Haft, ein Jahr vor dem Kaiser. Der Enkel der Gefangenen, Philipp II., verfügte 1574, daß der Leichnam Johannas in die Kathedrale von Granada überführt werden solle. Dort sieht man das Marmorporträt neben der Liegefigur ihres frühverstorbenen, ungetreuen und doch abgöttisch geliebten Gatten, der ebenfalls dort seine letzte Ruhe fand.

In der *Krypta (g)* unter den Grabmonumenten befinden sich, für Besucher zugänglich, die Bleisärge mit den sterblichen Resten der hier Beigesetzten sowie des portugiesischen Infanten Miguel, eines Verwandten des spanischen Königshauses.

Der Aufsatz des *Hochaltars (h)* der Capilla Real stammt von dem Burgunder *Felipe de Vigarny* und gehört schon ganz der Renaissance an. In Fächer gefügte figürliche Szenen, vollplastisch und in Relief, weisen eine auffallende Lebensnähe auf und sind in drei Reihen angeordnet: in der obersten Christus am Kreuz, auch hier von seiner Mutter und dem Lieblingsjünger umgeben, und beiderseits dieser Hauptgruppe die ›Kreuztragung‹ und ›Beweinung‹; in der mittleren Reihe Märtyrerszenen (u. a. ›Enthauptung Johannes d. T.‹), in der untersten neutestamentliche Motive (u. a. ›Taufe Jesu‹ und ›Anbetung der Könige‹, deren einen man für ein Porträt Karls V. hält). Kunstgeschichtlich und historisch gleich beachtenswert sind die *Flachreliefs der Predella*, denen Authentizität zukommt, da sie *Boabdil* bei der Übergabe seiner Residenz und die Zwangstaufe der Mauren 1502 festhalten; unter den Täuflingen befindet sich ein Neger. Aus Siloés Werkstatt kommen die betend dargestellten polychromen Figuren der Katholischen Könige in prächtigen Gewändern. Beachtung verdient auch das Gewölbe der Capilla Real, wo die kraftvollen Rippen eines Sternenmusters sich zum vergoldeten Knauf des Schlußsteins vereinen.

Kaum weniger Interesse beansprucht das kleine *Museum (i)*, in das man rechts von den Grabstätten eintritt. Auf einem Tisch in der

Krone und Zepter Isabellas I. und Schwert Ferdinands II.

Mitte sind Silberkrone und Zepter Isabellas sowie das Schwert Fernandos ausgestellt, dazu die Goldtruhe der Königin mit fein ziselierten Ornamenten; es heißt, mit dem darin verwahrten Edelmetall habe sie die Reise des Kolumbus finanziert. Die für Kunst aufgeschlossene Monarchin hatte zahlreiche, namentlich flämische Gemälde gesammelt, von denen äußerst wertvolle im Museum der Capilla Real zu sehen sind. Die ›Kreuzabnahme‹ *Rogier van der Weydens* läßt durch ein Fenster den Blick auf eine tiefe flämische Landschaft frei; Christi Leib bildet eine Diagonale fast über die ganze Bildfläche. *Memling* ist mit einer ›Gruppe klagender Frauen‹ und einer ›Kreuzabnahme‹ vertreten, wobei die Bartlosigkeit Jesu verwundert. *Dieric Bouts* setzt eine ›Gottesmutter‹ von schlichtem Ernst in eine Loggia, umgeben von singenden Engeln, die im Ausdruck der Renaissance recht italienisch wirken. Von anonymer Herkunft ist eine aus Deutschland stammende ›Verkündigungsszene‹ voll verhaltener Anmut; fast den ganzen Hintergrund füllt ein großes rotes Bett. Von dem frühen Spanier *Berruguete* sieht man den schreibenden ›Evangelisten Johannes‹ mit bärtigem Gesicht, was selten ist; der ihm beigefügte Adler hält im Schnabel possierlich das Tintenfaß. Die Italiener sind mit einem ›Leidenden Christus‹ des Raffael-Lehrers *Perugino* und einem ›Garten Gethsemane‹ vertreten, der einem ›Garten Eden‹ gleicht und dem man unschwer die Handschrift Botticellis ansieht. *Juan de Sevilla* verbildlicht die Umarmung Boabdils durch König Ferdinand; man sieht, wie leicht Friedensbezeugungen im Kriege enden können. Die mit dem Museum verbundene *Sakristei* (j) enthält Porträts der Katholischen Könige, die man Antonio del Rincón zuschreibt.

Kathedrale Santa Maria de la Encarnación

Man betritt die Kathedrale selbst, die mit der Capilla Real einen zusammenhängenden Baukomplex (mit getrennten Eingängen) bildet, von der Gran Via de Colón aus; wie bei der Großkirche von Sevilla befindet sich auch hier der Eingang an der Ostseite des Gotteshauses. Man hat von hier aus den stufenweisen Aufbau der kuppelgekrönten Capilla Mayor vor sich.

Der Bau wurde erst 1523 in Auftrag gegeben, wobei man *Enrique de Egas*, der auch in der Capilla Real tätig war, mit der Leitung betraute. Das maurische Bethaus an dieser Stelle, im christlichen Sinne abgewandelt, diente als erste Kirche, erwies sich aber bald als zu klein. Egas begann den Neubau nach den Regeln der Spätgotik. *Diego de Siloé*, der fünf Jahre später Egas ablöste, brachte das Kunststück fertig, auf dem gotischen Grundriß im Stil der Renaissance weiterzubauen. Die Weihe der Kathedrale erfolgte 1561, doch bis 1707 dauerten die Arbeiten fort. Der mächtige Baukörper, christliches Gegenstück zur Alhambra, gehört zusammen mit den Kathedralen von Málaga, Cádiz und Jaén zu den vier großen Beispielen der Kirchenbaukunst des Renacimiento in Andalusien, doch sie übertrifft die anderen an maßgerechter Proportion und Wärme des Ausdrucks. Der Marquis von Lozoya, namhafter Kunsthistoriker, nannte Granadas Hauptkirche das Spitzenwerk spanischer Renaissance bis zum Escorial.

An Bau und Ausstattung der Granadiner Kathedrale beteiligte sich auch der größte Meister, der aus der Schule von Granada hervorgegangen war: der als Architekt, Bildhauer und Maler begabte *Alonso Cano*. Sein wesentlicher Beitrag war die Westfassade, vor der sich auf dem gleichnamigen Platz die Porträtbüste Canos befindet. In kühnem Entwurf hat der Erbauer drei monumentale Rundbögen, die bis zur Gesamthöhe der Kathedrale aufsteigen, zusammengefaßt und damit die Wirkung eines altrömischen Triumphbogens erzielt. Ein markant hervortretendes Gesims in halber Höhe unterteilt die Fassade in zwei Hälften; es setzt sich fort am quadratischen Turm linker Hand, der auch das Motiv der Rundbögen aufnimmt. Ursprünglich war eine Höhe von 78 m geplant, doch der Turm blieb Fragment, so daß er nur 60 m erreicht und flach abgedeckt ist. Im Unterteil befindet sich die heute noch zugängliche einstige Werkstatt Canos.

Alonso Cano, gen. *El Granadeño* (1601–1667), erhielt von dem habsburgischen König Philipp IV. eine Pfründe zwecks sorgloser Arbeit am Bau. Des Mordes an seiner Frau verdächtigt, unterzog man ihn der Folter. Er flehte darum, daß man ihm nicht die rechte Hand abschlüge, ohne die er seine Laufbahn beenden müßte. Wegen mangelnder Beweise sprach man ihn jedoch frei. Canos Ansehen war so groß, daß er bei leerer Kasse auf der Stelle eine Skizze anfertigte, die jedermann als Zahlung annahm. Aus seiner Schule gingen Pedro de Mena, José de Mora, Pedro Atanasio Bocanegra und Juan de Sevilla hervor.

Innenraum der Kathedrale

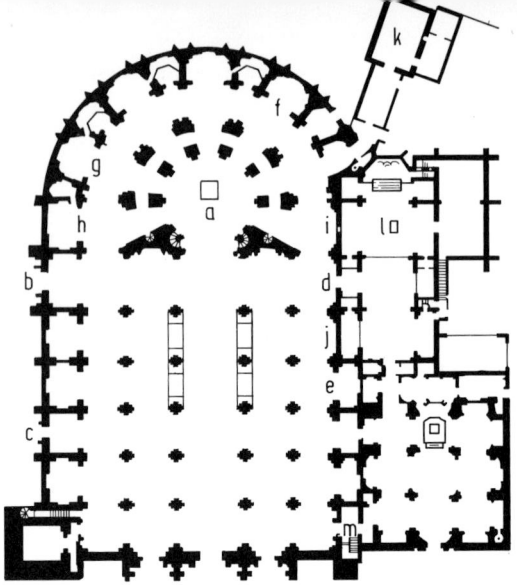

Kathedrale:
Grundriß

Zwanzig mächtige Bündelpfeiler mit korinthischen Kapitellen tragen im 116 m langen, 67 m breiten Innenraum das weitgespannte Gewölbe römischen Zuschnitts, das im Mittelschiff kreis-, netz- und schleifenförmige Verzierungen aufweist. Die höchste Höhe, die Kuppel über der Capilla Mayor, mißt 48 m. Wie bei den meisten spanischen Gotteshäusern war auch in Granada der Coro in die Mitte des mittleren Längsschiffs – Granadas Kathedrale verfügt über deren fünf – gesetzt und versperrte die Sicht zum Hauptaltar. 1929 hat man ihn abgebrochen und damit einen freien Blick zur Capilla Mayor geschaffen.

Die *Capilla Mayor (a)*, hat einen halbrunden Grundriß. Über dem Altar in der Mitte erhebt sich ein säulengestützter Baldachin. Durch kassettierte Rundbögen blickt man in den Chorumgang. Über den Bögen verlaufen zwei konkave Balustraden, hinter denen man Heiligenbilder von Bocanegra und Juan de Sevilla sowie Alonso Canos ›7 Freuden Mariä‹ sieht, über denen zwei Reihen von farbigen Glasfenstern angeordnet sind; die Bildentwürfe stammen teils aus Flandern, teils aus der Werkstatt Siloés. Unter dem plastischen Schmuck der Capilla Mayor seien die an den Säulen angebrachten *Apostelstatuen* aus vergoldeter Bronze erwähnt, Werke von Alonso de Mena und Martín de Aranda. Über Lesepulten beiderseits der Capilla sind die kniend wiedergegebenen *Bildwerke der Katholischen Könige* zu sehen, die Pedro de Mena gemeißelt hat, Gegenstücke der gleichen

Puerta del Perdón (Nordportal)

Figuren in der Capilla Real, in Nischen darüber die von Cano gefertigten polychromen *Büsten von Adam und Eva*, die sich dem Beschauer in der gepflegten Haartracht des 17. Jh. vorstellen. Die Fassung wurde erst später von Juan Vélez de Ulloa besorgt.

Zwischen den beiden ersten Pfeilern des Mittelschiffs fällt die von Rocailles umrahmte *Barockorgel* auf. Nahebei sind *Alonso Cano* und *Mariana Pineda* beigesetzt, letztere eine volkstümliche Heldin, die bei den Unruhen 1831 den Tod erlitt.

Portale · Kapellen · Altäre

Unter den Portalen der Kathedrale nimmt die an der Nordseite gelegene *Puerta del Perdón* (*b*; Pforte der Vergebung) den ersten Platz ein. Sie ist das Werk *Siloés*, dessen Initialen in einer Nische erkennbar sind, und mit reichem platereskem Schmuck versehen. Über die Archivolte mit feinziseliertem vegetabilem Schmuck halten die allegorischen Figuren von Fides und Justitia (Glaube und Recht) eine Inschriftentafel. Zur linken Seite des Portals ist nahezu vollplastisch und großformatig das gekrönte kastilische Wappen angebracht, das ein Adler zwischen seinen Schwingen hält. Die *Puerta de San Jerónimo* (*c*), ebenfalls an der Nordseite, wurde auch von Siloé, zusammen mit Maeda, platteresk ausgeführt. An der Südseite, vom Kathedral-Innern aus im rechten Seitenschiff, befindet sich der heute verschlossene

Ehem. Hauptportal zur Capilla Real

ehem. Haupteingang zur Capilla Real (d), der kunstgeschichtlich einen hohen Rang einnimmt. Der Portalbogen mit gotisch stilisierten Hängern wird von einem Alfiz umrahmt, über dem ein Kielbogen ein Feld freiläßt, in dem man das Wappen Kastiliens und die Embleme der Katholischen Könige erblickt. Als Bekrönung thront Maria mit dem Kind unter einem Baldachin. Unter den übrigen Figuren des von Enrique de Egas gestalteten Portals sieht man Johannes d. T. und den Evangelisten Johannes.

Schreitet man die 13 Kapellen ab, so beachte man im rechten Seitenflügel die *Capilla de la Trinidad (e)* wegen des hervorragenden Dreifaltigkeits-Triptychons von Cano. In der *Capilla Santa Ana (f)* des Chorumlaufs wird die Mutter Mariä von der Jungfrau und Christus flankiert. *Santa Lucia*, die Heilige von Syrakus, trägt in ihrer *Kapelle (g)* die Zeichen ihres Martyriums, zwei Augen auf einem Teller. Die *Capilla de la Antigua (h)* enthält als Mittelstück eines Barockaltars eine geschnitzte und gefaßte Madonna, die von einem deutschen Kampfgenossen bei der Eroberung Granadas stammen soll. Wegen ihres rührenden Ausdrucks ist sie beim Volk ähnlich beliebt wie die ›Virgen de Pilar‹ von Pedro Millán in der Kathedrale von Sevilla.

Alonso de Mena, der Vater des berühmten Pedro de Mena, schuf 1640 den *Santiago-Altar (i)* im rechten Seitenschiff vor dem Chorumlauf. Der Apostel und Vorkämpfer der Reconquista ist auf einem Schimmel mit breitrandigem Hut und erhobener Klinge wiedergegeben; zu Füßen des Rosses liegt ein niedergeworfener Maure; über der Reiterstatue befindet sich ein Schild mit der Bitte ›Jacobe ora pro nobis‹ (Santiago bitte für uns). Ein kleines Gemälde ›Virgen de los Perdones‹ war ein Geschenk von Papst Innozenz VIII. an Isabella I. Das Bild diente als Altaraufsatz bei der Dankesmesse auf der eroberten Alhambra. Ebenfalls im rechten Seitenschiff steht der *Altar des Jesus von Nazareth (j)*, dessen churriguereskes Dekor ganz mit Gold übergossen erscheint und dessen eingefaßte Gemälde von einer Elite von

Malern stammen: Cano hat die Bildnisse Jesu, der Jungfrau und des Kirchenvaters Augustinus geschaffen, Ribera ›Das Jesuskind erscheint dem hl. Antonius‹, ›Büßende Magdalena‹ und ›Martyrium des hl. Laurentius‹, El Greco wird ein ›Hl. Franziskus‹ zugeschrieben.

Sakristei · Sagrario · Schatzkammer

Das berühmteste Werk in der *Sakristei (k)*, in die man am Beginn des Chorumlaufs tritt, ist Alonso Canos geschnitzte ›Inmaculada‹, betend wiedergegeben, mit olivgrünem Hemd und blauem Umhang; das Gesicht, das fast porzellanartig wirkt, hat etwas Puppenhaftes an sich. Alonso Cano ist ferner mit einer ›Himmelfahrt Mariä‹ gegenwärtig, Martínez Montañés mit einer ›Kreuzigung‹.

Der *Sagrario (l)*, der sich rechts an die Fassade anschließt, steht an der Stelle der ehemaligen Moschee. Während der Belagerung Granadas durch die christlichen Streitkräfte hat sich ein gewisser Hernan Pérez de Pulgar 1490 durch einen tollkühnen Streich einen Namen gemacht: Er schlug sich durch die nasridische Stadt bis zur Moschee durch und heftete ein Ave Maria an die Tür. Seine Nachkommen wurden durch die Krone mit Privilegien ausgestattet. Aus dem Inventar des Sagrario, der heute als Pfarrkirche dient, ist ein schöner *Taufstein* zu nennen, den der Italiener Francesco Indaco 1522 hergestellt hat. Der Eingang zur *Schatzkammer (m)* befindet sich bei der Turmtreppe. Ein Werk Canos, des am häufigsten in der Kathedrale vertretenen Künstlers, ist die ›Virgen de Belém‹ (Jungfrau von Bethlehem) sowie eine Paulusbüste mit zur Seite gewendetem Haupt und wallendem Bart.

Alcaicería (3)

Der Sagrario stößt an der Südflanke der Kathedrale auf die Calle de los Oficios, welche die Gran Vía de Colón mit der Plaza de Alfonso Cano verbindet. Der Domkirche gegenüber liegt die lange Front der *ehem. arabischen Universität*, die mit dem weit vorkragenden Hohlziegeldach, den Eisengittern der Fenster und Balkone sowie dem kastilischen Wappen über Eck heute einen spanischen Anstrich aufweist. Das Gebäude trägt den Namen *Casa del Cabildo Antiguo*, weil früher hier der Stadtrat tagte.

An die Hauptmoschee schloß sich nach Süden der Basar an, zwischen den heutigen Straßen Oficios und Zacatín. Das Viertel Alcaicería, das heute noch den arabischen Namen trägt, hatte bis 1843 noch weitgehend sein altes Gesicht beibehalten, wurde aber dann durch Feuer zerstört. In unsern Tagen weist der einstige Souk für Seidenwaren immer noch einiges von einem orientalischen Markt auf, vor allem durch die schmalen Verkaufsgassen, die eher Gänge sind, und in denen sich Verkaufsläden mit vorwiegend kunstgewerblichem Angebot aneinanderreihen, nur durch Marmorsäulen getrennt. Neuzeitliche Hufeisenbögen und Ajimeces-Fenster unterstreichen das morgenländische Gepräge.

Vom Kathedralbezirk gelangt man durch die Calle de los Reyes Católicos, der zweiten Hauptverkehrsader der Granadiner Innenstadt neben der Gran Via de Colón, zur *Kirche Santa Ana (4)*, einem schlichten eintürmigen Gebäude, das schon von weitem ins Blickfeld rückt. *Siloé* hat auch für dieses 1537–1563 erbaute Gotteshaus die Pläne geliefert. Der Wechsel von Hau- und Ziegelstein in der Mauerung sowie die Zwillingsfenster mit Alfiz-Umrahmung sind maurischer Nachklang. Über dem platteresken Hauptportal stehen Heilige in Nischen.

San Jerónimo (5)

Geöffnet: 10–13 Uhr und 16 Uhr bis Sonnenuntergang.

San Jerónimo ist dem Bibel-Übersetzer Hieronymus geweiht, dem Patron des zugehörigen Klosters, nachdem das Gotteshaus 1496 als erster Kirchenbau nach dem Sieg über die Mauren gegründet worden war. Im einschiffigen Innern steht ein repräsentativer Renaissance-Altar mit polychromen Figuren von Juan de Arasón und

San Jerónimo: Kreuzgang

Lazaro de Velasco. Unter dem Altar ist der spanische Nationalheld *Gonzalo Fernándes de Córdoba* mit seiner zweiten Gemahlin, *Doña María Manrique*, beigesetzt; in der Calle San Matías, nahe dem Isabella-Denkmal, war er 1515 gestorben. Das Haus steht nicht mehr, doch am Gemäuer des dort errichteten Klosters der Barfüßigen Karmeliterinnen erinnert eine Tafel an den ›ruhmreichen Sieger über Mauren, Türken und Franzosen‹. Die schön gearbeiteten, wenn auch nicht porträtechten, knieenden Figuren von Gonzalo und Doña María umrahmen den Retablo San Jerónimos, der Capitán in schimmernder Rüstung.

San Juan de Dios (6)

Geöffnet: 10-13.30 Uhr und 15.30 Uhr bis Sonnenuntergang.

Das mit wenigen Schritten von San Jerónimo erreichbare Hospital mit zugehöriger Kirche geht auf das Jahr 1552 zurück. Die doppeltürmige Fassade besitzt eine zweistöckige Portalzone mit übereinandergesetzten korinthischen Säulen; in der Nische über den Giebelsegmenten der Pforte steht der namengebende Heilige. Die Öffnungen der Glockenstühle sind mit verschnörkelten barocken Formen umrankt. Eine weite Kuppel mit Laterne bedeckt die Vierung. Das Gemäuer des Innenhofs mit noblen Arkaden bietet durch dezente Bemalung und Farbkacheln einen gefälligen Anblick. Ein von J. F. Guerrero gefertigter churrigueresker Retablo, den man als goldenen Dschungel bezeichnen könnte, schließt die Capilla Mayor ab. Der Tabernakel ist in den Retablo eingebaut. San Juan de Dios stammte aus Portugal, führte ein abenteuerliches Leben, focht vor Wien gegen die Türken und ließ sich schließlich in Granada nieder. Mit seinen Anhängern, den Barmherzigen Brüdern, brachte er als Bettelmönch die Mittel für karitatives Wirken zusammen.

La Cartuja (7)

Geöffnet: 10-13 und 15-19 Uhr bzw. 18 Uhr im Winter. So nachm. geschlossen.

Daß man den Churriguerismus leicht übertreiben kann, zeigt die Cartuja, die Kirche des Kartäuserklosters, die auf eine Stiftung des Gran Capitán zurückgeht, ein Bau mit einer Überfülle barocken Dekors. Von der Calle de San Juan de Dios über den Real de Cartuja und den Camino de Alfacar gelangt man durch die Jardines del Triunfo (Gärten des Triumphs) zur unauffälligen, von Lisenen umrahmten Fassade, über deren Portal der hl. Bruno, der Ordensgründer, in weißem Marmor zu sehen ist, ein Werk von Pedro Hermoso. Von Pedro Atanasio Bocanegra stammt eine gemalte ›Inmaculada‹ im Kircheninnern. José de Mora schuf 1710 den churrigueres-

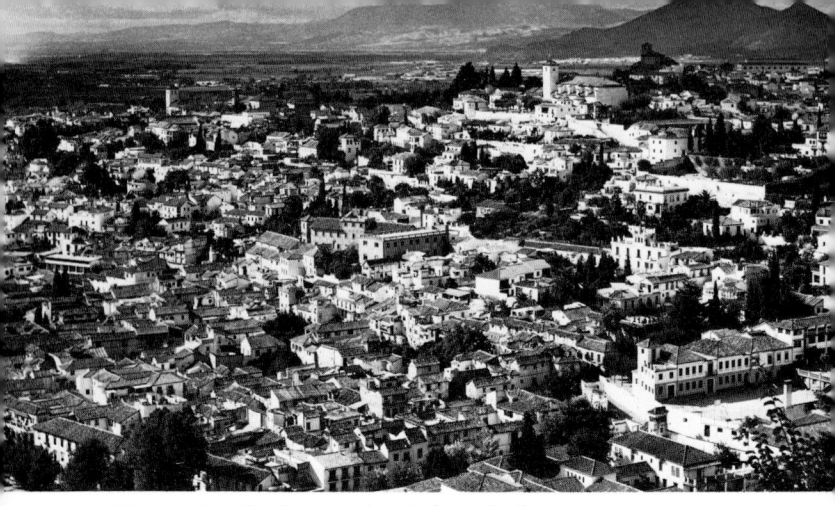

Blick von der Alhambra zum alten Stadtviertel Albaicin

ken Hauptaltar mit der Holzstatue des aus Köln stammenden hl. Bruno (1032–1101). Noch reicher als die Ornamentik des einschiffigen Kirchenraums sind die üppigen Stuckarbeiten der *Sakristei*, denen aztekische Vorbilder zugrundeliegen und die dazu geführt haben, daß man von der Cartuja als der ›christlichen Alhambra‹ spricht. Gemälde von Vicente Carducho in der *Capilla de Legos* (Laienkapelle) verbildlichen Szenen aus der Geschichte der Kartäuser: Bruno empfängt die Mitra, die ihm Papst Urban II., der Initiator der Kreuzzüge, überreicht; der hl. Hugo gerät in Verzückung, als er Kartäuser wird; eine Vision veranlaßt Papst Victor III., den Orden anzuerkennen; Kranke trinken das Wasser, das aus dem Grabmal des hl. Bruno quillt.

Unter den weiteren Kirchen und Palästen, die über die ganze Stadt verstreut sind, verdient besonders die *Casa de los Tiros (8)* Erwähnung, die in der zur Alhambra ansteigenden Parkanlage liegt, nahe der Calle de los Reyes Católicos. An der glatten Fassade des Hauses stehen marionettenartige Figuren wahllos auf kleinen Konsolen; sie stellen im Sinne antiker Rückbesinnung der Renaissance Herakles, Theseus, Jason, Hektor und Merkur dar. Schöne Balkendecken finden sich in der Vorhalle und dem Hauptsaal. Doch vor allem lohnt den Besuch das *historisch-folkloristische Museum* (*geöffnet:* 10–13 und 16–19 Uhr), darunter eine komplett eingerichtete Küche aus dem Alpujarra-Gebiet sowie Erinnerungsstücke an Washington Irving und an die aus Granada stammende Eugenia de Montijo, als Gemahlin Napoleons III. Kaiserin der Franzosen.

Ehem.
Maurisches Bad

Albaicín (9)

Jenseits des Río Darro steigt das pittoreske Viertel Albaicín empor, das auf einem Ausläufer der Sierra de la Yedra liegt und einst von Mauren bewohnt wurde, die aus Baeza (Jaén) geflüchtet waren. Teile der muselmanischen Stadtmauer sind noch erhalten. Der Ort mit seinen auf- und abführenden gewundenen Gassen sowie seinen Gärten und Blumentöpfen gleicht heute noch einer arabischen Medina. Die *Casa de los Mascerones* in der Calle de Pagés, die *Casa Marisca* in der Calle del Pardo und zahlreiche andere Häuser haben geometrische Kachelmuster, Zackenbögen, Stuckverzierungen, Artesonadodecken mit Sternmotiven. Am höchsten Punkt des ›Orts auf der Anhöhe‹ – dies die Bedeutung von Albaicín – kann man noch Reste der maurischen *Alcazaba Vieja* entdecken, die mutmaßlich an der Stelle des iberischen *Ilíberis* lag. Die im Mudéjar-Stil erbaute *Kirche San Salvador* nimmt den Platz der Freitagsmoschee des moslemischen Albaicín ein. Die gotische *Kirche San Nicolás* überragt mit ihrem Turm das Gewirr niederer Bauten; Architekt des Sanktuariums war Rodrigo Hernandez. Flämische Gobelins zieren die Wände. Von der Terrasse vor San Nicolás genießt man einen umfassenden Blick auf Granada und die Alhambra. Maurische Vergangenheit kommt dem Besucher des Albaicín auch am Fuß des Stadtviertels zu Gesicht: in den *Arabischen Bädern* (Baños), die ähnlich wie die Badanlagen der Alhambra in ihrem Gewölbe sternförmige Öffnungen besitzen.

Sacromonte (10)

Im südlichen Anschluß an den Albaicín steigt der sepiabraune, von Opuntien bewachsene Hang von Sacromonte empor, mit einer Abtei gleichen Namens. Der Hang ist bespickt mit einer Menge weißgetünchter Höhlen, die hauptsächlich von Zigeunern bewohnt werden. Fremden bieten sie Gitarrenmusik und Flamencotänze an, doch vielfach von minderer Qualität.

Wie von Albaicín überblickt man auch von Sacromonte aus die majestätische Burg der Nasriden und dahinter den schneebedeckten Gebirgsstock der Sierra Nevada. Eine Bergbahn führt zu Höhenhotels hinauf; die Autostraße erreicht den Gebirgsort Guejar-Sierra und einen 2124 m hoch gelegenen Parador. Im Corral de la Veleta liegt der südlichste Gletscher Europas. Der Monte Mulhacén ist mit 3481 m der höchste Gipfel.

24   Santafé · Loja

Auf der Straße von Granada nach Málaga durchquert man nach 10 km die kleine Ortschaft *Santafé* (= ›Hl. Glaube‹) mit einem Torbogen aus dem 18. Jh. Der Platz besitzt geschichtlichen Rang: Hier hatten die Katholischen Könige während der Belagerung von Granada 1491/92 ihre Zelte aufgeschlagen, hier auch erhielt Kolumbus die Zusage Isabellas I. für die Unterstützung der geplanten Indienfahrt, die zur Entdeckung Amerikas führte. Die Königin befahl die Gründung des Ortes nach Abbruch des Lagers.

Nach weiteren 45 km macht die Straße einen Knick, indem sie die hochgelegene Vega und das Tal des Río Genil verläßt, um sich durch einen gewundenen Taleinschnitt der Sierra de Loja zur Küste zu schlängeln. Rechter Hand schaut man nach *Loja* hinunter, dessen weiße Häuser am Hang liegen, der sich zum Río Genil senkt. Es lohnt sich, die romantischen Gassen zu durchstreifen. Aus dem Ortsbild ragt eine Kuppe mit der ehemaligen maurischen Alcazaba heraus, deren Gemäuer noch gut erhalten ist und in welcher der Gran Capitán Gonzalo von Córdoba, obwohl er bei König Ferdinand in Ungnade gefallen war, bis zu seinem Tod glänzend Hof hielt. Hoch ragt der helmbedeckte Turm von *San Gabriel* empor, einer von Siloé erbauten Kirche mit ansehnlicher Artesonadodecke. Wegen ihrer reichen Barockfassade ist die Kirche *Santa María* nennenswert. In Loja steht das *Denkmal des Generals Narváez*, der im Karlistenkrieg die Sache der regierenden Königin Isabella II. vertrat und den man das ›große Schwert von Loja‹ genannt hat. Im jenseitigen Bergland ist der Genil zu einem der größten ›Embalses‹ Andalusiens aufgestaut, welcher der Bewässerung der Granadiner Vega dient.

25   Guadix

Ein Besuch der Provinzhauptstadt schließt meist einen Ausflug ins nahe Guadix ein, das man auf der Straße nach Murcia nach Überqueren des Río Darro und vorbei am Südrand der Sierra de Cogollos in der gleichnamigen Hoya (Niederung) in einer Entfernung von 53 km erreicht. Die am unansehnlichen Río Verde gelegene einst bedeutende Römerstadt *Acci* wurde von den Arabern *Wadi Asch* genannt und mit Mauern sowie einem Alcázar versehen, der später mehrere Erweiterungen erfuhr. Noch vor Granada, 1489, wurde Guadix christlich.

Guadix: Fassade der Kathedrale

Der langgestreckte, mit doppeltem, zinnenbewehrtem Gemäuer von verschiedener Höhe eingegrenzte Kastellbau kann vom Seminario aus über eine Brücke betreten werden. Der mit einem kleinen weißen Aufbau bekrönte Bergfried bildet den Kontrapunkt zum barocken Turmhelm der Kathedrale; beide Bauwerke mit braunem Mauerwerk beherrschen das malerische Stadtbild weißer, rotbedachter Häuser; im Hintergrund hebt sich die Kulisse einer kahlen, ebenfalls braunen Hügelkette ab.

Die *Kathedrale* steht massiv auf den Fundamenten der ehemaligen Freitagsmoschee. Bündel korinthischer Halbsäulen tragen das stark

Vorbau einer Höhlenwohnung

gerippte Gewölbe; über der Vierung öffnet sich eine monumentale Kuppel mit fächerförmigen Fenstern; dahinter überragt die Konche des von Siloé entworfenen Chors den Altar-Baldachin. Das Chorgestühl ist üppig churrigueresk. Der Turm des weitgehend barockisierten Renaissance-Baus entstammt dem 17. Jh.

Die Bischofsstadt weist daneben zwei mudéjare Kirchen auf, *Santa Ana* und etwas hügelauf die dreischiffige Kirche des *Klosters Santiago*, deren platereskes Portal vor glatter Fassade an einen Retablo erinnert; über dem Portal prangt das Wappen Karls V. Die hölzerne Muldendecke ist nach der arabischen Mushrabije-Art gefertigt; die unter der Decke verlaufenden Leisten sind mit Sternmustern dekoriert. Die Halbkuppel des Chors besitzt eine mit Rosetten geschmückte Kassettendecke, die sich von mudéjaren Einflüssen freihält.

Barrio de Santiago

Ein besonderes Interesse beansprucht in Guadix der Barrio de Santiago, wo man in einer nahezu baumlosen Mondgebirgslandschaft von bizarren kegelförmigen Gebilden eine Unzahl von Höhlenwohnungen antrifft mit mehreren Räumen, die weit in das weiche Lößgestein hineinreichen. Im Gegensatz zu Sacromonte sind hier die wenigsten Bewohner Gitanos (Zigeuner). Einrichtung und technische Geräte verraten vielfach einen keineswegs niederen Lebensstandard. Vor den Höhleneingängen sieht man weißgestrichene Vorbauten, teilweise auch umzäunte Patios und niedere Rundkamine. Nur einige gemeinschaftliche Bauten wie Kirche und Schulen befinden sich außerhalb des Höhlen-Ensembles. Die Höhlenwohnung, wie man sie im Barrio de Santiago erlebt, geht auf altüberlieferte, antike Wohnformen zurück. Hierzu zählen die frühchristlichen Höhlen von Göreme im kleinasiatischen Kappadokien wie auch die bewohnten Grotten Palästinas, deren eine die Hl. Familie als ihre Bleibe eingerichtet hatte. Wenn man auf Sizilien ähnlich wie in Guadix Troglodyten antrifft, so könnte dies auf andalusische Einflüsse während der Zugehörigkeit der Mittelmeerinsel zu Spanien zurückzuführen sein.

Guadix ist der Geburtsort des Gründers von Buenos Aires, *Pedro de Mendoza* (1487–1537).

26 Almuñécar

Verglichen mit den Nachbarprovinzen Málaga und Almería verfügt die Provinz Granada nur über ein kurzes Stück Küste, doch reich an Fischerorten und Stränden, die zur Costa del Sol gehören. Wichtigster Ort ist Almuñécar, mit einer großartigen Lage zwischen Mittelmeer und Sierra de la Almijara, die respektable Gipfel aufzuweisen hat (Navachica 1832 m). Almuñécar breitet sich zum Teil auf einen Ausläufer des Gebirges aus; weißgekalkte Kuben klettern an den Hängen empor.
Die Phönizier hatten dem Ort den Namen *Sexi* gegeben, und von den Römern künden Reste eines doppelreihigen Aquädukts und einer unterirdischen Grabanlage in Form eines Columbariums, wie man sie aus Carmona kennt; die Nekropole liegt am Ufer des Río Verde. Das maurische Andalusien hätte vielleicht nie eine solche Blütezeit erlebt, wäre in Almuñécar nicht 755 der flüchtige Omaijade Abd-ar-Rahman gelandet, von den Anhängern der Dynastie jubelnd willkommen geheißen, um dann als Emir in Córdoba zu herrschen und den Grundstock des künftigen Kalifats zu legen. Von der arabischen Epoche zeugt der Rest der Alcazaba auf dem hügligen Vorgebirge, einst ein Vierflügelbau mit vier runden Ecktürmen, deren einer der Pforte zum heutigen Friedhof inmitten der Anlage weichen mußte.
Unter den Höhlen Andalusiens befindet sich eine stattliche auch inmitten von Almuñécar: die aus sieben Räumen bestehende *Cueva de los Siete Palacios.* Am Bau der *Pfarrkirche* wirkten zwei bekannte Architekten mit: Juan de Herrera, der den Escorial entwarf, und der andalusische Renaissance-Meister Diego de Siloé, der 1600 den Turm der Pfarrkirche errichtete.
Ein bedeutendes religiöses Fest ist die jeweils am 15. August veranstaltete *Seeprozession* zu Ehren der ›Virgen de la Antigua‹. Dutzende von Fischerbooten werden vom Hauptboot mit der Heiligenstatue angeführt, wie man sie an prunkvollem Aufwand nur von der St. Nikolaus-Seeprozession vor der adriatischen Küste von Bari kennt.

Der Küstenbereich der Provinz Almería wird durch zwei Gebirgszüge, die *Sierra de Gador* (2126 m) und die *Sierra de Alhamilla* (1387 m), von den westlichen Winden abgeschirmt. Zwischen beiden Gebirgen fließt der *Río Berdelecho* in die nach der Hauptstadt genannte Bucht, einen Abschnitt der Costa del Sol. Am östlichen Ende liegt das *Cabo de Gata*, das, wörtlich übersetzt, ›Katzen-Kap‹ heißt, doch leitet sich der Namen von Ágata = Achat her. Die Bedeutung des Gebietes der Provinz bestand früher in der Herstellung von Seide, die zumal bei der kapriziösen Mode der Renaissance ihren Markt hatte. Heute spielt der Export von Eisenerzen, Orangen und Weinen eine führende Rolle.

27 Almería

Geschichte: Am Ort des phönizischen *Bartulos*, des römischen *Portus Magnus*, gründete Abd ar-Rahman III., der erste Kalif von Córdoba, 955 die Hafen- und Handelsstadt Almería, was soviel wie ›Spiegel des Meeres‹ bedeutet. Nach dem Zerfall des Kalifats bildete sich aus dessen Erbmasse ein eigene, unabhängige Taifa, deren erster Emir *El-Jairán* innerhalb des maurischen Spanien eine wichtige Position einnahm, indem er auch Córdoba, Jaén, Murcia und Teile Granadas beherrschte. Almería übertrumpfte Sevilla. Als das Emirat 1091 in die Hände der Almoraviden gelangte, verlor es seinen bisherigen Rang. Seepiraten schufen sich im Küstenbereich Schlupfwinkel. 1147 nahm der kastilische König Alfonso VII. Almería ein, wobei ihm Navarra, Katalonien, der Herzog von Montpellier sowie die Republiken Genua und Pisa Hilfe lei-

Almería: Orientierungsplan
1 Alcazaba – 2 Kathedrale – 3 Iglesia de Santiago – 4 San Pedro – 5 Kgl. Konvent – 6 Santo Domingo – 7 San Juan – 8 Museum – 9 Rathaus

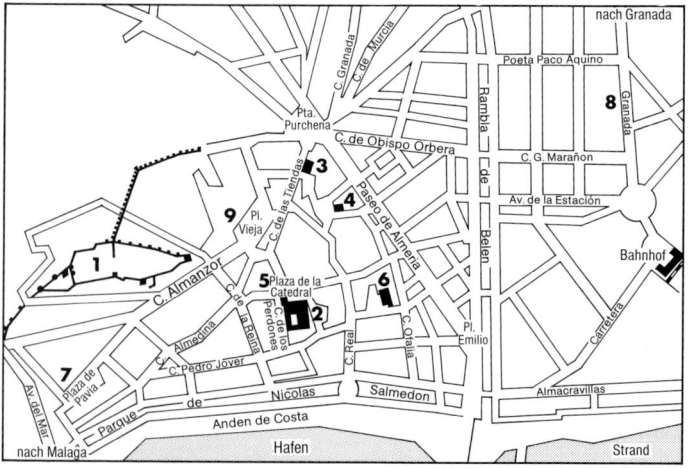

steten. Zehn Jahre lang konnte er sich am Ort behaupten. Von den Moslems zurückgewonnen, wurde das Gebiet dem Nasridenreich einverleibt. Abdallah az-Zagal, ein Onkel Boabdils, übergab 1489, noch vor dem Fall Granadas, Almería den Christen.

1522 vernichtete ein Erdbeben große Teile der Stadt. 1567 suchten Mauren, die nach dem Verlust ihres Reiches im Alpujarra-Gebirge hausten, sich Almerías zu bemächtigen, wurden aber von dem tüchtigen Capitán García de Villaroël abgewiesen. Während des Guerillakriegs behauptete sich die Stadt gegen den napoleonischen Marschall Soult.

Die *Rambla de Belén* trennt die Stadt in zwei Hälften: im Osten die als Schachbrett angelegte Neustadt mit Hochhäusern und Parkanlagen, im Westen die älteren Viertel mit Rathaus (9) und Kathedrale (2). Zur Küste hin reichen die Wohnblocks bis zu den belebten Stränden *San Miguel, Villa García, Las Conchas* und *El Zafrico*. Der *Paseo de José Antonio* entspricht mit seinen Palmen als Flanier-Allee den Corniches Frankreichs, den Lungomares Italiens. Ausgangspunkt zu den älteren Vierteln ist die *Puerta de Purchena*, von der man durch die Fußgängerzone *Calle de las Tiendas* zur *Plaza Vieja* gelangt, wo das Stadtzentrum noch ein maurisches Gepräge hat. Im Westen liegt der *Barrio de la Chanca*; der arabische Namen leitet sich vom Thunfischnetz her. Vom Fischereihafen steigen die Hauskuben, von Opuntien umwachsen, zum Burgberg empor; manche sind hellblau bemalt oder weisen blaue und rote Umrahmungen von Türen und Fenstern auf, andere wieder bilden Terrassen oder reichen in Höhlen hinein, so daß man an Guadix erinnert wird.

Die Alcazaba (1)

Von der *Plaza Vieja* führt der Weg durch einen Torbogen des Rathauses zur *Calle Almanzor* und von dort bergauf zur Alcazaba, die mit ihren Mauern und Türmen über der Stadt einen beherrschenden Platz einnimmt und zu den eindrucksvollsten Wehrbauten zählt, die auf maurische Ursprünge zurückgehen – geradezu ein Kastell aus dem Bilderbuch.

Geöffnet: 9–13, 15–19 Uhr, So und Fei 9–19 Uhr.

Die riesige Anlage erhebt sich 91 m über der Küste. Das umgürtete Terrain umfaßt 35 335 qm und vermochte 20 000 Personen aufzunehmen. Abd ar-Rahman III. ließ den Koloß erbauen, Almansor hat ihn ausgebaut, El-Jairán, der erste Taifa-Emir, vollendete die wehrtechnische Ausstattung. Das Erdbeben 1522, das die Stadt teilzerstörte, verschonte auch die Alcazaba nicht. Die Katholischen Könige besorgten die Wiederherstellung.

Das Kastell besteht aus drei zinnenbekrönten Mauerringen, die sich mit ihren Türmen dem Plateau-Gelände anpassen. Hinter dem äußersten Ring hielt sich die Besatzung bei Gefahr ausfallbereit, auch nahm man hier in Notzeiten Flüchtige auf. Heute hat man zwischen den Mauern Gärten angelegt. Von dem Bourbonenkönig Karl III.

Stadtmauer zwischen Alcazaba und Castillo de San Cristóbal

stammt in diesem Kastellbereich ein Wachtturm. Auch regelte das Läuten einer Glocke (Campana de la Vela) die Bewässerung der Felder, ähnlich wie dies auch andernorts in Andalusien üblich ist. Hinter dem zweiten Ring lagen die Paläste, von denen noch Reste zu sehen sind. Die *Eremitei* im Mudéjar-Stil wurde von den Katholischen Königen an Stelle der alten Moschee der Alcazaba gegründet. Ein Fenster einer der Palastruinen trägt den Namen ›Ventana de la Odalisca‹ und erinnert an die legendäre Liebesgeschichte eines christlichen Häftlings und der Favoritin des arabischen Herrschers von Almería. Als sie sich entdeckt glaubten, stürzte sich der Christ in die Hoya-Schlucht hinter dem Kastell, worauf die Odaliske aus besagtem Fenster sprang. Der dritte Verteidigungsring ist das Werk der kastilischen Eroberer. Die Torre del Homenaje weist ein spätgotisches Portal auf.

Eine Wehrmauer der Alcazaba führt durch die steinige *Hoya-Schlucht* auf eine rückwärtig benachbarte Kuppe, die ebenfalls ein Kastell trägt, das kleinere *Castillo de San Cristóbal*, einst Sitz der Templer.

Die Kathedrale (2)

Die *Calle de Cervantes* verbindet die *Plaza Vieja* am Fuß des Kastellhügels mit dem zweiten großen Bauwerk aus Almerías bewegter Vergangenheit, der ›Catedral Fortaleza‹, wie das festungsartige Gotteshaus im Volk genannt wird. Zur maurischen Blütezeit stand hier die Freitagsmoschee mit 800 Säulen, die 1494 noch vollzählig vorhanden waren, als in dem Gebäude bereits das Tedeum erklang. 1524, nachdem das Erdbeben 1522 auch dieses Bauwerk zerstört hatte, errichtete *Diego Siloé*, der Schöpfer der Kathedrale von Granada, das neue Sanktuarium, das man dem Erzengel Gabriel weihte. Es entsprach den Wehrkirchen nördlich der Pyrenäen und war ganz auf Verteidigung hin konzipiert. Der Alcalde (Burgvogt) Hernando de Cárdenas ließ in dem neuen Heiligtum sogar Waffen verschiedenster Art verstauen; denn immer wieder tauchten Piratenschiffe von Mauren oder Türken auf.

Der mächtige Baukörper zwischen Kastell und Hafen wird von Stützpfeilern umgeben und weist vier Torreones auf, die den Eindruck der Schwere vermehren. Zwei der Stützpfeiler umrahmen das reich dekorierte *Hauptportal* an der Südseite der Kathedrale, ein Werk von *Juan de Orea*, dem Schwiegersohn von Pedro Machuca. Seitlich der Pforte mit dem Bischofs-Emblem über dem Dreiecksgiebel tragen zwei Paare korinthischer Säulen ein stark profiliertes Gesims, über dem eine verkleinerte Wiederholung der Portaltraktes, gleichfalls mit korinthischen Säulen, eine rechteckige Nische mit einem Madonnenbild einfaßt. Zu beiden Seiten halten Medaillons die Bildnisse der Apostelfürsten fest; in Alabaster gearbeitet, weisen sie ihre Symbole, Schlüssel und Schwert, vor. Der Habsburger Doppeladler mit der Kaiserkrone überragt das obere Giebeldreieck. Ein Mäanderband bildet darüber den horizontalen Abschluß. An den seitlichen Strebepfeilern sieht man vier Löwenköpfe, zweimal wütend brüllend, zweimal in gesättigter Ruhe. Die Pfeiler werden von Florones, schmuckreichen Knäufen, gekrönt. Das *Westportal*, von dem gleichen Meister Juan de Orea entworfen, ist eine Wiederholung der Südpforte, nur etwas weniger prunkvoll, ebenfalls vom Wappen Karls V. gekrönt und oben von einem Mäanderband abgeschlossen. Der klobige *Hauptturm* stammt von 1604 und hat auf dem Flachdach einen bereits barocken offenen Glockenträger.

Das dreischiffige, mit 16 Pfeilern versehene *Innere* der Kathedrale ist von später Gotik geprägt – im spanischen Vokabular: ›Gótico decadente‹ – mit verspielten, filigranartigen Formen der Netzgewölbe, vor allem in der Capilla Mayor und der Vierung. Hier bilden die fein ziselierten Rippen einen Stern, um den vier Herzen angeordnet sind. In der Verzierung macht sich bereits Renaissance bemerkbar.

Der fünfeckige *Retablo* zeigt zehn goldumrahmte Gemälde mit Szenen aus dem Marienleben, theatralisch wiedergegeben von der ›Heimsuchung‹ bis zur ›Himmelfahrt‹. ›Verkündigung‹ und ›Kreuzigung‹ bilden die beherrschende Mitte. Über dem Altartisch davor wölbt sich ein marmorner Kuppelbau von 1777, umrankt von Heiligenfiguren.

Der *Coro* in der verlängerten Achse der Hauptkapelle wurde 1558 von *Juan de Orea*, dem Meister der beiden Portale, gefertigt; für Almería

Kathedrale: Hauptportal an der Südseite

nimmt er den gleichen Rang ein wie Cano für Granada. Das aus Walnußholz geschnitzte Gestühl ist mit *48 Basreliefs* versehen, die, durch ionische Säulen getrennt, Apostel, Propheten und Heilige wiedergeben. Voller Leben erscheint Markus, der im Stehen schreibt, dazu das rechte Bein als Buchstütze erhebt, während darunter sein Symboltier, der Löwe, gemütlich kauernd hervorschaut. Der Bischofssitz in der Mitte der Silleria zeigt den Erlöser, darunter die Allegorie der liegenden Caritas, zwei Kinder im behütenden Arm. Unter den Basreliefs sind *Kopfmedaillons* angebracht: Imperatoren, Soldaten, Magistratsbeamte, Philosophen, eine Mohrin, ein Geisteskranker, ein Arbeiter, mit seiner Schildmütze erstaunlich modern; vielleicht diente einer der Werkleute der Bauhütte als Modell.

Auch einige der Kapellen verdienen einen kurzen Halt: In der *Capilla de la Piedad* des Chorumlaufs hängt eine ›Verkündigung‹ von Alonso Cano; demütig betend kniet der Engel vor der im Stil Murillos gemalten Jungfrau, die ergeben die Hände über der Brust kreuzt. Die *Christuskapelle* des Chorumlaufs ist bemerkenswert durch die Steinbordüre des Eingangsbogens mit figürlichem und vegetabilem Schmuck sowie das Grabmonument des Kathedralgründers Diego Fernández Villalán, das erhabene Ruhe ausstrahlt und sich den berühmtesten Sarkophagbildern Spaniens würdig beigesellt. Zu Füßen des Gottesmannes liegt ein meisterlich skulpturierter Hund, der lauschend die Ohren hebt. Widderköpfe zieren die Ecken der

Seitenwände. Die Figur von *San Indalecio*, dem die *dritte Chorkapelle* geweiht ist, stammt von Francisco Salzillo Alcaraz (1707–1783), dem volkstümlichen Meister von Krippenfiguren, dem in Murcia ein eigenes Museum gewidmet ist. In der *Pinakothek* der Kathedrale befindet sich eine der zahlreichen Varianten von Marienbildern aus der Werkstatt Murillos, von besonderem Ausdruck, doch leider beschädigt. – Durch das linke Seitenschiff erreicht man den *Kreuzgang*, der an Umfang dem Kirchenraum nicht nachsteht und sich, wie auch häufig an anderen Orten Spaniens, an Palladio orientiert. Die Rundbögen öffnen sich zwischen unkannelierten ionischen Halbsäulen.

Außer der Kathedrale verfügt Almería über eine Reihe weiterer besichtigungswerter Kirchen. Von der Puerta de Puchena gelangt man durch die Calle de las Tiendas (Ladenstraße) zur *Iglesia de Santiago* (3; 1553), deren Renaissance-Portal von dem am Ort vielgenannten Juan de Orea stammt; über dem Bischofswappen Santiago: bärtig, behelmt, mit wehendem Mantel, vom Pferderücken aus Ungläubige tötend, die sich schmerzvoll krümmen. – Nicht weit, an der Glorieta de Sartorius, liegt *San Pedro (4)*, 1495 anstelle einer Moschee erbaut, dem Erdbeben zum Opfer gefallen und unter der Leitung der Franziskaner 1797 erneuert. Fray Juan García gestaltete in Form von Kuppelfresken das Dogma der Unbefleckten Empfängnis. Auf einer der Darstellungen des Zyklus ist San Diego, der ein fünfköpfiges, hydra-ähnliches Untier erlegt, nicht mit der Lanze, sondern einem gezackten Blitz bewehrt. – Der *Königliche Konvent (5)* des im 15. Jh. gegründeten Ordens der Religiosas Concepcionistas ist wegen des meisterlichen Schnitzaltars von Alonso Cano nennenswert. In die barocke Pracht des Retablo und dreier Seitenaltäre sind Spiegel eingelassen, wie es auch bei maurischen Dekorationen üblich war. – Die Klosterkirche *Santo Domingo (6)* geht auf die Zeit kurz nach der Eroberung Almerías durch die Katholischen Könige zurück. Die Capilla Mayor zeigt eine eigentümliche Mischung von Spätgotik und Renaissance. In der Kirche befindet sich die gotische Statue der ›Virgen del Mar‹ (›Jungfrau des Meeres‹). Sie soll an der Küste angeschwemmt worden sein und gilt als Patronin der Stadt. – Bei Renovierungsarbeiten der *Iglesia de San Juan (7)* fand man Reste der Mezquita, die zuvor deren Platz einnahm, darunter den Mihrab, der in der Kirche gezeigt wird.

Prähistorische Funde der Provinz sind im *Archäologischen Museum (8;* Calle de Javier Sauz) zu besichtigen (*geöffnet:* 11–13.30 Uhr, So und Fei geschlossen).

Die *Plaza Vieja*, Ausgangspunkt der Altstadtbesichtigung, weist ein einheitliches Gepräge auf, vor allem durch die Arkadengänge (Suportales), die sich auch im *Ayuntamiento (9)*, einem stattlichen Renaissancebau, fortsetzen.

Das Küstengebiet der Provinz Almería ist durch Ortschaften von maurischem Aussehen gekennzeichnet, eng zusammengeschlossene Ensembles weißer Hauskuben, die meist einen Hügel besetzen oder an einem Hang emporklettern. Die Bewohner sind tanz- und festesfreudig, worin sie den Sevillanern nicht nachstehen. Sie erzeugen formschöne, erdhafte Tonware, die Frauen tragen noch oft ihre Tracht, blaue Schürzen und gelbe Umhänge, die das monotone Weiß der Häuserwände bunt beleben.

Ein Ort dieser Art ist *Mojácar* (10.000 E), im Nordosten der Sierra Cabrera gelegen, nur 2 km von der Küste entfernt und über die Carretera Almería-Murcia zu erreichen. Im römischen Andalusien spielte Mojácar eine wichtige Rolle. Plinius berichtet, daß es zu den Hauptplätzen der Baetica zählte. Man prägte dort eigene Münzen: auf der Vorderseite ein bärtiger Kopf, auf der Rückseite ein Adler mit ausgebreiteten Flügeln. Ein besonders typisches Gesicht haben die Calle Arrabal und die Calle Arbullón. Das Kastell weist gotische Stilformen auf.

Unter den Höhlen mit prähistorischen Spuren nimmt die *Cueva de Almanzora* einen führenden Platz ein – eine der reichsten Fundstellen vorgeschichtlicher Zeugnisse in Spanien. Es handelt sich um Höhlenwohnungen mit Hausgerät, die in den hochragenden Steilfelsen Garguerín gehauen sind. Sie befinden sich am gleichnamigen Wasserlauf, nahe von Mojácar.

Im Norden der Provinz, wo sie an ihrer engsten Stelle von der *Sierra de María* (2045 m) abgeriegelt wird, trifft man auf ein Gegenstück zur Alcazaba von Almería, die Burg von *Vélez-Blanco*, ebenfalls imposant auf einem Hügelpodest gelegen, aber doch von ganz anderer Art. Ein italienischer Festungsspezialist, *Francisco Florentini*, hat den Bau nach dem Schema von Kastellen seiner Heimat angelegt, mit einem irregulären Grundriß, so daß das Gemäuer seine Richtung mehrfach ändert. Das Kastell ist nicht wuchtig und kompakt wie das Gegenstück in der Hauptstadt, sondern wirkt eher verspielt und schwerelos, mit Zinnen, die in Knöpfen enden. Eine Rampe, einst auch von Berittenen benutzt, verbindet die Burg mit einem selbständigen Gebäudeteil. Bauherr war 1515 der erste Marquis von Vélez. Sein Banner befindet sich in der Pfarrkirche am Fuß des Kastellhügels.

Spätere Geschlechter sind mit der Bausubstanz unsanft umgegangen. Eine leere Arkadenreihe im Oberstock deutet darauf hin, daß dahinter unrsprünglich ein Festsaal lag. 1913 wurde ein Patio der Burg nach New York verkauft und gehört heute dem Metropolitan Museum.

Kastell Vélez-Blanco

J. DIE KUNSTDENKMÄLER DER PROVINZ MÁLAGA

29 Málaga

Lage: Mit über 300 000 Einwohnern Andalusiens zweitgrößte Stadt und welt-
berühmt durch seinen Wein, bietet Málaga von der See her einen bezwingenden Eindruck: An weitgeschwungener Bucht steigen die Ruinen der maurischen Alcazaba zum Kamm des Küstengebirges empor, wo der gleichfalls
maurische Gibralfaro (Leuchtturm auf dem Berg) das grandiose Panorama
fortsetzt. Die schon im 18. Jh. mit Vorliebe festgehaltene Silhouette wird
ergänzt durch den Kathedralturm, der mit 92 m mit der Giralda konkurrie-
ren kann. Der Küstenstreifen, schon von den alten Völkern begehrt, als
günstige Anlegestelle für die Schiffahrt und wegen des fruchtbaren Bodens,
ist heute noch ein ideales Anbaugebiet für Zitrusfrüchte, Oliven und Wein.
Ein gewisser Peter Simsen soll im 16. Jh. rheinische Riesling-Reben nach
Südandalusien verpflanzt haben. Aus Peter Simsen wurde Pedro Ximenez;
diesen Namen trägt heute noch ein süßer Málaga-Wein.

Geschichte: Die Herkunft des Stadtnamens wird neben anderen Deutungen
auf die stark gesalzene Fischpaste *(malaca)* zur Zeit des Imperium Romanum
zurückgeführt. Die Konservierung mit Salz war damals weit verbreitet, wie
die Ausgrabungsstätte Lixus an der Küste Marokkos anzeigt. Eine Epoche
großartiger Kunstentfaltung erlebte Málaga während seiner Zugehörigkeit
zur islamischen Welt. Die Mauren fühlten sich unter dem Gibralfaro wohl
und bezeichneten die Stadt als ›irdisches Paradies‹. Für die Seeverbindung
nach Nordafrika, das Nachschub-Gebiet, war Málaga unentbehrlich und
damit der zweitwichtigste Platz des Nasridenreiches, dessen Untergang 1492
bereits durch den Verlust Málagas 1487 vorgezeichnet war. Die Katholischen
Könige nahmen die Hafenstadt nach einer Belagerung von 3 Monaten und 11
Tagen ein, worauf sie an der Stelle, an der das königliche Zelt stand, das *San-
tuario Virgen de la Victoria* (1) errichteten. Nach der Überlieferung hat der
berühmte kalabresische Heilige San Francisco de Paola dem kastilischen
Monarchen den Bau vorgeschlagen, zu Ehren der ›Jungfrau des Sieges‹, die
Málagas Patronin ist. Die heute noch bestehende Kirche an dem nach dem
Gotteshaus genannten Platz ist, vom Stadtzentrum etwas entfernt, über die
schnurgerade Calle de la Victoria zu erreichen. Die später erneuerte Fassade
ist klassizistisch, das Innere barock. Das Gnadenbild steht in der Altarnische
(Camarín). Der Retablo enthält Szenen aus dem Leben des hl. Francisco de
Paola. Die religiöse Beflissenheit des Eroberers hinderte ihn nicht, den
besiegten Mauren maßlose Reparationen aufzuerlegen und, da sie diese nur
unzulänglich entrichten konnten, sie zu Sklaven zu machen.

Die Altstadt

Málaga wird durch den breiten und geraden Kanal des unterschied-
lich wasserreichen Río Guadalmedina in zwei Hälften geteilt: östlich
die *Altstadt* mit typisch andalusischen Gassen (vor allem im Barrio
San Trinidad), westlich die *Neustadt*, die mit monotonen Wohnkaser-
nen, wie man sie auch von anderen Mittelmeerstädten kennt, immer
weiter in die Vega vordringt. Wer sich von hier in scheinbar endloser
Fahrt dem Stadtkern nähert, ahnt nichts von den Schönheiten, die
Málaga zu bieten vermag. Sobald man aber den *Puente de Tetuan* über-

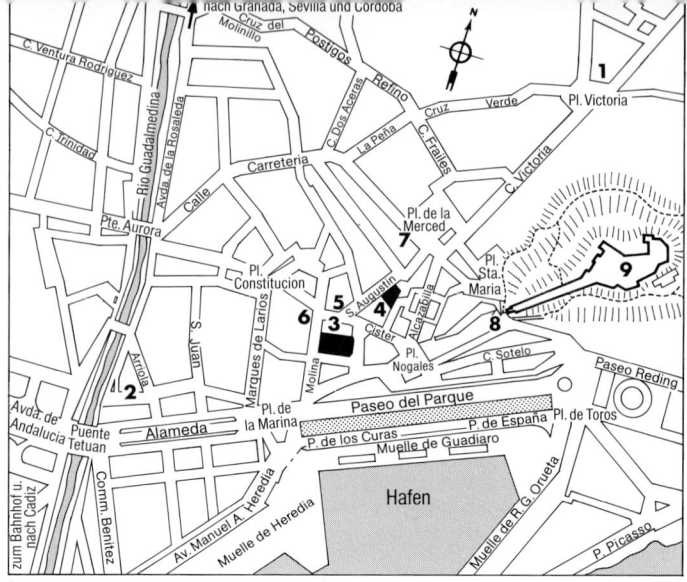

Málaga: Orientierungsplan
1 Sta. María de la Victoria – 2 Zentralmarkt – 3 Kathedrale – 4 Museo Prov. de Bellas Artes – 5 Museo Diocesano de Arte Sacro – 6 Museo de la Semana Sacra – 7 Geburtshaus Picassos – 8 Alcazaba – 9 Gibralfaro

quert hat, gelangt man in ein ganz anderes Ambiente, nämlich zur einladenden Alameda, zur palmenreichen Piazza de la Marina, zum Paseo del Parque, einer Flanier-Allee, zumal gegen Abend, die dem Hafenbezirk (Muelle Guadiaro) parallel verläuft. Am Ostende unterstreicht ein riesiger Anker, daß man sich in einer Seestadt befindet; von dort aus stößt der Damm ins offene Meer.

Der hochragende Kathedralturm zeigt den Weg zur Innenstadt an, der am klassizistischen Vierflügelbau des Zollgebäudes vorbeiführt. Durch die verkehrsreiche *Calle de la Molina Lario* erreicht man den Bischofsplatz mit der barocken Residenz der Kirchenfürsten, gegenüber der Fassade seiner Hauptkirche. Enge Gassen mit mittelalterlichem Aussehen führen in westlicher Richtung zur breiten *Calle Larios*, der größten Geschäftsstraße, und von hier zur *Calle de las Atarazanas* und zum *Zentralmarkt (2)*, der, ein Überrest des arabischen Málaga, großenteils im Neo-Mudéjar-Stil erbaut ist und eine ›Explosion‹ von Blüten bietet. Die Pforte aus dem 13. Jh. war einst das Eingangstor zu einer der Hallen des Schiffsarsenals (= Atarazanas) des nasridischen Málaga. Im Oberteil des 14 m hohen Hufeisenbogens liest man zwischen zwei Wappen den Wahlspruch der Dynastie: ›Nur Allah ist der Sieger‹.

Die Kathedrale (3)

Geöffnet: 10–13 und 16–19 Uhr.

Ein mächtiges Quadrat bildet den Grundriß. Berühmteste Namen waren am Bau der neben Cádiz, Granada und Jaén größten Renaissance-Kirche Andalusiens beteiligt. Die Pläne stammen von dem vielbeschäftigten Siloé. Aus Toledo ließ man eigens den an der dortigen Kathedrale tätigen Flamen Enrique de Egas kommen. Weitere Meister waren Pedro Lopez und Diego de Vergara. Es währte lange, bis der riesige Baukörper Form gewann; es fehlte an Geld, man konnte sich nicht über Details einigen. Zwar begann man nach Abbruch der Mezquita 1528, doch erst 1783 war das Westwerk beendet. Unvollendet blieb der südliche Fassadenturm. Vom Oberteil, der über das Dachgesims der Kathedrale nicht hinausragt, stehen nur die Säulen, ohne etwas zu tragen. Der Turmtorso heißt ›La Manquita‹ (= die Fehlende). Fünf breite Marmorstufen führen zur Fassade. Doppelsäulen trennen drei rundbogige Portalnischen. Darüber sind, ebenfalls dreigeteilt, zwei Fensterzonen angeordnet. Man beachte auch das im reinen Renaissancestil gehaltene Nordportal.

Im Innern beeindruckt die ungeheure Fülle an Raum (117 m lang, 72 m breit, 48 m hoch). Die drei Schiffe weisen im Sinne einer Hallenkirche die gleiche Höhe auf. Monumentale korinthische Säulen tra-

Kathedrale: West- und Nordportal

Verzierte Gewölbekuppeln

gen die Gewölbekuppeln, die mit Flachreliefs, darunter Palmzweigen, gemustert sind.

In der Mitte des Hauptschiffes steht der *Coro* aus dem Jahre 1658 von Luis Ortíz und José Micaël. 40 der Statuen hat *Pedro de Mena* geschnitzt, eine stammt von seinem Lehrer *Alonso Cano*: San Juan de Dios, einen Hinfälligen tragend, in der Südwestecke. Am 2. Sitz von rechts ist Santiago am Pilgerhabit mit Muschel zu erkennen. Sitz 17 zeigt Antonius von Ägypten mit einer T-förmigen Krücke. Auch der Pestheilige, Sankt Rochus (Sitz 25), ist nicht zu übersehen: Nach der üblichen ikonographischen Darstellung leckt sein Hund die Beule an seinem Bein. Die Figuren sind in der Kleidung des 17. Jh. wiedergegeben, als Material diente Zedern-, Lärchen- und Walnußholz.

Die Seitenwände des Innenraums sind, einschließlich des Chorumlaufs, mit Kapellen versehen. Die *Capilla del Cristo de la Buena Muerte* (2. Kapelle links) enthält drei Heiligenbilder von Pedro de Mena und eine Barockorgel. Vom gleichen Bildhauer findet man eine ›Mater Dolorosa‹ in der *Capilla Nueva* (1. Kapelle rechts). Die ›Rosenkranzmadonna‹ der *Capilla del Rosario* (3. Kapelle rechts) stammt von Menas Lehrer Alonso Cano. Die größte Aufmerksamkeit verdient die *Capilla de Nuestra Señora de los Reyes* (1. Kapelle des Chorumlaufs rechts), in der sich die polychrome Marienfigur befindet, die König

Ferdinand im Kampf um Málaga mit sich führte; kniend sind beiderseits die Katholischen Könige dargestellt. In der *San Francisco* geweihten Nebenkapelle, gleichfalls im Chorumlauf, ist Luis Ortíz, einer der Meister des Coro, mit einer guten Schnitzerei vertreten. Ohne besonderen Rang ist der Retablo der *Capilla Mayor* (1580) mit Gemälden und Statuen wenig bekannter oder anonymer Künstler. Ein Blick in die *Sakristei* lohnt wegen der dortigen Sammlung guter Barockmalerei sowie einer mit Perlen und Diamanten verzierten Monstranz.

Die Kathedrale ist über einen *Kreuzgang* mit der *Iglesia del Sagrario* verbunden, die an Stelle der ehemaligen Moschee erbaut worden ist. Ein kleiner Orangenhof soll noch auf diese zurückgehen. Der Sagrario besitzt ein isabellinisches Portal von reicher dekorativer Ausgestaltung. Über dem Rundportal ist Figürliches und Heraldisches von Schmuckleisten umrahmt, die üppig mit vegetabilem Zierat besetzt sind. Von Alonso Berruguete stammt der platereske Retablo mit zehn Flachreliefs im Innern.

Museo Provincial de Bellas Artes *(Museum der Schönen Künste)* **(4)**

Geöffnet: 11–13 und 17–20 Uhr im Sommer; 10–13 und 16–20 Uhr im Winter.

In der *Calle de San Agustín*, die von der Kathedrale zur Plaza de la Merced führt, fällt der *Buenavista-Palast* auf, ein Renaissancebau mit zwei stimmungsvollen Patios. Das Gebäude beherbergt seit 1920 das Museo Provincial de Bellas Artes.

Die Sammlung, die lange geschlossen war, ist seit Sommer 1984 wieder zugänglich. Sie enthält Werke von Meistern der ersten Ordnung. In *Saal I* des Untergeschosses hängen ein ›Ecce Homo‹ und eine ›Mater Dolorosa‹ des ›göttlichen‹ Morales aus Badajoz, sehr spirituell aufgefaßt, dem Manierismus nahe. Die ›Anbetung der Hirten‹ von Castillo in *Saal IV* läßt erkennen, daß der Maler aus Zurbáns Schule kam. Murillo ist mit einem ›Francisco de Paola‹ vertreten. Die dunkle Tönung der Bilder des Sevillaner Meisters ist auch hier wahrnehmbar; man hat ihm nachgesagt, er habe sich hierfür eines Schmortopfes bedient. Der Granadiner Cano ist mit einem Bild des spanischen Ordensgründers Domenikus und einem Kopf Johannes d. T. gegenwärtig, während man von seinem Schüler Mena einen Kopf des San Juan de Dios sieht; er stammt von einer 1931 verbrannten Statue des Heiligen aus der Kirche Santiago. Die *Säle V und VI* enthalten einige Gemälde von Zurbán (u. a. die Heiligen Hieronymus und Benedikt) und von dem Valencianer Ribera Porträts des Evangelisten Johannes und des hl. Franziskus von Assisi.

Im Oberstock ist die *Escuela Malagueña aus dem 19. und 20. Jh.* untergebracht, wenig bekannte Maler mittlerer Güte, am ehesten noch thematisch interessant, so Gartners ›Untergang der Unbesiegten Armada‹ oder Simonets ›Anatomie des Herzens‹. In *Saal XIV* lernt man Picassos Lehrer Muñoz Degrain und seine teils naturalistische, teils impressionistische Auffassung kennen, in *Saal XV* ist *Picasso* selber mit Frühwerken vertreten, zwar nicht so umfänglich wie im Palacio Aguilar de Berenguer in Barcelona, aber doch mit respektablen Zeugnissen seiner Entwicklung, zwei Bildern, die er als Kind gemalt hat, dem Aquarell eines bärtigen Männerkopfes und Graphiken aus der Stierkampfserie.

In einem der Patios des *Buenavista-Palastes* sind römische Mosaiken von Qualität ausgelegt. Eine gute Anschauung der Romaría von Rocío vermittelt eine Bilderserie des Malers Bilbao auf der Galerie des Hofes.

Sakrale Kunst ist ferner im *Museo Diocesano de Arte Sacro (5)* in einem Seitengebäude des Bischofspalastes zu sehen (*geöffnet:* 10–13 und 15.30–19.00 Uhr). Ein Gegenstück zum Paso-Museum Sevillas stellt das an der Plaza de San Pedro gelegene *Museo de la Semana Sacra (6)* dar, das Eigentum einer der zahlreichen Bruderschaften ist (*geöffnet:* 10–13 und 15.30–19.30 Uhr).

Picassos Geburtshaus (7)

steht in der Nähe des Museums (Plaza de la Merced Nr. 6). Getauft wurde er in der *Kirche Santiago* dicht dabei, die auf das Jahr 1545 zurückgeht und mit ihrem mudéjaren Ziegelturm als *schönstes Gotteshaus Málagas* gilt (*geöffnet:* 7–11 und 17–20 Uhr). Seine Ausbildung erfuhr der berühmteste Sohn der Stadt bei seinem Vater *José Ruiz Blasco* (Picasso ist der Name der Mutter), von dem man exakte Naturstudien kennt, sowie in der Kunstschule an der Plaza de la Constitución. Seine weiteren Stationen waren Galizien, Barcelona, Madrid, doch erst in Paris fand er seine eigentliche Note.

Alcazaba (8) und Gibralfaro (9)

Geöffnet: 11–13 und 16–19 Uhr; im Winter bis 18 Uhr Eintritt.

Die ehemalige Residenz der Nasridenherrscher, Málagas Alcazaba, besteigt man von der *Calle Alcazabilla* aus an der Nordseite des Bergmassivs, das die Reste der maurischen Zitadelle trägt. An einer Wende des Wegs fällt der Blick auf ein gut erhaltenes *römisches Theater*, das mit dem Halbrund seiner Sitzreihen ideal in die Schräge des Hanges eingefügt ist und die Bedeutung Málagas im römischen Spanien bezeugt. Hoch über dem Theater ragt das braune Gemäuer der Burganlage mit ihren mächtigen Stützpfeilern empor. Man entdeckte den Bau, in dessen Orchestra Plautus und Terenz zu Wort kamen und mit Sicherheit auch Tierhetzen veranstaltet wurden, als man den Grund für die *Casa de la Cultura* aushob, unter der noch manche Trümmer verborgen liegen. Will man die Säulen der Büh-

Alcazaba

nenrückwand sehen, die sich nicht mehr am Ort befinden, so braucht man nur den Cerro emporzusteigen: Sie wurden alle in die maurische Zitadelle eingebaut.

Die Alcazaba geht auf die gleichen Könige von Granada, vor allem auf Jussuf I., zurück, die auch die Alhambra errichteten. In gewissem Sinne ist sie deren Spiegelbild. Ihre Pracht muß unermeßlich gewesen sein. Nach der Reconquista quartierten sich die spanischen Monarchen hier ein, zuletzt der bourbonische König Philipp V. Danach vernachlässigte man die Anlage, so daß Washington Irving klagte, sie sei »unglücklicherweise jetzt eine bloße Masse zerbröckelter Trümmer«. Der denkmalpflegerische Sinn der neuen Zeit hat die Zitadelle im weitgehend originalen Zustand wiederauferstehen lassen, in so delikater Ausgestaltung, daß sich sagen läßt, diese Türme und Tore, Patios und Terrassen und vor allem die neu eingeführten Gärten sind das Schönste und Poetischste, was Málaga heute zu bieten hat. Man tritt in die Zitadelle durch ein Torhaus mit Schichtwechsel aus Haustein und Ziegeln. Das Hufeisen der Pforte ruht auf gerillten korinthischen Säulen, die, wie erwähnt, aus dem römischen Theater unterhalb der Alcazaba stammen.

Der bergauf führende Weg, von kleinen Treppen unterbrochen, kann nicht verfehlt werden. Man durchquert Ziergärten mit exakt geschnittenen Buchshecken, mit Jasmin, Geißblatt und Rosenstökken, mit Pergolen und aus Becken aufsteigenden Fontänen. Zypressen sowie Fächer- und Dattelpalmen säumen den Weg. Die Paläste und Pavillons sind ausgestattet mit Hufeisen- und sich überschneidenden Fächerbögen, mit ›Schlüsselloch‹-Fenstern und Holzgittertüren, wie man sie von der Alhambra, vom Kalifenschloß Medina Azahara kennt. Der ehemalige Waffenhof ist mit kurzgeschnittenen achteckigen Hecken und Blumenarrangements zu einem Ziergarten umgestaltet, wie Moslems ihn stets als Sinnbild des Paradieses liebten. Dahinter erheben sich groß und schwer zwei aus Hausteinen gemauerte Torreones. Auf der obersten Terrasse steht, von einer Vorhalle mit Hufeisenbögen frontiert, die Nachbildung des eigentlichen nasridischen Hauptpalastes.

In diesen obersten Räumen der Alcazaba ist das *Archäologische Museum* eingerichtet (kein gesonderter Eintritt), das Vorgeschichte, Mittelmeerkulturen, westgotische Kunst und Exponate aus maurischer Zeit enthält, in vorzüglicher Weise museal dargestellt. In einem der Räume wird islamische Keramik gezeigt, die aus dem Bereich der Alcazaba selbst stammt. Besonders wertvoll eine große Keramikschüssel, glasiert, dekoriert mit Weingirlanden. Griechenland ist mit einem hellenistischen Kopf Epikurs vertreten, der wohl durch die Römer nach Spanien gelangte.

Das *Castillo de Gibralfaro* auf der höchsten Erhebung des Cerro war früher durch einen ummauerten Pfad mit der niedriger gelegenen Alcazaba im Westen verbunden; doch diese Verbindung ist heute nicht mehr zugänglich. Man muß sich auf einer gewundenen Straße von Osten her zu dem monumentalen Gemäuer bemühen, vorbei an einem der am schönsten gelegenen Paradores Spaniens. Wo bereits die Phönizier sich festgesetzt hatten, baute Jussuf I. die weitverzweigte Festung zu Häupten der Zitadelle, 130 m über dem Meer. Das Gemäuer von Yabal-Faruk, wie die Wehranlage auf arabisch heißt, liegt großenteils in Trümmern, doch man erkennt noch die einstige Mezquita, die Unterkünfte der Besatzung sowie die Verließe, in denen die gefangenen Christen eingekerkert waren.

30 Antequera

Die Carretera von Sevilla nach Málaga berührt nach Überqueren des oberen *Río Guadalhorce* die am Fuß des *Torcal-Gebirges* gelegene Industriestadt Antequera (45 000 E), deren Geschichte in die Antike zurückreicht. Bei den Römern hieß sie *Anticaria*, bei den Arabern *Medina Antikaria*. Schon 1410 fiel der befestigte Platz in die Hände des kastilischen Infanten Fernando, der später den Thron von Aragón besteigen sollte. Sein Sieg verlieh ihm den Beinamen ›El de Antequera‹.

Durch den *Arco de los Gigantes* (= ›Torbogen der Riesen‹; 1585) gelangt man zu den Ruinen des *Kastells*, das ein römisches und arabisches abgelöst hatte; übriggeblieben sind zwei Mauerstücke sowie ein Wehrturm mit späterem Barockaufsatz. Philipp II. hatte Umbauten veranlaßt. Aus dieser Zeit stammt das am Gemäuer angebrachte Wappen der Habsburger, eingefügt in ein Bilderfeld, das einem Epitaph gleicht. Seitwärts der Ruine steht die Kirche *Santa María la Mayor* mit einer Fassade mit drei Blendbögen mit Dreiecksgiebeln. Rühmlich die mudéjare Artesonadodecke im Innern.

Am Rande eines Waldstücks, ebenfalls in der Kastellumgebung, tritt man in die Kirche *El Carmen* mit einem bemerkenswerten churrigueresken Altar, in dessen Camarín man eine Darstellung Mariä sieht. Über die Calle Fresca gelangt man sodann zur Kollegiatskirche *San Sebastián* mit Portalvorbau und Glockenträger (16. Jh.). Der oktogonale Turm von 1709 ist mit Fliesen bedeckt, über die ein Zickzackmuster läuft, und mit der Figur eines Trompeters bekrönt.

Auf der kleinen *Plaza del Coso Vieja* steht gegenüber dem *Konvent Santa Catalina* der *Palacio Najéra* mit Mirador und Patio (16.–18. Jh.). In dem repräsentativen Gebäude ist das *Museo Municipal* untergebracht (*geöffnet:* 11–13 und 16.30–18.30 Uhr; So 11–13 Uhr). Ein girlandengeschmückter Ephebe des 1. Jh. gilt als römische Kopie eines Originals der griechischen Klassik; sie wurde in Antequera gefunden. Unter den Exponaten mittelalterlicher Kunst sei ein ekstatischer ›Franziskus‹ Pedro de Menas genannt. Unter den ausgestellten Malern ist der Cano-Schüler Atanasio Bocanegra der bekannteste.

In Antequera wurde 1624 *Pedro Roldán* geboren, der u. a. den Hauptaltar des Hospital de la Caridad in Sevilla (vgl. Nr. 1.9) gefertigt hat.

Die Cuevas

Etwa 1 km östlich der Stadt liegen zwischen den Ölbäumen der Vega von Antequera die *prähistorischen Grabhöhlen* (Cuevas) von *Menga* und *Viera*. Sie gehören zu den bedeutendsten Zeugnissen der iberischen Megalithkultur. Man datiert sie auf 2500 v. Chr., also die Epoche des ägyptischen ›Alten Reiches‹, als es eine höhere Kulturstufe nur im Nilland, Mesopotamien und auf Kreta gegeben hat. Den ersten Bericht über die Höhlen von Antequera lieferte 1645 Rodrigo Méndez de Silva, der sie für Erzgruben hielt. 1847 legte Rafael Mitjana die total verschütteten Stätten frei, wobei er sie in seiner Niederschrift den keltischen Druiden zuschrieb.

Antequera: Lageplan der Höhlen

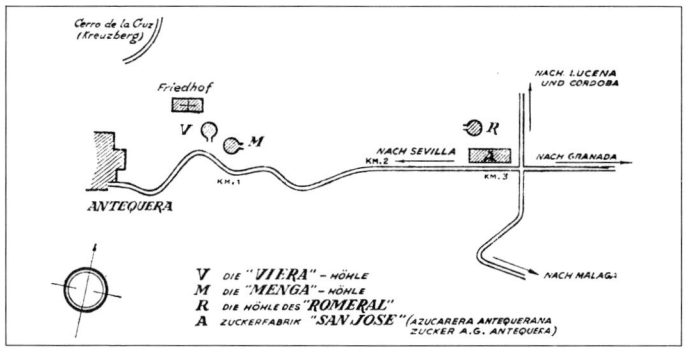

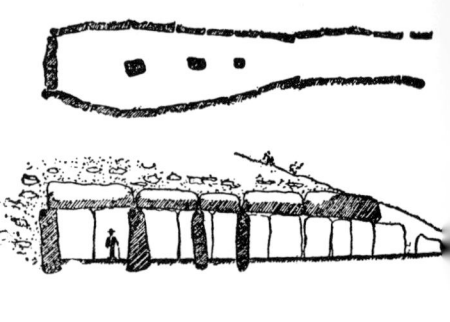

Cueva de la Menga mit Längsschnitt und Grundriß

Die *Cueva de Menga* liegt in einem künstlichen Hügel aus Mergel und
Schiefer. Fünf Monolithe begrenzen beiderseits einen Gang, der zur
Grabkammer führt. Diese bildet einen ovalen Grundriß und ist mit
riesigen Kalksteinplatten abgedeckt, die von drei Pfeilern (Höhe
3,20 m) mitgestützt werden. Die Deckplatten, deren größte 170 t
wiegt, wurden aus 1 km Entfernung angeschleppt. Der Oberteil des
ersten linken Wandsteins weist 30 cm hohe Zeichnungen auf: ein
Kreuz auf einem vertieften Halbkreis, einen Stern.

Die Gesamtlänge der *Cueva de Viera* beträgt 19 m. Durch eine Lochtür tritt man in einen Gang, der durch 27 Wandsteine gebildet wird. Am Ende gelangt man durch eine zweite Lochtür in die
Grabkammer, die einen Kubus darstellt. Seitlich hat man einen
Hohlraum entdeckt, welcher der Kammer und dem Gang entlang-
zieht und wahrscheinlich von Schatzsuchern stammt. Er erleichterte
die archäologischen Untersuchungen. Die Wandsteine sind akurat
ineinandergedübelt. Eine einzige Deckplatte von 4 m Länge liegt
darüber. In der bereits ausgeraubten Kammer fand man immerhin
noch zahlreiche Gegenstände, so einen Kupferpfriem, eine Basaltaxt,
eine Schale (heute im Archäologischen Museum von Málaga).

Etwas entlegener, 4 km von Antequera, kann man die *Cueva de Romeral* besichtigen; der Schlüssel wird in der nahen Zuckerfabrik San José
aufbewahrt. Die Höhle führt ebenfalls durch einen Gang zum Innenraum, der in diesem Fall einen 4 m hohen Kuppelsaal darstellt. Dieser
weist ein sog. Scheingewölbe auf, analog dem Atreusgrab von
Mykene oder den ›falschen‹ Gewölben der Mayas in Mittelamerika:

Die jeweils vorkragenden horizontalen Steinschichten wurden abge-
flacht und das Ganze mit einer Deckplatte versehen, die in Romeral
eine Länge von 6 m und eine Dicke von 80 cm aufweist. Wie beim
Atreusgrab ist dem Kuppelsaal eine kleinere Kammer beigeordnet:
das eigentliche Totengemach. Auch hier fand man trotz früherer
Plünderung u. a. Schüsseln, Kupferdolche, Schmuckstücke. Wie die
beiden anderen Höhlen wurde auch die Cueva de Romeral zum
Nationaldenkmal erklärt.

Eine geologische Attraktion stellt der *Torcal de Antequera* südlich der Stadt dar,
auf der Rückseite der *Sierra Pelada*. Wasser und Wind haben den Kalkstein
langsam erodieren lassen und die Illusion einer surrealistischen Stadt herauf-
beschworen, gleich der Ciudad Encantada bei Cuenca (Neukastilien), mit
Palästen, Türmen und Kirchen, ein ausgelassenes Spiel der Natur.

31 Costa del Sol
Torremolinos · Mijas · Marbella · San Pedro de Alcántara

An einem der Kathedraltürme von Almería ist das Relief einer Sonne zu
sehen: ein pausbäckiger Kopf, umrahmt von Strahlen und einem von Bändern
umwundenen Kranz. Dieses Symbol von ›El Sol‹ gilt auch als Sinnbild des
mediterranen Küstenstreifens, der diesen Namen trägt. Die Costa del Sol mit
langen Sandstränden (Playas) und kühnen Felsvorsprüngen reicht vom *Cabo
de Gata* bis nach *Tarifa*, doch der wesentliche Abschnitt mit seiner Anzie-
hungskraft für alle Welt beginnt in *Málaga* und endet in *Estepona*. Aus verschiedenen Einzelgebirgen bestehend, erhebt sich hinter dem Küstensaum
die *Cordillera Bética*, genannt nach der altrömischen Provinz. Zahlreiche Wasserläufe drängen aus den Sierras dem Meer zu, vom *Guadalhorce* unmittelbar
westlich von Málaga bis zum *Guadiaro*, der zuvor den aus Ronda kommenden
Guadalevín aufgenommen hat.
Von der Geschichte der Costa del Sol zeugt eine Vielzahl von Wachttürmen,
die großenteils auf die Mauren zurückgehen. Sie erfuhren zwar manche Veränderungen und waren schließlich gegen sie selbst gerichtet, aber dennoch
dokumentieren sie deren Anwesenheit auf andalusischem Boden. Ursprünglich bewohnt von Turdetanern, begehrt von Phöniziern und Karthagern, ausgebaut von Römern und Mauren, erobert von Kastiliern, ist die Sonnenküste
heute ein Terrain der Spekulation, Urbanisation, Rekreation. Wo früher nur
vereinzelte Fischerdörfer lagen, ist ein Ballungsraum von Erholungszentren
entstanden, die sich an der ganzen Küste entlangziehen. Die Ferienstädte,
unter denen man architektonisch reizvolle Lösungen bemerkt, verfügen über
alles, was die Liebhaber der Costa beanspruchen: Ladenstraßen, Oasen für
Gourmets und Gourmands, Boutiquen und Bars, Anlegeplätze für Jachten,
Golf- und Tennisplätze.

Torremolinos: Die Küstenlandschaft unter dem Etikett ›El Sol‹ beginnt
bereits am Ausgang von Málaga. Kaum nimmt man den Einschnitt wahr, der
die Provinzhauptstadt vom 8 km entfernten Torremolinos trennt, das trotz
des Wachstums von Marbella immer noch den klangvollsten Namen hat. Als
elegantester Teil wird *Montemar* bezeichnet, das sich an den alten Fischerort
Torremolinos anschließt. Der Namen bedeutet ›Turm der Mühlen‹, und
Mühlen sind zur ›Vue Romantique‹ immer noch vorhanden, vor allem beim
Ortsteil *Pimental*.

Von *Fuengirola*, das von einer Kastellruine überragt wird, führt eine Seitenstraße zum Gebirge, wo in halber Höhe, gleichsam auf einer natürlichen Terrasse, der alte Ort Mijas liegt. Von einem großen und weiten Platz steigt Mijas amphitheatralisch an den ihn umgebenden Hängen empor, mit einem unregelmäßigen Gewirr malerischer Gassen, die zum Schlendern einladen. Von den höher gelegenen Zonen der Stadt gewinnt man einen faszinierenden Blick auf die Küste.

In maurischer Epoche stellte Mijas ein knappes Jahrhundert lang eine eigene Herrschaft unter dem Zeichen des Kreuzes dar. Ein gewisser *Omar Ben Hafsum*, der aus der Umgebung stammte, nahm unter dem Namen *Samuel* den christlichen Glauben an und herrschte 826–912, von Córdoba unabhängig, über den Bergort und seine Bewohner, die, obwohl Araber und Berber, großenteils Mozaraber waren – unter dem Halbmond lebende Christen. Hafsum ließ sich auf der Plaza Mayor als Samuel I. zum König krönen; sein Herrschaftsgebiet trug den Namen ›Reino de Mijas‹. Er erneuerte 833 die Befestigungen und das Kastell *(Castillo de la Peña)*, das später die zentrale Bastion im Verteidigungssystem der ganzen Region darstellte. In seiner Toleranz ließ Samuel I. für seine moslemische Minderheit 866 eine Moschee errichten, an deren Stelle sich heute die Pfarrkirche befindet. Er starb im gleichen Jahr; ihm folgten seine Söhne. 912 fiel das ›Königreich‹ von Mijas an das Kalifat von Córdoba und zuletzt an das Reich der Nasriden. Von den Katholischen Königen als einer der letzten Plätze eingenommen, verhielt sich der Ort loyal zur Krone, auch als der Habsburger Karl V. den Thron bestieg. Weil Mijas dem gegen Karl gerichteten Aufstand der Comuneros ferngeblieben war, verlieh der Imperator der kleinen Stadt den Titel ›Muy Leal‹ (sehr treu).

Eine Eigentümlichkeit von Mijas sind die ›Burro-Taxis‹ – Maulesel, die außer einem Spiegel an der Stirn ein Schild mit dieser Aufschrift sowie einer entsprechenden Taxinummer tragen, originell und zugleich praktisch beim teilweise steilen Anstieg enger Gassen, von denen die *Calle de San Sebastián* als schönste gelten darf.

Unter den sehenswerten Bauten innerhalb des ›Gesamtkunstwerks‹, als das man Mijas bezeichnen kann, ist eine *Grottenkapelle* (an der Flanke des Hauptplatzes) nennenswert, ebenso die hochgelegene, mit der Stadtmauer verbundene *Ermita de la Virgen de las Peñas* (Eremitei der Jungfrau der Felsen) sowie die *Iglesia de San Sebastián* an der kleinen Plaza de la Libertad, deren schlanke Fassade in einem Glockenträger gipfelt und deren Goldretabel sich eindrucksvoll vom hellen Renaissance-Interieur abhebt; beiderseits der Hauptkapelle dienen schwebende Barockengel als Lampenträger.

Verordnungen der Stadtverwaltung zielen darauf, den andalusischen Charakter von Mijas zu bewahren, dem der Titel ›Pueblo mas limpio (sauberster Ort) de la Provincia de Málaga‹ zugesprochen wurde.

Marbella

Westwärts gelangt man auf der Küstenstraße zu einem neuen Glied der ›Perlenkette‹ der Ferienorte: dem ›Schönen Meer‹. ›Que Mar Bella!‹ soll Isabella I. ausgerufen haben, als sie das Küstenstück zu Gesicht bekam. Ein Becken mit Jachten, ein Verkaufszentrum und ein Leuchtturm bilden die alte Mitte des Ferienortes, der sich indessen den Stränden entlang weit ausgedehnt hat, mit Zentren der Urbanisation, die sich vielfach dem örtlichen Kolorit anpassen, doch auch mit herrlichen Park- und Gartenanlagen. Internationales Flair kann vor allem der westliche Ortsteil *Nueva Andalucía* mit seinen Luxushotels und Picinas (Swimming Pools) beanspruchen, wenn auch der Strand davor etwas körnig ist.

Beim Anblick der splendiden Kulisse Marbellas aus Stahlbeton und Glas, wo die Zukunft bereits begonnen hat, vergißt man leicht die Vergangenheit in Gestalt der rückwärtigen Altstadt, die sich mit ihren Gassen, Balkonen und Blumen an andalusischem Charme mit Mija messen kann. In das, was von der maurischen Alcazaba übriggeblieben ist, wuchert die Stadt hinein, so daß man beim Rundgang zwischen weißen Hausfassaden immer wieder ein Stück alten Gemäuers erblickt. In der Mitte der Altstadt liegt die *Plaza de los Naranjos* mit ihren Orangenbäumen und Kandelabern. Neben der Bronzebüste des Königs Juan Carlos sieht man auf dem Platz einen achteckigen Marmorbrunnen, den der erste Alcalde von Marbella, Don Pedro de Villabrada, Graf von Ribadeo, 1504 gestiftet hat. In das *Rathaus* am gleichen Platz (16. Jh.) kann man eintreten und im Vestibül eine Kopie des bekannten Historienbildes betrachten, auf dem Johanna die Wahnsinnige mit dem Sarg ihres Gemahls und Gefolge über Land zieht. Fresken im Oberstock stammen aus dem Jahr 1572 und wurden im vorigen Jahrhundert wiederentdeckt. Ein Kruzifix ist von Anbetenden umgeben, unter denen man Isabel und Fernando findet. Außerdem erkennt man Justina und Rufina, die Stadtheiligen Sevillas. Der Sitzungssaal besitzt eine schöne Kasettendecke aus dem 17. Jh. Die im Rathaus aufbewahrte Standarte der Stadt ist ein Geschenk der Katholischen Könige

Durch die reich mit Blumentöpfen geschmückte Calle de Carmen gelangt man zur *Iglesia de la Encarnación* aus dem 16. Jh., doch mit Rokokoportal. Der klarlinige Turm ist dreifach gestuft. An anderer Stelle sieht man das ›Cruz del Humilladero‹ (Kreuz der Demütigung), das an die Übergabe der Stadt am 11. Juni 1485 erinnert.

Eine nur kleine Distanz trennt Marbella von San Pedro de Alcántara, das zwischen den kleinen Flüssen *Guadaiza* und *Guadalmina* liegt und dessen Straßen an einem Hang emporstreben, zwar auch mit der Patina des Alters, aber nicht romantisch verwinkelt. Weniger die Stadt selbst als zwei antike Stätten lohnen die Besichtigung: Von der Römerstadt *Silniana* sind Mosaikböden in bestem Zustand erhalten, sie geben Flechtwerk, Irisblüten, Kopfmedaillons wieder; auch stehen Reste von Thermen. Im nahen *Linda Vista*, in einem küstennahen Eukalyptushain, hat man die Fundamente der *frühchristlichen Basilika Vega del Mar* vor sich, die aus der 2. Hälfte des 4. Jh. stammt und an beiden Enden Apsiden aufweist. 365 durch eine Flutwelle zerstört, neu errichtet und 526 endgültig eingestürzt, wurde die Ruine von den Westgoten als Nekropole benützt. Die Gräber sind um den Standort des Altars angeordnet, weil sich dort die Reliquien der Heiligen befanden. Man erkennt auch das Baptisterium mit kreuzförmigem Becken, das der Erwachsenentaufe diente. Daneben befindet sich ein kleineres Taufbecken für Kinder. Die Stätte besitzt den Rang eines Nationaldenkmals.

Bei *Estepona* (25 000 E.) berührt die *Sierra Barameda* nahezu die Küste. Auch hier finden sich römische Spuren, darunter Relikte eines Aquädukts. Die Pfarrkirche geht auf das 16. Jh. zurück. Nur wenig hinter Estepona beginnt die Provinz Cádiz.

32   Ronda

Lage: Einen unvergeßlichen Eindruck vermittelt die Einkehr im hoch gelegenen Ronda (780 m), einer der ältesten Städte Spaniens mit malerischen Altstadt-Aspekten, gewissermaßen ein ›spanisches Rothenburg‹, bereichert noch mit dem Effekt eines wildzerklüfteten Panoramas. Der gewundene *Rio Guadalevín* bildet nämlich zwischen Alt- und Neustadt eine 160 m tiefe Schlucht, die von einer dreibogigen Brücke, dem *Puente Nuevo*, überwunden wird.
Ronda liegt auf einem Hochplateau von ca. 40 qkm, umgeben von Gebirgsketten, deren höchste, die *Sierra de las Nievas*, nahezu 2000 m ansteigt. Von San Pedro de Alcántara an der Costa del Sol führt die Straße in Windungen durch die *Sierra Bermeja* und danach durch die *Serranía de Ronda*, die noch im vorigen Jahrhundert wegen der Banditen gefürchtet war. In der romantischen Berg- und Waldlandschaft trifft man auf den anderswo kaum mehr wahrnehmbaren stattlichen Nadelholzbaum *Pinzapo*, von dem gesagt wird, er sei ›ein lebendes Fossil des Quartär‹. Hat man den Rand der Hochebene erreicht, so blickt man auf ein gesprenkeltes Feld weißer Flecken, das sich auf der Ebene zwischen den Höhenzügen erstaunlich lang hinzieht. Es ist Ronda, und es dehnt sich bis zum Rand einer nach Westen abfallenden Felswand aus.

Geschichte: Die Phönizier hatten an den hochgelegenen Platz, den sie *Acinipo* nannten, bereits Gefallen gefunden. Unter den Römern hieß die Stadt *Arunda*. Die Araber nahmen sie kurz nach ihrem Einbruch in Andalusien ein und begründeten ein Taifa-Königreich, dessen Residenz nun den Namen *Medined*

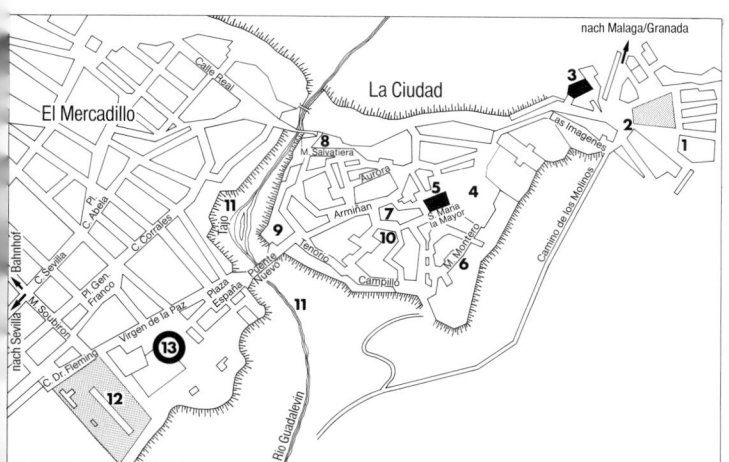

Ronda: Orientierungsplan

1 Convento de San Francisco – 2 Puerta del Almocávar – 4 Kirche Espíritu
Santo – 4 Plaza de la Duquesa de Parcent – 5 Kathedrale – 6 Palacio de Mon-
dragon – 7 Casa del Gigante – 8 Palacio de Marqués de Salvatierra – 9 Casa del
Rey Moro – 10 Casa del Marqués de Montezuma – 11 Tajo – 12 Alameda-Park –
13 Stierkampfarena

Runda erhielt. 1485 eroberten die Katholischen Könige nach einwöchigem
Bombardement den ›Adlerhorst‹, indem die christlichen Truppen von Süden
her in die Puerta de Almocávar eindrangen. Im Triumph des Sieges verfuhr
man ähnlich wie bei der Einnahme der Alhambra. Zuerst pflanzte man auf
dem höchsten Turm die von Papst Sixtus IV. geweihte Kreuzstandarte auf,
sodann das Santiagobanner und zuletzt die Königsstandarte, wobei die Truppen in den Ruf ›Kastilien! Kastilien!‹ ausbrachen. Anschließend befreite man
die Gefangenen und brachte deren Ketten nach Toledo, wo sie heute noch am
Außengemäuer des Chors von San Juan de los Reyes zu sehen sind. Juan, der
einzige Sohn der Katholischen Könige, nahm danach die Kronrechte in
Ronda wahr, und als er früh verstarb, folgte ihm seine junge Gemahlin Mar-
gareta von Österreich, die ihm aber bald auch im Tode nachfolgte.
Während des Halbinselkriegs 1808–1814 fügte die französische Besatzung der
Stadt große Schäden zu. Die abziehenden Streitkräfte sprengten die Alcazaba
in die Luft. Mauertrümmer im Bereich des Salesianerklosters im Süden der
Stadt legen von dem Gebäude Zeugnis ab.

La Ciudad

Die im Süden gelegene Altstadt, in welche die Straße von Pedro de
Alcántara einmündet, trägt den Namen ›Ciudad‹, während die erst
nach der Reconquista gegründete Neustadt jenseits der trennenden
Kluft des Río Guadalevín ›Mercadillo‹ genannt wird. Die meisten
Sehenswürdigkeiten Rondas liegen in der ›Ciudad‹.

Zunächst nimmt man, von Süden kommend, den *Convento de San Francisco (1)* wahr, dessen vielgerühmtes Portal als plateresk gilt, jedoch viel eher dem manuelinischen Stil Portugals nahekommt, mit dem mehrfach geschwungenen weinlaub-verzierten Kielbogen und der über Eck verschlungenen Steinkordel, die das Tor markant umrahmt.

Der Eintritt in die ›Ciudad‹ erfolgt durch die geschichtsträchtige *Puerta del Almocávar (2; 13. Jh.)*, die aus zwei klotzigen Rundtürmen aus grob behauenen Steinen besteht, zwischen denen sich ein Hufeisenbogen öffnet. Dicht daneben ist ein Tor Karls V. mit dem kaiserlichen Wappen in das Stadtgemäuer eingelassen. Hinter dem Mauerkranz erhebt sich turm- und schmucklos – bis auf die Knäufe auf den Stützpfeilern – die *Kirche Espíritu Santo (3)*, eine Stiftung der Katholischen Majestäten zum Gedenken ihres triumphalen Einzugs am 20. Mai 1485. In diesen Tagen veranstalten die Rodeños alljährlich eine Feria, bei der hippische Darbietungen im Vordergrund stehen, denn Ronda ist eine Pferdestadt, und die Königliche Reitschule (Real Maestranza de Caballería) hatte die Arena errichtet, in der sich 1786 der erste Stierkampf im neuzeitlichen Sinne vollzog. – Der südliche und östliche Teil der ›Ciudad‹ ist noch mit den alten Mauern versehen, im Osten sogar mit doppelter Umgürtung, wobei das untere Mauerstück tiefer liegt.

Durch ganz Ronda, Alt- und Neustadt, verläuft eine Hauptachse, freilich mit dauerndem Namenswechsel, doch das Straßenrückgrat macht die Orientierung leicht. Verliert man sich im Gewirr malerischer enger Altstadtgassen der ›Ciudad‹, so findet man dennoch immer leicht zu jener Hauptstraße zurück, deren erstes Stück *Calle Armiñán* heißt. Zur linken Hand erstreckt sich ein kleiner Park, die *Plaza de la Duquesa de Parcent (4)*. Die Herzogin war zu Beginn des 20. Jh. Eigentümerin eines der großartigen Paläste der ›Ciudad‹, der *Casa del Rey Moro (9;* Haus des Maurischen Königs), den sie mit kostbarem Mobiliar und Kunstschätzen ausstattete. Durch üppiges Auftreten machte sie sich mißliebig, so daß eines Tages in dem von ihr gestifteten, nach ihr benannten Park ein Sarg mit ihren Initialen stand. Empört verkaufte sie den Palast und kehrte Ronda den Rükken. Später heiratete sie den Vizekönig von Mexiko, Manuel de Iturbe. – Auf genanntem Platz befindet sich die Büste des Dichters *Vicente Espinal* (1550–1624), dessen Romanfigur Marcos de Obregón das Vorbild für Gil Blas, den Helden des weltberühmten Schelmenromans von Le Sage, lieferte.

Die Stirnseite der Plaza, des ehemaligen Waffenplatzes von Ronda, bildet die *Kathedrale Santa María la Mayor (5)* von 1483. Am quadratischen Grundriß des Turms erkennt man noch die Form des einstigen Minaretts der Hauptmoschee, die an dieser Stelle stand. Der achteckige Oberteil gehört der Renaissance an. Die den Turm krönende Laterne mit Keramikschmuck gibt dem massiven Unterbau einen Anflug von Leichtigkeit. Links lehnt sich an die braune Ziegelmauer ein bauliches Kleinod an: die *Casita de la Torre* in blendendem Weiß, mit einem Hufeisenbogen, der ein blumengeschmücktes Fenster umrahmt, und einem kleineren oktogonalen Oberbau.

Drei Arkadenreihen rechts vom Turm gehören zu einem Vorbau aus dem 16. Jh., die unterste mit geziegelten Rundbögen, die beiden oberen mit schlanken Säulen versehen. Der für eine Kirche ungewöhnliche Trakt beherbergt die Wohnung des Sacristán (Küster).

Tritt man in das Innere der Kathedrale, so fällt im Vorraum links der hier eingebaute, reich dekorierte Mihrab der ehemaligen Moschee auf. Maurisch wirken auch die vier Kuppeln über dem Gebetsraum, abgestützt von korinthischen Säulen. Die Apsis, die sich der Kathedrale Málagas angleicht, weist platoresken Schmuck auf,

Ronda: Santa María la Mayor

während die Sillería des Coro der Renaissance angehört.

Die Ostseite der Plaza de la Duquesa de Parcent nimmt die langgestreckte Fassade des *Ayuntamiento* ein, mit durchlaufenden Arkadenreihen in den beiden Oberstöcken. Hier residierte der Infant Juan, Sohn der Reyes Catolicos, während seiner Statthalterschaft in Ronda.

Durch eine Seitengasse links von der Kathedralfront führt der Weg zum *Palacio de Mondragón (6)*, in dem Ferdinand und Isabella noch vor der Eroberung Granadas Quartier genommen hatten. Die Renaissance-Fassade bietet die in Spanien häufige Portalform eines prächtig gestalteten, mit Säulen flankierten Rechtecks für die Pforte selbst und eines kleineren, ebenfalls rechteckigen Schmuckrahmens für das Fenster darüber. Über dem Dachgesims des Mondragón-Palastes

223

erheben sich zwei Miradores mit Zwillingsfenstern; außerdem besitzt er zwei Arkadenhöfe und eine Terrasse mit Fernsicht. – Die *Casa del Gigante (7)* in einer der Straßen hinter der Kathedrale geht auf das 14. Jh. zurück und weist unter den Palästen Rondas die meisten arabischen Elemente auf: Hufeisenbögen, Stuckarabesken und Artesonado-Decken. Im Keller wurden die Fußfesseln eines längst vergessenen Gefangenen gefunden.

Begibt man sich von hier zur Ostseite der ›Ciudad‹, zum nahe der Stadtmauer gelegenen *Palacio de Marqués de Salvatierra (8)*, so passiert man einen kleinen Platz, wo ein Minarett en miniature mit Hufeisenpforte und ›Schlüsselloch‹-Fenstern, an eine profane Häuserfront gelehnt, den Blick auf sich zieht. Der nasridische ›Minar‹ diente als Glockenturm der Kirche San Sebastián, von der kein Stein mehr vorhanden ist. Durch die Calle del Marqués de Salvatierra erreicht man dann den gleichnamigen Palast mit typischem Renaissance-Portal und einem Prunkfenster darüber, das einen Balkon mit kunstvollem schmiedeeisernem Gitter besitzt. Dem Dreiecksgiebel dienen zwei Paare merkwürdiger, unbekleideter Figuren als Konsolen, teils als Inkas, teils als Azteken angesehen. In der kleinen Gemäldesammlung des Gebäudes hängt ein Porträt von José Martín de Aldehuela aus Teruél, der 1735 den Puente Nuevo erbaut hat und bei einer Besichtigung der Brücke verunglückt sein soll.

Dicht neben dem Salvatierra-Palast steht das vielleicht interessanteste Gebäude der Altstadt, die *Casa del Rey Moro (9)* mit einer konkaven Frontseite und einem zweistöckigen Aussichtsturm über der Dachterrasse. Die Casa soll auf das Jahr 1042 zurückgehen; der Rey Moro wird als größenwahnsinniger, grausamer Taifa-König geschildert. Wenn über dem Alfiz eines Portals auch das Porträt eines Maurenkönigs zu sehen ist, so wird doch angezweifelt, ob jemals ein Emir hier residiert hat. Von poetischem Reiz sind die Gärten des Palastes. Eine früher verborgene, in den Felsen geschlagene Treppe von 365 Stufen führt von der Casa zur Tiefe des Río Guadalevín hinab. Nach der Legende soll die maurische Königin hier zum Baden hinabgestiegen sein. In Wahrheit diente die Treppe der Wasserversorgung, wobei gefangene Christen eine Kette bildeten und die gefüllten Kannen oder Krüge von Stufe zu Stufe nach oben beförderten. An den Wänden der Treppe kann man noch eingeritzte Zeichen der Fronarbeiter erkennen. (Sollte die Casa geschlossen sein, besorge man sich den Schlüssel beim Kustoden des nahen Klosters Santo Domingo).

Wie in Úbeda und Baéza sind auch in der ›Ciudad‹ von Ronda die mit Balkonen verzierten Gassen – besonders romantisch die *Calle de la Ermita* – von Palacios durchsetzt, sei es das Haus des Kalifen oder die *Casa del Marqués de Montezuma (10)*, ohne historische Begründung nach dem letzten altmexikani-

Römische und Maurische Brücke über den Tajo

schen Sonnenkönig genannt und im Jahre 1810 Quartier Joseph Bonapartes,
damals König von Spanien von Gnaden seines kaiserlichen Bruders Napoleon
Bonaparte.

Der Tajo (II)

Die durch Erderschütterung entstandene, vom Río Guadalevín
vertiefte Schlucht zwischen Alt- und Neustadt trägt die Bezeichnung ›Tajo‹ (= Einschnitt; nicht zu verwechseln mit dem berühmten
Fluß in Spaniens Mitte). Beiderseits der Neuen Brücke stehen die
Häuser schwindelerregend an den Kanten der steil abstürzenden
Felswände. Man hat die Häuser ›Casas colgadas‹ genannt, gleich ähnlichen Bauten in Rondas Partnerstadt Cuenca in Neukastilien; dort
›hängen‹ sie mit vorkragenden Oberstöcken wirklich über einem
Abgrund; in Ronda wirkt hingegen dieser wiederum tiefer, zerklüf-
teter, gefahrdrohender.
Wenn man nicht die Stufen von der Casa del Rey Moro zur Sohle der
Schlucht benützt, kann man von einer der Neustadt-Terrassen
bequem die Kluft des Tajo überwinden. Dort überwölben zwei weitere Brücken von geringerer Spannweite den Fluß, der *Puente San
Miguel*, auch ›römische Brücke‹ genannt, sowie der 1616 erbaute
Puente Arabe, der mit seinem einzigen Bogen mit leichter Hufeisentendenz an den Vorgänger aus der Maurenzeit erinnern mag. Maurisch sind auch die *Bäder*, die man am östlichen Ausgang des Tajo

erreicht und die aus dem 13. oder 14. Jh. stammen. Geröll des Flusses hatte sie zugedeckt, und erst in neuerer Zeit fand man sie, als der Boden eines Bauernhofs einstürzte. Die vier Räume ähneln den Banõs arabes in Granada. Ihre Funktion ist erkennbar, sowohl der Heiz- wie der Baderaum sowie ein Gemach für Ruhe und Massage. Mittels eines Schöpfrads gelangte das Wasser durch einen Kanal in das Reservoir der Anlage. Oktogonale Säulen aus Ziegelstein tragen die Hufeisenbögen der Tonnengewölbe, die – auch hier drängt sich der Vergleich zu Granada auf – mit sternförmigen Öffnungen zum Abzug des Dampfes versehen sind.

Am Ausgang des Tajo vergesse man nicht, den Blick auf einen acht-röhrigen öffentlichen *Brunnen der Barockzeit* und die *Posada de las Áni-mas* von 1500 zu werfen, einem Gasthof, in dem *Cervantes* auf dem Rückweg aus marokkanischer Gefangenschaft abgestiegen ist. Vielleicht waren unter den ›Seelen‹ (= Ánimas) diejenigen der Gehäng-ten zu verstehen; denn hier befand sich auch die Richtstätte. Die Stützsäulen der *Kapelle Virgen de los Dolores* am Ort stellen auf der einen Seite des Portikus vier Menschen, auf der anderen vier Vögel dar, jeweils ein würgendes Seil um die Hälse, wobei man unter den Gefiederten die bereits Abgestorbenen, die Seelen, verstehen könnte. Dringliche Mahnung oder makabrer Scherz?

El Mercadillo

Die Neustadt im Norden des Tajo, über den Puente Nuevo erreich-bar, trägt ihren Namen vom ursprünglich hier befindlichen Markt. In Fortsetzung der Hauptstraße von El Castillo führt die *Calle de la Virgen de la Paz* (Straße der Jungfrau des Friedens) zum gepflegten *Alameda-Park (12)*. Die Straße hat den Namen von der Patronin Ron-das, deren goldene Statue in der ihr geweihten Kirche steht.

Von der Alameda-Terrasse blickt man auf die grandiose Kulisse der Gebirgszüge um das Ronda-Plateau. *Rainer Maria Rilke* hat diese Aus-sicht genossen, als er im Frühjahr 1912 einige Monate im *Hotel Reina Victoria (13)* zubrachte, das auch König Alfons XIII. und seine Gemah-lin Victoria Eugenia als Gäste sah. Das Zimmer Rilkes wird mit dem damaligen Mobiliar und Erinnerungsstücken gezeigt; man weiß, daß der Dichter 3,5 Peseten pro Tag bezahlte. Man kann durch das Hotel hindurchgehen in den terrassenförmigen Garten, wo zu Rilkes Ehren dessen Bronzebild steht, hinüberblickend zu den beiden Gipfeln der Dos Hermanas, die er geliebt hat.

Ronda kommt das *Erstrecht des spanischen Stierkampfs* zu. Die Tauro-machie, bereits in der Antike bekannt, fand in der andalusischen Bergstadt ihre neuzeitliche Auferstehung. An der Westseite der Calle de la Virgen de la Paz befindet sich die *früheste Arena Spaniens*

(14), die wegen des Barockportals und des eleganten Runds der hölzernen Zuschauertribünen mit ihren doppelten Säulenreihen auch den Kunstfreund interessiert. Hier finden auch Fiestas und hippische Vorstellungen statt.

Der erste aus der berühmten Stierkämpfer-Dynastie *Romero* war *Francisco*, der die älteste Stierkampfschule, ›Escuela Rondeña‹, begründete und 1698 die ersten Regeln schuf, so den Gebrauch der Capa und der Muleta, der roten Tücher, mit denen man den Stier reizt und ablenkt. Sein Sohn *Juan* führte die Quadrilla ein. Doch der eigentliche Star war *Pedro Romero* (1754–1839). Sein Denkmal im Kostüm des Rokoko, mit Espada und Muleta, steht im Alameda-Park. In der 1785 errichteten Arena von Ronda tötete Pedro Romero 5000 Stiere, den letzten in seinem achtzigsten Lebensjahr. Hatte Karl V. 1527 in Vallodolid, wie es heißt, einen Stier vom Pferd aus erlegt, so war Romero 1786 der erste, der, wie es heute noch Regel ist, zu Fuß kämpfte. Jeweils am 9. September wird sein Gedächtnis durch eine Corrida geehrt.

25 km westlich von Ronda kann man in eine der sehenswerten Höhlen Andalusiens eintreten, die an Stalaktiten reiche *Cueva de la Pileta*. Außer dem prächtigen Anblick eines unterirdischen Sees bietet sie gut erhaltene Wandmalereien, die großenteils Tiere wiedergeben, seien es Büffel, Stiere, Pferde oder Fische.

12 km nördlich von Ronda trifft man auf die Spuren Roms, vor allem auf die Ruinen eines Theaters und eines Amphitheaters mit deutlich wahrnehmbarem Stufenoval. Aus *Ronda la Vieja*, wie die Stätte der Ausgrabungen heißt, stammen die Torsi römischer Bildnisstatuen, die heute im Rathaus von Ronda stehen.

Ronda: Älteste Stierkampfarena Spaniens

33   Cádiz

Man bezeichnet den Küstenstreifen zwischen dem südlichsten Kap des Kontinents, *Cabo Tarifa*, und der Provinzhauptstadt Cádiz als ›Balkon Europas‹ oder als ›Afrika in Europa‹. Der Charakter der sog. ›weißen Städte‹ erinnert an die Anwesenheit der afrikanischen Moslems durch Jahrhunderte auf dem Boden der Provincia gaditana, bis Alfons X., der Weise, das Land wieder christlich machte.

Geschichte: Eine weiße Stadt ist auch Cádiz (150 000 E.), das *Gadir* der Phönizier und *Gades* oder *Iulia Augusta Gaditana* der Römer. Hier, im Süden der Halbinsel, hatten phönizische Kaufschiffe bereits 1100 v. Chr. von den Tartessiern Silber, Kupfer und Zinn eingehandelt. Auf der Insel des noch nicht mit dem Festland verbundenen Gadir errichteten sie ihrem Gott Melkart (später mit Herakles identisch) einen Tempel. Die phönizischen Karthager hielten sich im 2. Punischen Krieg in Gadir am längsten gegen die aufstrebende Weltmacht Rom. Danach war Iulia Augusta Gaditana die erste spanische Stadt, die das römische Recht und die lateinische Sprache angenommen hat. Begehrt waren die *Puellae gaditanae*, die bereits eine Art Flamenco tanzten. Sie erzielten auf dem Sklavenmarkt hohe Preise und verschönten die Feste in Rom. Bald nach der Schlacht von Jerez de la Frontera 711 übernahmen die Moslems die Stadt. 814 zerstörten normannische Seepiraten Cádiz. Sie waren von der Loiremündung gekommen, hatten Sevilla eingeäschert und suchten die Stadt am ›Balkon Europas‹ heim, ehe ihre Flotte brandschatzend zur Rhonemündung segelte. Nach dem Sieg der Christen wartete Cádiz auf seine große Stunde: die Entdeckung der Neuen Welt. Gemeinsam mit Sevilla spielte die am Atlantik gelegene Stadt die führende Rolle im Amerika-Verkehr. Nun war der neue Feind das im Welthandel mit Spanien konkurrierende England. Graf Essex, der Günstling Elisabeths I., plünderte den Seehafen 1596. Kurz vor der Schlacht von Trafalgar bei dem gleichnamigen Kap südlich von Cádiz beschoß Admiral Nelson die spanisch-französische Flotte 1805 an der Reede von Europas ältester Stadt.

Über eine Landzunge erreicht man heute von San Fernando aus die ›Señorita del Mar‹, als die man Cádiz bezeichnet hat. Lord Byron nannte sie ›Sirene des Ozeans‹. Auch hat man ihr den Namen ›Silbertäßchen‹ gegeben. Der Verbindungsweg zum Festland führt in großem Bogen um das weite Becken des inneren Hafens mit seinen Docks für Mammutschiffe, die *Bahía de Cádiz*. Die Stadt ›schwimmt‹ geradezu im Ozean und besitzt keine Möglichkeit, sich auszudehnen. Das meerumschlungene Terrain, auf dem sich die weißen Häuser mit zahlreichen Miradores zusammendrängen, wird von einer bis zu 15 m hohen Mauer aus dem 17. Jh. umgeben, die eine Länge von 4,5 km aufweist. Auf der dem offenen Meer zugewandten Seite reihen sich ideale Sandstrände aneinander. Bevor man in die eigentliche Stadt eintritt, passiert man auf der Seite des offenen Meeres die *Playa de la Victoria* mit ihren Hotels und dem vielleicht feinkörnigsten Sand der spanischen Küste.

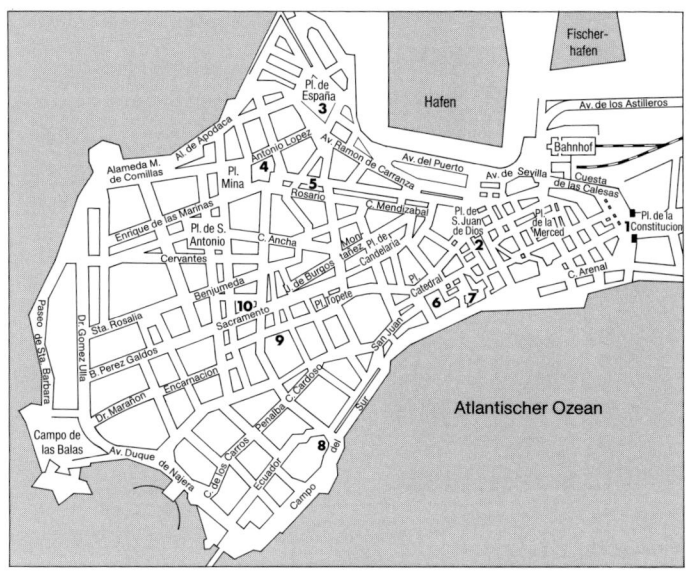

Cádiz: Orientierungsplan
1 Puerta de Tierra – 2 Rathaus – 3 Denkmal der Cortes – 4 Museum der Schönen Künste/Archäolog. Museum – 5 Rosario-Kirche/Oratorio de Santa Cruz – 6 Kathedrale – 7 Kirche Santa Cruz/Catedral Vieja – 8 Santa Catalina – 9 Nuestra Señora del Carmen – 10 San Felipe Neri

Über die Avenida López Pinto gelangt man zur *Plaza de la Victoria*, dem ›Vestibül‹ der Altstadt. Hinter abgezirkelten Grünanlagen heißt die turmartige *Puerta de Tierra (1)*, einbezogen in ein Stück Stadtmauer, den Besucher von Cádiz willkommen. Der Torturm aus dem Jahre 1751 ist über dem Portal mit dem kastilischen Wappen versehen und weist Schießscharten und am oberen Gesims zwei runde Ecktürmchen auf. Die *Cuesta de las Calesas* führt zu der gleichfalls gärtnerisch angelegten *Plaza de San Juan de Díos*, die an der schmalsten Stelle, gewissermaßen der ›Wespentaille‹ der Halbinselstadt liegt und welchen die Gaditanos als den ›familiärsten Platz‹ von Cádiz bezeichnen. Hier blickt man zwischen Palmenreihen auf die klassizistische Front des *Rathauses (2)* mit ihren Säulen und Pilastern; als Bau des 18. Jh. immerhin bemerkenswert in einer Stadt, die wegen ihrer bewegten Geschichte nur noch wenige ältere Zeugnisse ihrer Vergangenheit besitzt.
Den Binnenhafen zur Rechten, gelangt man zur *Plaza de España*, wo sich inmitten strahlenförmiger Beete über einem halbkreisförmigen

Podest das monumentale *Denkmal für die Cortes von Cádiz (3)* erhebt. Das 1927 errichtete Mahnmal erinnert an die 1812, während der französischen Besetzung des übrigen Spanien, in der freigebliebenen Stadt ausgearbeiteten Verfassung. Setzte sie der König, aus der Emigration zurückgekehrt, auch außer Kraft, so diente sie doch als Modell für die spätere konstitutionelle Entwicklung.

Durch die schmale *Calle de Antonio López,* geradlinig wie fast alle Straßen von Cádiz, gelangt man zur wiederum parkartigen *Plaza de Mina,* an deren Ostseite das Gebäude der neben Sevilla wichtigsten Gemäldesammlung Andalusiens liegt, ein ehemaliger Franziskanerkonvent.

Puerta de Tierra und Stadtmauer

Museo de Bellas Artes · Museo Arqueológico (4)
(Museum der Schönen Künste · Archäologisches Museum)

Geöffnet: 10.30–13.30 und 16–18 Uhr; im Winter 15.30–17.30 Uhr; So 11–13 Uhr.

Die ersten 6 Säle warten mit Bildern verschiedener Qualität auf, vor allem Spanier, doch auch Italiener und Flamen. Ein Passionsbild, das vielfach für einen *Rogier van der Weyden* gehalten wird, stammt von einem spanischen Kopisten. Von *Rubens* sieht man eine ›Hl. Familie‹ im Kleinformat, was bei ihm selten ist. *Murillo* zeigt mit seinem ›Ecce Homo‹ mehr einen versonnenen als schmerzerfüllten Christus. In seiner ›Stigmatisierung‹ wendet er die bei ihm häufige Brauntönung an; überzeugender als die Verklärung des Heiligen ist das Erstaunen des anwesenden Minoriten wiedergegeben. Mit Werken religiöser Kunst sind bekannte Namen verbunden: *Ribera, Cano, Alejo Fernandéz, Morales, Herrera d. Ä.* Bei der Vielzahl von geistlichen Inhalten empfindet man es als Abwechslung, weltliche, zumal historische Themen im Bilde vorzufinden. Betrachtet man *Mirandas* dekadenten ›Carlos II.‹, so versteht man, daß mit ihm die Linie der spanischen Habsburger enden mußte. Dem bourbonischen Königspaar, Carlos IV. und Maria Luisa, begegnet man in der Darstellung *Antonio Carneros,* doch nicht so genial durchdringend gesehen, wie man es von Carneros Lehrer *Goya* kennt. Fehlte es ihm an Können oder Wagemut? Aufschlußreich jedenfalls, wie verschieden man Menschen auffassen kann – oder will. Dokumentarische Bedeutung hat ›Die Amtseinführung der Cortes in Cádiz‹ von *Rodrigues Barcaza.*

Doch all diese Werke sind nicht der eigentliche Grund, warum man die Gemäldesammlung von Cádiz einfach nicht übergehen darf. An erster Stelle fesselt die große Kollektion von Bildern *Zurbaráns* in den Sälen 7 und 8. Über 20 Bilder hängen hier, an Zahl vergleichbar nur der Sammlung von Porträts im Marienkloster von Guadalupe. Was in Cádiz anzutreffen ist, wird in anderen Galerien zwar auch durch einzelne Werke erreicht, doch nicht übertroffen. 9 Gemälde stammen aus der 1830 säkularisierten Kartause von Jerez de la Frontera. Deshalb handelt es sich hier auch vor allem um Kartäuser und um deren dreimal im Bild vertretenen Ordensgründer, den hl. Bruno von Köln (1032–1101). Vor meist dunklem Hintergrund, allenfalls im Dämmerlicht, heben sich in blendendem Weiß die Gewänder der Mönche ab, durchzogen von tiefen Schatten, während die asketischen Gesichter das Bemühen zeigen, ›die ewige Anschauung Gottes vorauszuschauen‹. Dies gilt von dem kreuzhaltenden Kartäuser-Kardinal ebenso wie von dem seligen Johannes von Houghton, um dessen Hals ein Strick geknotet ist; denn als Prior der Kartause in London wurde er 1538 erhängt. Zurbarán, dieser Maler der Weltabkehr, entwarf andererseits Engel in luxuriöser Kleidung, wie sie die beiden ›Angeles turiferarios‹ (Räuchernde Engel) in der Gemäldesammlung von Cádiz aufweisen.

Im Untergeschoß des Museumsgebäudes befindet sich das *Archäologische Museum* (geöffnet 10–13 Uhr; Eintritt frei), das frühgeschichtliche Funde aus der Umgebung von Cádiz darbietet: u. a. einen iberischen Löwen, Überreste der phönizischen Nekropole von Gadir, punische Aschenurnen, Amphoren, eine punische Reiterfigur (die Ähnlichkeit mit karthagischen Exponaten des Bardo-Museums in Tunis ist unverkennbar). Doch zwei Ausstellungsstücke übertreffen alle anderen an Bedeutung: ein *ionisches Kapitell des Astarte-Tempels* am Ort (lange bevor die ionischen Griechen an der Westküste Kleinasiens ihre mit Voluten versehene Säule erstmals zur Schau boten; möglich, daß sie diese von den Phöniziern übernommen haben und somit das Erstrecht bei dem hochbegabten Seefahrervolk liegt) und ein *anthropomorpher* (dem Menschenbild nachgebildeter) *Steinsarkophag,* gefunden in Punta de Vaca bei Cádiz. Der Bart ist nach orientalischer Mode gekräuselt, das Gewand reicht bis zu den Füßen, die Arme liegen, mehr eingeritzt als plastisch, auf der Brust, die Rechte hält ein Herz fest. Im Innern des Troges lag ein guterhaltenes Skelett. Man schätzt den Fund auf das 4. Jh. v. Chr.

Das Museum verlassend, begebe man sich von der *Plaza de Mina* in östlicher Richtung in die zum Stadtzentrum führende *Calle de Rosario*, in der sich unweit auf der linken Seite die *Kirche (5)* gleichen

Namens befindet. Als diese 1796 erneuert wurde, fügte man das *Oratorio de Santa Cruz* hinzu, das Torcuato Benjumeda klassizistisch gestaltete. Zwei Gebetsräume sind übereinander angeordnet. Das Oval des oberen, welcher der Eucharistie geweiht ist, weist fünf Lünetten-Fresken auf. Drei davon stammen von jenem Meister, der neben Velázquez und El Greco zu den Größten zählt, die in Spanien gemalt haben: *Goya*. Religiöse Szenen waren seine Stärke nicht, doch in Santa Cueva sind ihm Darstellungen von Rang gelungen, neben dem ›Gastmahl des Familienvaters‹ und der ›Brotvermehrung‹ vor allem das ›Abendmahl‹, das im Liegen wiedergegeben ist, wie man es sich auch historisch denken muß; denn Judäa war zur Zeit Christi römisch und hatte die Tischsitten Roms angenommen. Der Goya-Stil der drei Szenen ist unverkennbar.

Die Kathedrale *(Catedral Nueva)* **(6)**

Unter den großen Kathedralen Andalusiens ist die von Cádiz die jüngste. Der Bau dauerte über ein Jahrhundert, was, wegen Stilwandels und aus Geldmangel, verschiedene Veränderungen zur Folge hatte. 1720 begann man mit dem kolossalen Bau, der fast das offene Meer berührt, 1838 wurde er abgeschlossen. Auf den Barockmeister *Vicente Acero* folgten *José* und *Gaspar Cayón*, ebenfalls ›arquitectos barrocos‹, nach denen *Torcuato Cayón* aus dem nahen Puerto de Santa María, der auch die Stiftskirche von Jerez de la Frontera miterbaut hat, die neue Stilform des Klassizismus aufnahm. Die Großkirche erhebt sich auf einem rechteckigen Grundriß. Längs- und Querschiff bilden ein Kreuz. Zur mächtigen Vierungskuppel gesellt sich eine zweite Kuppel über der Capilla Mayor. Das von Säulen umgebene Portal der Frontseite wird von einem hohen Rahmenbau umfaßt. Die hohen Aufsätze der oktogonalen Fassadentürme gleichen Pavillons und sind mit kleinen Kuppeln gekrönt.

Das majestätische Kathedral-Innere vermittelt wie in Málaga den Eindruck der Weite (85 m lang, 60 m breit, 52 m hoch); monumentale Pfeiler mit davorgesetzten korinthischen Säulen tragen die Rundbögen der drei Schiffe. Der *Hauptaltar* aus Marmor und Bronze wurde erst 1862 eingefügt; zwischen korinthischen Säulen umgeben Tafelbilder unterschiedlicher Qualität das von Francisco de Villegas gemalte Bildnis der ›Inmaculada‹. Mehr Beachtung verdienen die Seitenkapellen. In der *Capilla de San José* befindet sich die Statue der ›Maria der Ängste‹ von dem Salzillo-Schüler Esteve aus Valencia. In der *Capilla de San Sebastián* steht die Figur des hl. Bruno, wobei umstritten ist, ob José de Arce oder der große Montañés ihr Urheber ist. García Alonso hat einen seliggesprochenen Gaditano, Diego José, geschnitzt. Neben weiteren, weniger bekannten Künstlern ist auch eine Frau, *Luisa Roldán*, mit Plastiken vertreten, einem ›San Sebastián‹, einer ›Inmaculada‹, einem ›Ecce Homo‹, wiedergegeben mit einem Realismus des Schmerzes, der an den Meister dieses Genres, Gregorio Fernandez in Valladolid, erinnert. 1687 schuf die Bildhauerin, der man den Namen ›La Roldana‹ gegeben hat, im Auftrag der Stadtobersten Bildwerke der Schutzheiligen von Cádiz, San Servando und San Germán. Frauen traten in der bildenden Kunst früher selten auf; Ausnahmen waren *Josefa d'Óbidos* in Portugal und *Luisa Roldán* in Spanien. Ihr Kunstsinn ist beachtlich, wobei bei der Figur von San Servando die füllige Haartracht, das prunkvolle Gewand, die lieblichen Gesichtszüge auffallen. Man glaubt eine Santa, keinen Santo vor sich zu haben.

Inmitten des Hauptschiffs der Kathedrale erhebt sich der *Coro*, den Pedro Duque Cornejo, ein Schüler von Pedro Roldán, 1702 aus Mahagoniholz gefertigt hat. Er ist älter als das Gotteshaus selbst und stand zuvor in der Cartuja de las Cuevas in Sevilla.

Die *Schatzkammer* der Kathedrale ist vor allem wegen der wertvollen *Monstranzen* sehenswert (*geöffnet:* 10–13, 17–19 Uhr; im Winter 16–18 Uhr; So geschlossen; Eintritt). Die vielleicht wertvollste Monstranz stammt aus der Werkstatt des in Andalusien mehrfach vertretenen *Enrique de Arfe* und besteht aus einem filigranartigen zweistöckigen Aufbau aus vergoldetem Silber im Stil der späten Gotik. Hinzugefügt wurden ein barocker Sockel und als Krönung ein aus Amethisten gebildetes Kreuz. Eine andere, silberne ›Custodia‹ gilt mit 6 m Höhe als die größte der Welt. Die Stadt Cádiz hatte sie 1648 bei dem Silberschmied *Antonio de Zuares* bestellt, der 16 Jahre daran arbeitete. Bernardo Cientolini versah 1692 den aus drei Körpern bestehenden schlanken Turm mit dekorativem Schmuck. Juan Pastor fügte 1740 der Schwere wegen einen barocken Wagen hinzu. Eine goldene Monstranz, 1721 von Pedro Gómez de Ceballos in Madrid gefertigt, ist derart reich mit Preziosen bestückt, daß sie den Namen ›Custodia del Millón‹ (Monstranz der Millionen) erhalten hat. Neben einer stattlichen Zahl weiterer Hostiengefäße besitzt die Schatzkammer Werke der bildenden Kunst und des sakralen Kunstgewerbes von teilweise berühmten Meistern. Ein goldenes Prozessionskreuz stammt von *Juan de Arfe*, dem kunstfertigen Sohn Enriques de Arfe. Ein goldener Abendmahlskelch ist das Werk *Benvenuto Cellinis*. Ferner sieht man in der Sammlung eine der zahlreichen ›Inmaculadas‹ von *Murillo* sowie von *Alonso Cano* einen gemalten Gekreuzigten und ein Elfenbeinkruzifix.

In der überwölbten *Krypta* befindet sich das Grab des aus Cádiz stammenden Komponisten *Manuel de Falla* (1876–1946). Sein letztes, unvollendetes Werk war ›L'Atlántida‹. Er starb in Argentinien und wurde in seine Geburtstadt überführt. Auf der granitenen Grabplatte steht der von ihm selbst gewählte Spruch: ›Solo a Dios el honor y la gloria‹ (Allein Gott gebühren Ehre und Ruhm).

In nur geringem Abstand zur Neuen Kathedrale liegt die *Catedral Vieja*, die heute als Pfarrkirche den Namen *Santa Cruz (7)* trägt. Alfons X., der Weise, hatte nach der Einnahme der Stadt die hier stehende Moschee in eine Kirche, die ›Alte Kathedrale‹, umgewandelt. Nach der Zerstörung durch den Grafen Essex wurde sie 1602 erneuert. Die Säulen des Mittelschiffs senden nach vier Richtungen Rundbögen aus, so daß man an das Schema der Mezquita Córdobas denkt und etwas von der ehemaligen Moschee-Existenz wahrzunehmen meint.

Geht man die *Avenida de Primo de Rivera* entlang, links die Weite des Atlantik, so erblickt man bald auf der rechten Seite die *Kirche Santa Catalina (8; geöffnet:* 10–16 Uhr). Sie besitzt eine ganze Reihe von Werken *Murillos*, darunter seine wohl früheste ›Inmaculada‹, die er mit 18 Jahren schuf. Für den Hauptaltar malte er ›Die mystische Hochzeit der hl. Katharina‹. Bei der Arbeit stürzte er vom Gerüst und verletzte sich tödlich; er starb 1662 in Sevilla und fand im Barrio de Santa Cruz sein Grab. Ein Schüler vollendete das Altarbild; einwandfrei von Murillo stammen die Gestalten Gottes und der Erzengel. Man betrachte auch die geschnitzte ›Schmerzensmutter‹ *Salzillos*, des Meisters der Krippenfiguren, sowie dessen ›5 Mysterien des Rosenkranzes‹.

Begibt man sich von der Küstenstraße auf die *Calle de Queipo de Llano* stadteinwärts, so verlohnt das *Hospital de Nuestro Señora del Carmen (9)* einen Besuch wegen des einzigen Werkes von *El Greco* in Cádiz, das darüber hinaus einen hohen Rang beanspruchen darf. Es behandelt das auch von Murillo gewählte Thema der ›Stigmatisierung des hl. Franziskus‹, aber weitaus stärker, konzentrierter in der Komposition, indem er die beiden Figuren des Poverello aus Assisi und seines Mitbruders, der nur von der Rückenseite zu sehen ist, groß in den Raum stellt; die Ekstase des Heiligen drückt sich viel intensiver aus als bei Murillo. Nach Art der Grisailles hielt sich der Kreter an einen einfarbigen Braunton.

Schließt man in den Rundgang auch die *Kirche San Felipe Neri (10)* ein, zu der man über eine Seitenstraße der *Calle de Queipo de Llano* leicht hinfindet, so lohnt sich dies vor allem aus historischer Sicht *(geöffnet:* 8–10, 19.30–22 Uhr); denn hier versammelten sich 1811/12 die *Cortes*, um die Verfassung zu proklamieren, die aber erst 1823, nach Verbot und Abmilderung, die königliche Billigung fand. Nebenbei kann man im Interieur von San Felipe Neri einen Blick auf eine weitere ›Inmaculada‹ *Murillos* werfen, die am Hauptaltar zu sehen ist, oder auf einen Terrakotta-Kopf Johannes d. T. von *Pedro Roldán.*

34 Puerto de Santa María · Jerez de la Frontera · Sanlucar de Barrameda

Die Provinz Cádiz weist vier Zonen auf: die Atlantikhäfen einschließlich der Hauptstadt, den ›Campo de Gibraltar‹ mit Algeciras als Zentrum, die Gegend um Jerez und schließlich die Gebirgszone bis zur Sierra de Zafalgar (1654 m). Diese Zonen werden durch gleichfalls vier Hauptrouten zusammengehalten: die *Ruta del Toro*, die Jerez mit Algeciras verbindet, die *Ruta de Jerez*, die den Raum zwischen Río Guadalquivir und Río Guadalete verkehrsmäßig erfaßt, die *Route der weißen Städte* von Jerez über Arcos de la Frontera zum grenznahen Gebirgsort Olvera sowie die *Ruta Atlántida* entlang der Küste von Cádiz in Richtung Gibraltar.

Die *Ruta de Jerez* verbindet die Städte Puerto de Santa María, Jerez de la Frontera und Sanlucar de Barrameda. Das Land im Dreieck dieser Plätze ist das klassische Gebiet des *Jerez-Weins*, zugleich der Kampfstier- und Pferdezucht. Man stößt auf Gestüte und Dressurstätten edler Pferde, die man bei den Fiestas bewundern kann, die aber auch in den Corridas, den Stierkämpfen, zum Einsatz kommen. Von der Carretera aus kann man außerdem in Gehegen Toros bravos friedlich weiden sehen, bis für sie die ›Stunde der Wahrheit‹ in der Arena schlägt. – Von der Ruta de Jerez aus blickt man auch auf die kalkhaltige weiße Erde (Albariza), auf der die Reben gedeihen, aus denen man in den Bodegas – allein in Jerez 700 – die berühmten Weine und Branntweine keltert. Der feste weiße Boden wirft wie ein Spiegel die Sonnenstrahlen auf die Trauben zurück.

Puerto de Santa María   Nr. 34

Exporthafen für die international gefragten Produkte dieser Weinregion ist Puerto de Santa María, kurz ›El Puerto‹ genannt, im Norden der weiten Bucht von Cádiz und an der Mündung des Río Guadalete. Man sieht von hier aus die 23 km entfernte Provinzhauptstadt. Neben einem Fischereihafen verfügt die Stadt über schöne Strände, so die *Playa Andalucia* mit gleichnamigem Urbanisationszentrum.

Die ideale Küstenlage wurde schon von den Römern genutzt, die den Ort *Portus Menestheus* nannten. Alfonso X. nahm 1264 das maurische *Almancia Alcanter* ein, wobei ihm die Gottesmutter während der Belagerung im Traum den Sieg verhieß. Ihr zu Ehren stiftete er die *Iglesia Mayor*, in der sich die aus jener Zeit stammende ›Señora de los Milagros‹ befindet. Alfonso el Sabio hat der ›Herrin der Wunder‹, der Stadtheiligen, einige seiner ›Cantigas‹ (Gesänge) gewidmet.

Puerto de Santa María nennt eine malerische, typisch andalusische Altstadt sein eigen. Die zentrale *Plaza de Isaac Peral* mit dem klassizistischen Rathaus weist eine Reihe hochgewachsener Araukarien auf. Unter den Wein-Bodegas, die in den Straßen auffallen, stammt eine, die *Bodega Terra*, aus dem 17. Jh. Durch die Palmenallee *Micaela de Mora* erreicht man die größte Sehenswürdigkeit am Ort, das *Castillo San Marcos*, das den Herzögen von Medinacelli gehört. Über mehrere zinnengekrönte Türme ragt der spätgotische Bergfried empor, dessen kleiner Glockenträger meist von Störchen besetzt ist. Einst stand hier das Minarett der Hauptmoschee, von der man auch Anzeichen in der mudéjaren Burgkapelle entdeckt: die 33 Hufeisenbögen der drei Schiffe, eine kufische Inschrift in der Sakristei, den Rest des Mihrab. Auf einer Tafel am Kastellgemäuer ist vermerkt, daß hier Kolumbus Quartier genommen hat, mit ihm Juan de la Costa, der Steuermann der ›Santa María‹ und erste Kartenzeichner der Neuen Welt.

An der *Plaza de España* ist das platereske Südportal der bereits erwähnten *Iglesia Mayor* sehenswert. Die Pforte ist von zwei Säulenpaaren umrahmt; über dem Türsturz umfaßt ein Bogen in der ganzen Breite der Portalzone einen Tympanon mit der Gestalt Mariä zwischen Heiligen. Auf beiden Seiten umgeben Säulen den Portaltrakt in seiner gesamten Höhe, ähnlich dem Nordportal der Kathedrale von Almería (vgl. Nr. 27). Nach oben schließt eine Attika mit durchbrochenen Okuli das große, festlich geschmückte Rechteck der Puerta ab. Im Innern kann man außer dem stattlichen Kuppelbau des Hauptaltars, der Figur der Wunder-Madonna und dem geschnitzten Chor mit reich gearbeitetem Gitter Bildwerke der ›Roldana‹ sehen, die man aus der Kathedrale von Cádiz kennt.

Auch zwei Klöster seien genannt: *La Victoria* (15. Jh.), halb Ruine, doch mit einem erhaltenen spätgotischen Portal, sowie *Las Capuchinas* mit einer Kuppelkirche aus dem 17. Jh.

Die größte Stadt der Provinz, mit etwa 155 000 Einwohnern Cádiz um einiges überlegen, kann sich zahlreicher historischer Bauwerke rühmen, meist aus der Renaissance oder dem Barock, wobei neben den Kirchen die Paläste auffallen, die sich vor allem die Großunternehmer des Jerez-Weines leisten konnten. Die Reben, welche die Wohlhabenheit mitbewirkten, waren nach den Römern auch von den Mauren angebaut worden, doch nicht zur Gewinnung alkoholischen Getränks, das der Islam ja untersagt, sondern zur Herstellung von Säften. Unter Fernando III. fiel die Stadt an Kastilien, ging aber wieder verloren und wurde von Fernandos Sohn Alfonso X. zurückerobert (1266). In der Nähe von Jerez, am *Río Salado*, errangen 1340 die vereinigten kastilisch-portugiesischen Streitkräfte jenen Sieg, der endgültig über die Reconquista zugunsten des Kreuzes entschied. An die maurische Herrschaft erinnert der *Alcázar*, ein Werk der Almohaden, in dem sich eine Kapelle moslemischen Ursprungs *(Las Conchas)* und Reste arabischer Bäder befinden. – In der Nähe des Alcázars steht die *Kirche San Miguel* (1430) mit einem alfiz-umrahmten Portal und im Innern schön verzierten, netzförmigen Gewölberippen. Am Altaraufsatz der Capilla Mayor mit 9 Figurenfeldern hat der über 60jährige *Juan Martinez Montañés* gearbeitet, vor allem im Mittelteil, wo man den ›Kampf der Engel‹ sowie die ›Verklärung‹ und ›Himmelfahrt Christi‹ sieht, während *José de Arce* die Seitenflügel (u. a. eine ›Verkündigung‹) ganz im Geiste von Montañés gestaltete. Das Bild ›Divino Rostro‹ (Schweißtuch der Veronika) in der Capilla de Pavón wird *Zurbarán* zugeschrieben. Die Sakristei besitzt eine Silbermonstranz im Stil der Renaissance. – Nur 100 m von San Miguel entfernt, breitet sich der geräumige, aus jüngerer Zeit stammende Hauptplatz *El Arenal* aus. In der Mitte gärtnerischer Anlagen steht das *Reiterbild von Primo de Rivera*, dem 1870 in Jérez geborenen Staatsmann unter Alfonso XIII.
Durch die *Calle de Calvo Sotelo* gelangt man zur *Plaza de la Asunción*, an der sich die *Casa del Cabildo vieja (Altes Rathaus)* befindet, ein Renaissance-Palast, der das *Archäologische Museum* beherbergt (geöffnet: 10–13 und 18–21 Uhr, im Winter 17–20 Uhr). Das Glanzstück der Sammlung ist ein archaischer griechischer Helm, also älter als der berühmte Helm des Miltiades in Olympia. Da Helme keine Exportware darstellten, besitzt man durch den Fund einen Beweis altgriechischer Besiedlung am Río Guadalete. Eine im Museum ausgestellte Tafel mit kufischen Lettern dürfte von einem der ehemals maurischen Stadttore stammen. Der Kopf eines römischen Mädchens zeigt einwärts gerollte Schläfenlöckchen, wie sie auch eine Kopfplastik der Nekropole von Carmona aufweist, so daß es sich wohl um eine

San Salvador: Mächtige Freitreppe vor dem Westportal

spezifische Mode im römischen Spanien handelt. – Die gleichfalls am Himmelfahrtsplatz gelegene *Kirche San Dionisio*, eine Mischung aus Spätgotik und Mudéjar, wurde nach dem Tagesheiligen der Eroberung von Jerez genannt. Elegant geschweift ist der Portalbogen, minarettähnlich der Turm. Der Rokoko-Retablo in der Hauptkapelle mißt eine Höhe von 20 m. – Geht man ein Stück weiter, so sieht man vor sich die altertümliche, schmuckreiche *Torre de la Vega*. Einst sandte sie als Glied einer Kette anderer Türme Rauch- oder Feuerzeichen aus.

Als bedeutendsten Sakralbau von Jerez kann man die *Stiftskirche San Salvador (La Colegiata)* mit ihrer mächtigen Freitreppe vor dem Westportal ansehen. Weit ausschwingende Strebebögen stützen den im 13. Jh. begonnenen gotischen Bau, der 1755, im Jahr des Erdbebens von Lissabon, Schäden erlitten hatte, so daß Torcuato Cayon de la Vega, der letzte Baumeister an der Kathedrale von Cádiz, die Stiftskirche nach der Auffassung seiner Zeit teils wiederherstellte, teils ergänzte. Frei nach Art der Campanili steht davor der schlanke Glockenturm mit gotischem Fenster-Maßwerk. Die *Schatzkammer* enthält einen ›Christus‹ von Juan de Mesa. Doch vor allem darf das Bild ›Virgen Niña‹ von *Zurbarán* nicht übersehen werden, auf dem Maria, selten in der religiösen Malerei, als Kind wiedergegeben ist, den rechten Arm auf einen Stuhl gestützt, die Finger der linken Hand zwischen den Seiten eines Buches auf ihrem Schoß, das schlafende Kindergesicht

237

von lieblichem Reiz. Mit Zurbarán'scher Akuratesse ist die Keramik-schale auf einem Holztisch dahinter gemalt. Das unvergleichliche Gemälde ist ›Prado-würdig‹.

An der Straße nach Medina Sidonia, 5 km von Jerez entfernt, liegt das *Kartäuserkloster (Cartuja) Santa María de la Defensión*, aus der die berühmten Mönchsbilder *Zurbaráns* im Kunstmuseum von Cádiz stammen. Andrés de Ribera baute das Eingangstor der Klosteranlage, freistehend und antiken Triumphbögen ähnlich. Die Kirche geht auf das Jahr 1447 zurück, doch an der Fassade ist die Entstehungszeit nur an der Rosette erkennbar, die freilich im Sinne der Renaissance verfremdet ist, wie die ganze Frontseite dem 16. Jh. zugehört und Alonso Cano und Juan de Arce zugeschrieben wird. An der prunkvollen Schauwand stehen Kartäusermönche in Nischen, in der obersten St. Bruno, und über dem ausgewogenen gegliederten Gemäuer türmt sich ein retablo-artiger Aufbau. Der *Kreuzgang* von 1477, trotz seiner ansehnlichen Maße ›Claustrillo‹ genannt, besitzt gotische Pfeiler mit Wasserspeiern. An den Pfeilern sind Konsolen angebracht, die das Gewölbe tragen. Über das Arkadengeviert des stimmungsvollen Klosterhofs läuft eine kunstvoll verschlungene Balustrade.

Die Bodegas

Kaum einer der Besucher von Jerez kehrt nicht in einer der großen Bodegas ein, die man auch ›Kathedralen des Sherry‹ nennt und die bei vorheriger Anmeldung zu besichtigen sind. Neben *González-Byass* ist *Domecq* der berühmteste Erzeuger; nach ihm heißt eine Avenida. 1730 war Pedro Domecq aus Frankreich gekommen; dessen Nachkomme Álvaro gilt als einer der führenden Züchter von Kampfstieren, deren prächtigste Exemplare in der Probierstube der Lagerstätten seiner Weine abgebildet sind. Es handelt sich bei den Bodegas nicht um Keller; denn sie sind ebenerdig wie auch die Depots des Portweins in Porto. Sir Francis Drake soll bei seiner Plünderung von Cádiz 3000 Schläuche Jerez erbeutet und nach England befördert haben, wo der Wein sich einbürgerte. Da die Briten ›Jerez‹ nicht aussprechen konnten, wandelten sie die Bezeichnung in Sherry um.

Die Grundrebe für den Sherry-Wein ist der kalifornische *Palomíno blanco*. Daraus entstand ein ganzes Bouquet von Sorten. Der *Fino* mit seiner Topasfarbe ist herb und trocken, mit leichtem Mandelaroma. Bernsteinfarben und halbtrocken ist der *Amontillado*, dunkel und dickflüssig der süße *Ximénez*, dem dunkelgoldenen *Oloroso* mit seinem zarten Nußaroma schreibt man psychotherapeutische Wirkung zu, so als Trostspender bei Melancholie. Eine für Holland bestimmte Sendung von Fässern war annulliert und dann vergessen worden. Nach Jahren ergab die ungewollt lange Lagerzeit ein köstlich mun-

Jerez de la Frontera: Sog. Apostelfässer in einer Bodega

dendes Konzentrat, den *Brandy*. Einer der Direktoren von Domecq sagte, man brauche ein ganzes Jahr, um alle Sherry- und Brandy-Sorten zu probieren.

Im Gegensatz zu den vollen Fässern des Portweins füllt man Jerez-fässer nur zu drei Vierteln, damit der Traubensaft ›atmen‹ kann. Man legt Wert auf Holz, im Gegensatz zu den anderswo üblichen Metall- und Kunststoffässern. Und man bevorzugt amerikanische Eiche, wobei die Devise gilt, daß das Faß, nicht die Traube, den Wein ausmache. In Domecqs Bodegas lagern berühmte Holzfässer, aus denen Berühmtheiten wie Napoleon, Nelson oder Churchill ihren Sherry bezogen haben und die deren Namen tragen. Aus Pietät hat man den Inhalt belassen. Der älteste Sherry ist 300 Jahre alt. In Andalusien gilt es als alter Brauch, beim Genuß von Sherry den ersten Tropfen, einem Opferritus folgend, auf den Boden zu schütten. Und das letzte Glas wird nicht ausgetrunken.

Sanlúcar de Barrameda   Nr. 34

Die dritte Stadt im Dreieck des Jerez-Weines ist das an der Mündung des Guadalquivir gelegene Sanlúcar, zugleich Grenzort zur Provinz Huelva, von dieser durch den Fluß getrennt. Ein breiter Gürtel von Sandstränden liegt zwischen Fluß und Stadt. Auch Sanlúcar besitzt seine Bodegas und seine Weintradition. Als Fernão Magalhães 1511 zur ersten Weltumsegelung in San-lúcar startete, hatte er nach der Überlieferung 135 Fässer und 417 Schläuche mit Jerez-Wein an Bord. Die für die Grenzstadt typische Sorte ist der leichte *Manzanilla*.

Schon von weitem sieht man über den Dächern der Stadt die *Kirche Nuestra Señora de la O* (Bedeutung ungeklärt) aus dem Jahre 1360, einer Stiftung von Isabel de la Cerda aus der Familie Guzmáns des Guten, des Helden von Tarifa. Am weißen Gemäuer der Fassade fällt ein prächtiger Portalaufbau in Naturstein auf. Über dem mehrfach gestuften Spitzbogen der Pforte sieht man wappentragende Löwen, eine Reihe Blendbögen und darüber eine Sebka-Dekoration, die sich auf Miniatursäulen stützt. Kopfplastiken schauen unter dem vorkragenden Ziegeldach hervor. Der Hauptaltar im Innern ist churrigueresk. Vom benachbarten Palast der Herzöge von Mediacelli führt ein Gang in die Kirche, durch den man ungesehen eintreten kann, eine Einrichtung, die auch zwischen Kalifenpalast und Mezquita in Córdoba bestand. Über der Stadt thront eine *Kastellruine*. Von Sanlúcar fuhr Kolumbus 1498 zu seiner 3. Reise aus, auf der er den Orinoko entdeckte.

35 Arcos de la Frontera

Die von der Lage her attraktivste Stadt der Provinz liegt an der Route der ›weißen Städte‹. Sie krönt weißglänzend eine schroffe Erhebung von 160 m am rechten Ufer des *Río Guadalete*, der sich, von Inseln und Sandbänken durchsetzt, tief unten dahinwindet. So markant steigt der *Pueblo* mit seinen zwei auffälligen Türmen himmelwärts, daß man den Ausspruch versteht: ›Arcos, presto para el vuelo‹ (Arcos, bereit zum Flug).

Die arabisch anmutenden Häuser der Altstadt erwecken an manchen Stellen mit ihrem dicken Kalkanstrich den Eindruck, sie seien nicht gebaut, sondern geknetet. Kleine Bögen über engen Gassen wirken orientalisch. Straßenecken werden durch eingemauerte antike Säulen betont. Eisengitter und Blumentöpfe heben sich hier besonders vom uniformen Weißanstrich der dicht aneinandergereihten Häuser ab. Vom obersten Punkt der ›weißen Stadt‹ blickt man über unabsehbare Ölbaumfelder, auf den nahebei zu einem See aufgestauten Guadalete und zeitweise über das ansteigende Hochland bis Ronda.

Durch einen Torbogen gelangt man zu der in der Ortsmitte gelegenen *Plaza de España* mit einem bescheidenen *Ayuntamiento*, das 2 Artesonadodecken enthält. Unübersehbar ragt an dem Platz der quadratische hohe Turm von *Santa María de la Asunción* empor, von dessen westgotischen Ursprüngen nichts mehr zu sehen ist. Während das Kirchenschiff aus dem 16. Jh. stammt und mudéjare Spuren aufweist, ist der Turm ein Werk des Barock. Die dreigeteilte Öffnung der Glockenstube zeigt in der ornamentalen Umrahmung eingesetzten Keramikschmuck. Von bewegten Szenen belebt ist der polychrome Hauptaltar; sie stellen Episoden aus dem Leben der Jungfrau dar, darüber schaut Gottvater aus einem Medaillon, und auf dem Giebel des triptychon-artigen Retablo sitzen Putten, die schon etwas Barockes an sich haben. Zahlreiche Künstler der Renaissance waren an dem Altarwerk tätig, einem Gegenstück zum gleichfalls dramatisch bewegten Retablo Mayor von San Miguel in Jerez. Im Gemäuer des Kirchenschiffs befindet sich ein Loch, durch das man während der französischen Besatzung Sakralgeräte in eine Geheimkammer schob; man verbarg die Öffnung mit einem Heiligenbild. Eine andere Kuriosität: Auf dem Gemälde einer ›Maria lactans‹ hat man die bloße Brust später übermalt, so daß das Jesuskind nun vergeblich an einem Stück Leinwand saugt.

Die *Pfarrkirche San Pedro* ist einschiffig und ein Teil der maurischen Befestigung. Auf die Gotik zurückgehend, gehört sie großenteils der Renaissance an, namentlich der Turm mit einem altarförmigen Portal und einem kleinen Glockenträgeraufsatz. Im Innern der Kirche bietet ein respektabler Retablo

Mayor Szenen aus dem Leben St. Peters dar. Ein Bild der Jungfrau wird Francisco Pacheco zugeordnet, eine ›Anbetung der Könige‹ Pedro de Campaña. Zwei maurische Banner entstammen dem Beutegut nach dem Sieg am Río Salado. Außer dem mit Zinnen bewehrten Gemäuer besitzt Arcos ein freilich stark ergänztes *Kastell*, das den Marqueses de Tamarón gehört. Auch die *Paläste der Duques de Osuna* und der *Condes de Áquila* sind sehenswert, wenn auch nur von außen wahrnehmbar.

36   Medina-Sidonia

Zu den reichsten Grundherrn Andalusiens gehörten die *Guzmáns*. Man könnte ihren Namen auf das Gotische zurückleiten (gudmanna = Gottes Mann). Sie waren ebenso in Santiponce und Sanlúcar de Barrameda begütert wie in Tarifa und Medina-Sidonia, wo überall durch Palacios an sie erinnert wird. Ihren Aufstieg zu Ruhm und Reichtum verdankten sie dem vielgenannten *Guzmán el Bueno* wegen dessen Bravour und entsprechender Belohnung bei der Einnahme von Tarifa 1292. Nach den zahlreichen Ehrungen und Schenkungen durch die Krone Kastiliens erhielten sie schließlich die Herzogswürde von Medina-Sidonia (vgl. auch Santiponce, Nr. 2).
Die Stadt liegt an der *Ruta del Toro*, die Jerez mit Algeciras verbindet. Das Wort *Sidonia* erinnert an die Stadt *Sidon* (heute: Saida im Libanon), eine Phöniziergründung. Die Moslems haben wohl den Namen nach Südspanien gebracht und ihn dem einst römischen *Assido Caesarina* gegeben.
Man steigt durch den *Arco de la Pastora* hügelauf. Er besitzt einen doppelten Hufeisenbogen gleich dem Sevilla-Tor in Carmona (vgl.

Medina-Sidonia

Nr. 3) und ist nach Maria als ›Hüterin der Herden‹ benannt; ihre Bild-
nisstatue stand in einer Nische, die man heute noch sieht. Die *Renaissance-Kirche Santa María* birgt ein Männerporträt von *Ribera* sowie
die Bänke, auf denen einst die Inquisitoren tagten; eingeritzt sind
Schwert, Palme und das Kreuz der Dominikaner, denen die Juris-
diktion über die Ketzer oblag. In der Nähe steht als Relikt des *Kastells*
ein *wehrhafter Turm*, mit dem sich düstere Historie verbindet: Hier
wurde *Blanca de Borbón*, die Gemahlin Peters des Grausamen, auf
Befehl ihres Gemahls gefangengesetzt, weil er seine Mätresse María
de Padilla vorzog; Blanca starb in Medina-Sidonia 1362 (vgl. S. 54).
Auch die Tragödie einer anderen Frau spielte sich etwa gleichzeitig
in einem der Turmräume ab: *Leonor de Guzmán*, Geliebte Alfonsos
XI. und Mutter des Bastards Enrique, floh vor der Verfolgung des
legitimen Sohnes Alfonsos, desselben Pedro el Cruel, in das Kastell,
entging aber nicht der Hand eines gedungenen Mörders, dessen
Namen eine Tafel am Turmgemäuer nennt: Pérez de Rebolledo.
Wie man weiß, hat Enrique 1369 Pedro in der Mancha getötet und die
Krone an sich gerissen, indem er die Dynastie Trastamara begründete. Medina-Sidonia wurde danach auch ›Stadt Enriques II.‹
genannt. Von der reichen Vergangenheit zeugen neben dem Her-
zogspalast auch andere Adelspaläste.

37 Tarifa

Die *Ruta Atlántida*, die Küstenstraße, führt bei Vejer de la Frontera
nahe an *Kap Trafalgar* vorbei, dem Ort des berühmten Seesieges von
Admiral Nelson 1805 (Seetreffen fanden früher immer in Landnähe
statt). Dann erreicht die Ruta Europas südlichsten Punkt, die *Punta
Tarifa* oder *Punta Marroqui*, wo die Distanz zu Afrika nur 14 km
beträgt (westlichster Punkt: Cabo da Roca in Portugal; nördlichster
Punkt: Nordkap in Norwegen). Tarifa, bei den Römern *Julia Tra-
ducta*, wurde von *Tarif ben Malik* bald nach der Landung 711 gegründet
und nach ihm benannt. Sancho IV., El Bravo, gewann 1292 die Stadt
zurück, doch die Mauren versuchten nach 2 Jahren die Rückeroberung, scheiterten jedoch am harten Widerstand des Verteidigers
Guzmán.
Von der einstigen Stadtmauer sind ein Torso und zwei Tore erhalten,
die *Puerta del Mar* und die *Puerta de Jerez*, letztere, von Palmen flankiert und ganz mit Efeu umwachsen, weist über dem Durchgang mit
leichtem Hufeisenbogen eine Inschrifttafel auf: »Die sehr edle, sehr
treue und sehr heldenhafte Stadt Tarifa wurde unter der Regierung
Sanchos IV. El Bravo den Mauren genommen, am 21. September
1292.«

Tarifa: Stadtmauer in Europas südlichster Stadt

Gleich hinter dem Jerez-Tor breitet sich die *Altstadt* mit engen, abwärtsführenden Gassen aus. An der *Rathausfassade* sind die drei Schlüssel des Stadtwappens wiedergegeben. Die gedrungene *Kirche San Mateo* nimmt den Platz der Hauptmoschee ein. Der niedere Turm steht auf den Fundamenten des Minaretts; maurisch wirkt die kleine Kuppel auf dem Flachdach. Hell zeichnen sich die Marmorsäulen der Portalzone vom sonst düsteren Gemäuer ab. Auch ist noch eine westgotische Inschrift zu erkennen.

Der Stadt ist eine Insel mit dem Namen ›Isla de las Palomas‹ vorgelagert. Heute verbindet sie ein Damm mit dem Festland. In dem hierdurch entstandenen Becken ankern die Fischereiflotten. Von der Insel, die einen Leuchtturm trägt, kann man nach Marokko und zum Jebel Musa (Mosesberg) hinüberblicken. Die an der marokkanischen Küste gelegenen Städte *Ceuta* und *Melilla* sind spanische ›Brückenköpfe‹ und gehören zur Provinz Cádiz. Landeinwärts bietet Tarifa mit seiner zinnenreichen Burg ein fesselndes Bild, das im 19. Jh. Vedutenmaler wie den Engländer David Roberts zu romantischen Gravüren bewog. Neben dem Kastellgemäuer, das mit kraftvollen Stützen verstärkt ist, steht die achteckige *Torre de Guzmán*. Von hier aus soll der Kronfeldherr die Verteidigung geleitet haben, und man zeigt noch das (heute zugemauerte) Fenster, aus dem er den Angreifern sein Schwert entgegenwarf, als diese drohten, seinen Sohn zu töten, der sich in ihrer Gewalt befand. Obwohl die Festung Militärbereich ist, kann man einen Teil davon betreten. Unterhalb des Kastells beginnt die parkartige *Alamede de Guzmán* mit dem Denkmal des Verteidigers.

11 km westlich von Tarifa, bei dem Fischerdorf *Bolonia* und am Fuß der sanften Sierra de la Plata, dokumentiert sich das alte Rom im Ruinenfeld von *Bellona Claudia*, dessen Ausgrabung 1917 begonnen hat. Man sieht Reste einer Hauptstraße, eines Amphitheaters, einer Therme, eines Aquädukts, einer Anlage zum Einsalzen von Fischen. Einige Säulen mit ionischen Kapitellen hat man aufgerichtet; sie bestehen aus Säulentrommeln, was überrascht, denn für gewöhnlich fertigten die Römer sie aus einem Stück.

38 Algeciras · Gibraltar

Algeciras: Um die Bucht von Algeciras zu erreichen, überquert man von Tarifa aus die *Sierra de Ojén*, die sich 786 m hoch bis zum Meer hin ausstreckt. Hier ist von den Gezeiten nichts mehr wahrzunehmen, und auch die Costa de la Luz hat ihr Ende gefunden. Man blickt auf das Mittelmeer und jenseits der Bucht auf den unverwechselbaren Felsen von Gibraltar. Die Hotels von Algeciras sind mit ihren Balkonen in Richtung der einmaligen Sicht ausgerichtet.
Die Stadt hieß bei den Arabern *Al-Dschasiras* (grüne Insel) und zählt heute 80 000 Einwohner. Bedeutung billigt man ihr vor allem wegen der Seeverbindung nach Tanger und Ceuta zu. Sonst hat sie von ihrer bewegten Vergangenheit kaum mehr etwas anzubieten. Als Alfonso XII. sie 1344 eroberte, taten sich vor allem zwölf Haudegen aus Úbeda hervor; von ihnen hat die Stadt in der Provinz Jaén ihr Wappen mit 12 Löwen (vgl. Nr. 19).
In Form eines Schachbretts steigt die Innenstadt leicht an. Das Rechteck der *Plaza Alta* bildet das Zentrum. Ein Keramikbrunnen mit bunten Szenen aus dem Leben Don Quijotes gibt dem sonst einförmigen Platz etwas Farbe. An der Nordseite steht die barocke *Kirche Nuestra Señora de la Palma*. Während das *moderne Rathaus* im Oberteil der Innenstadt anzutreffen ist, gelangt man zum *Ayuntamiento Viejo* durch eine Geschäftsstraße, die rechts von der Plaza abzweigt. Das Gebäude ist keineswegs ›alt‹ im historischen Sinne und stammt aus der 2. Hälfte des 19. Jh. Die zweistöckige Fassade ist aus Hau- und Ziegelstein gemauert und weist in der Mitte des Oberstocks ein großes Rundbogenfenster auf. Es ist erstaunlich, daß in diesem bescheidenen Gebäude einmal Weltgeschichte gemacht worden ist. Hier nämlich fand vom 17. Januar bis 7. April 1906 die *Konferenz von Algeciras* statt, in der man die Marokko-Krise beilegte. Es ging um die Öffnung der marokkanischen Grenzen für den internationalen Handelsverkehr, wobei auch das Deutsche Kaiserreich wegen der Erzvorkommen im Süden des Landes Interessen anmeldete und dabei mit französischen Ansprüchen in Konflikt geriet. In Algeciras wurde die Krise – freilich nicht dauerhaft – beigelegt, indem die europäischen Mächte und die USA mit dem Sultan eine Übereinkunft trafen.

Gibraltar: Der berühmte, isoliert stehende Felsen von 425 m Höhe, eine der ›Säulen des Herkules‹ in der Antike, besteht aus Jurakalk und ist 4500 m lang und 1300 m breit. Ursprünglich erhob er sich selbständig aus dem Meer, erst Schwemmland hat die Landverbindung hergestellt. Im Altertum unter dem Namen ›Calpe‹ bekannt, wurde der Felsen nach dem Berber *Tarik* ›Djebel ar-Tarik‹ genannt, woraus ›Gibraltar‹ wurde. Tarik sollte auf Befehl von Musa ben Nasair nur einen Erkundungs- und Beutezug unternehmen, überschritt aber den Auftrag, indem er nach der Landung am 3. April 711 bei Jerez de la Frontera die Westgoten schlug und die Eroberung Spaniens einleitete. Wegen der Befehlsüberschreitung wurde er ausgepeitscht, als ihm mit der Hauptmacht des Heeres nachfolgte. 1309 nahm Guzmán el Bueno Gibraltar ein, das aber erst 1462 endgültig den Christen zufiel. Karl V. ließ den Felsen gegen marokkanische Seeräuber befestigen.

Der Felsen von Gibraltar

Während des Spanischen Erbfolgekrieges, der gegen Habsburg zugunsten der Bourbonen entschieden wurde (neuer König war Philipp V., der Enkel des Sonnenkönigs), nahmen die Briten am 21. Juli 1704 im Handstreich ohne spanische Gegenwehr das Felsenterrain ein. Das kleine *Museum* in der Mainstreet der Stadt Gibraltar, dem eine ausgegrabene *römische Therme* angegliedert ist, bietet Anschauungsmaterial des historischen Ereignisses: u. a. Bilder des Vizeadmirals Sir George Rooke, unter dem Prinz Georg von Hessen-Darmstadt mit 1800 Marinesoldaten landete. Im Frieden von Utrecht 1713 wurde die Eroberung sanktioniert.

Zu Beginn des 1. Weltkriegs geriet eine deutsche Truppe in englische Kriegsgefangenschaft, die auf blauem linkem Ärmelaufschlag das Wort GIBRALTAR trug. Die Engländer hielten sie für ein Sonderkommando zur Eroberung des Felsens. Es handelte sich jedoch um Mitglieder eines Hannoveraner Traditionsverbandes, der 1704 durch die britisch-welfische Verbindung an dem damaligen Handstreich unter britischer Fahne wesentlich beteiligt war.

Die Landverbindung vom spanischen Territorium (Grenzstadt *La Línea*) zur britischen Kronkolonie wurde 1969 gesperrt, einige Jahre später aber wieder hergestellt. Der Grenzverkehr war jedoch nur für Spanier offen, nicht für Fremde, die weiterhin nur von der Seeseite her den Boden Gibraltars betreten konnten. Am 5. Febr. 1985 öffnete sich jedoch auch für ausländische Grenzgänger der Schlagbaum.

Die Stadt Gibraltar hat ein stark englisches Gepräge. Die Bevölkerung ist gemischt, mit starkem mittelmeerischem Zuzug. Bei den Wahlen 1967 stimmten 12 000 Bewohner für, nur 44 gegen die Zugehörigkeit zu England. Am Cathedral Square stehen die *anglikanische Kathedrale* von 1821, an der Main Street der *Sitz des Gouverneurs*, der in einem ehem. Franziskanerkloster von 1531 untergebracht ist und vor dem gleich dem Buckinghampalast die Wache aufzieht. Auffälligste Hinterlassenschaft der vorenglischen Epoche ist eine *maurische Burg*.

Auf dem Felsen zu besichtigen und über Straße sowie Schwebebahn erreichbar sind die *Tropfsteinhöhle St. Michael* (geöffnet: 9–17 Uhr) und daneben die Vielzahl von *Verteidigungsstollen* (Upper Galleries), nicht zu vergessen die Affen, welche die Berber einst importiert haben.

245

L. INFORMATIONSTEIL

Allgemeine Reisehinweise

Klima und Wetter: Andalusien hat ein verhältnismäßig ausgeglichenes Klima mit milden Wintern, aber heißen, trockenen Sommern. Als beste Reisezeit, vor allem für Besichtigungen, empfehlen sich Frühjahr (April–Juni) und Herbst (September/Oktober). Sonnen- und Regenschutz sollten aber zu keiner Zeit im Reisegepäck fehlen.

Uhrzeit: Spanien hat *Mitteleuropäische Zeit (MEZ)* mit der auch sonst in Europa üblichen Sommerzeit (ca. Ende März bis Ende September).

Informationsmöglichkeit vor Antritt der Reise: *Staatliches Spanisches Verkehrsbüro:* Graf-Adolf-Straße 81, 4000 Düsseldorf 1, Tel. 02 11/37 04 67. – Bethmannstraße 50–54, 6000 Frankfurt/M. 1, Tel. 0 60/28 57 60. – Ferdinandstraße 64–68, 2000 Hamburg, Tel. 0 40/33 07 87. – Oberanger 6, 8000 München 2, Tel. 0 89/26 75 84. – Rotenturmstraße 27, A-1010 Wien, Tel. 02 22/66 31 91, 63 14 25. – Seefeldstraße 19, CH-8008 Zürich, Tel. 01/2 52 79. – In allen größeren Städten Andalusiens gibt es Touristikbüros (*Oficinas de Información de Turismo*), die Auskünfte erteilen.

Informationen über Routen und Straßenzustände: *Real Automóvil Club de España (RACE):* Plaza de la Pescaderia 1, Tel. 22 54 61. – Plaza de las Flores 2, Málaga, Tel. 21 42 60. – Avenida de Eduardo Dato 22, Sevilla (*Automóvil Club de Andalucía*), Tel. 63 13 50, 64 52 00.

Anreise mit dem Flugzeug: Der günstigste Zielflughafen in Andalusien ist *Málaga* (8 km außerhalb der Stadt) mit Direktverbindungen von Frankfurt und Zürich. Die übrigen Flughäfen Andalusiens (Almería, Córdoba, Granada, Sevilla) sind via Barcelona oder Madrid zu erreichen, zum Teil aber nur während der Feriensaison und mit erheblich schlechteren Verbindungen.

Anreise mit dem Auto: Die günstigste Route folgt nach Durchquerung Frankreichs und Grenzübergang bei Perpignan der Küstenstraße über Barcelona, Valencia, Alicante, Murcia, Almería, Málaga. Auskünfte erteilen die zuständigen Büros von ADAC, ÖAMTC und Schweizer Automobilclub.

Anreise mit der Bahn: Wer Zeit hat und gern mit dem Zug fährt, wird sicher auch einer langen Bahnfahrt nach Andalusien Freude abgewinnen, zumal die Staatlichen Spanischen Eisenbahnen nicht nur mit den TALGO-Zügen Komfort und Bequemlichkeit zu bieten haben. Die günstigsten Verbindungen bestehen via Straßburg/Port Bou/Barcelona oder via Paris/Barcelona und von dort weiter über Madrid nach Córdoba, Sevilla, Cádiz oder Málaga. Seniorenkarten mit 50 % Ermäßigung in Frankreich und Spanien. – Auskünfte erteilt die deutsche Generalvertretung der *Staatlichen Spanischen Eisenbahnen (RENFE):* Gereonstraße 25, 5000 Köln 1, Tel. 02 21/13 56 07.

Amtliche Bestimmungen und praktische Hinweise

Personaldokumente: Deutsche Reisende können mit einem *Personalausweis* oder einem am Einreisetag noch mindestens 3 Monate gültigen *Reisepaß* nach Spanien einreisen. Kinder unter 16 Jahren brauchen einen *Kinderausweis* oder müssen im *Familienpaß* eingetragen sein.

Kraftfahrzeuge: *Führerschein* und *grüne Versicherungskarte* sind erforderlich. In Spanien gilt die Haftpflichtversicherung nur für Personen-, nicht aber für Sachschäden. Der zollfreie Aufenthalt beträgt 6 Monate pro Jahr. Die

Geschwindigkeitsbegrenzung beträgt 120 km/h auf Autobahnen und 100 km/h auf Bundesstraßen. In Einbahnstraßen darf an Kalendertagen mit geraden Zahlen nur auf der Straßenseite mit geraden Hausnummern geparkt werden, an ungeraden Tagen umgekehrt.

Mitführen von Tieren: Zur Mitnahme von Haustieren ist ein amtstierärztliches Gesundheits- und Tollwutimpfzeugnis nötig. Das Impfzeugnis muß mehr als einen Monat und weniger als ein Jahr alt sein; das Gesundheitszeugnis darf nicht älter als 15 Tage sein.

Währung: Währungseinheit ist die *Peseta.* Es gibt Banknoten zu 100, 200, 500, 1000 und 5000 Pesetas sowie Münzen zu 1, 5, 10, 25, 50 und 100 Pesetas.

Geldwechsel: Bei Banken und Wechselstuben sowie in den größeren Hotels. Die Banken sind geöffnet: Mo–Sa 9–13 Uhr, Wechselstuben an Flughäfen und auf den großen Bahnhöfen meist auch nachmittags und abends. – Bei Postämtern mit Gelddienst kann auch vom Postsparbuch Geld abgehoben werden (tgl. höchstens im Gegenwert von DM 1000,–).

Öffnungszeiten der Geschäfte, Apotheken, Postämter u. ä.: Mo–Sa 9–13 und 16–19 Uhr, im Sommer: 17–20 Uhr.

Briefmarken: Sie sind bei allen Postämtern sowie in Tabakläden erhältlich.

Gesetzliche Feiertage: 1. Januar (Neujahr) – 6. Januar (Erscheinung des Herrn/Hl. Drei Könige) – 19. März (St. Josef) – 1. Mai (Tag der Arbeit) – 25. Juli (Santiago/Ap. Jakobus) – 15. August (Mariä Himmelfahrt) – 12. Oktober (Nationalfeiertag) – 1. November (Allerheiligen) – 8. Dezember (Mariä Empfängnis) – 25. Dezember (Weihnachten) sowie Gründonnerstag, Karfreitag, Ostermontag (März/April) und Fronleichnam (Mai/Juni).

Diplomatische Vertretungen: *Bundesrepublik Deutschland:* Botschaft der BRD: Calle de Fortuny 8, Madrid 4, Tel. 91/4 19 91 00, 4 19 91 50. – Generalkonsulat: Avenida de Ramon de Carranza 22, Sevilla, Tel. 9 54/45 78 11, 45 79 76. – Konsulat: Paseo Limonar 28, Málaga, Tel. 9 52/22 78 66. – *Österreich:* Österreichische Botschaft: Paseo de la Castellana 91, Madrid 16, Tel. 91/4 56 53 15, 4 56 54 03, 4 56 55 04. – Konsulat: Hernando Cólon 9/11, Sevilla, Tel. 9 54/22 21 62. – *Schweiz:* Schweizer Botschaft: Calle Nuñez de Balboa 35–37, Madrid 1, Tel. 91/4 31 34 00. – Konsulat: Puerta del Mar 8, Málaga, Tel. 9 52/21 72 66, 21 47 29. *Königlich-Spanische Botschaft,* Schloßstraße 4, 5300 Bonn 1, Tel. 02 28/21 70 94/95, 21 75 27.

Verkehrsverbindungen
Zu allen Orten Andalusiens besteht ein dichtes Netz von Autobuslinien. Die größeren Städte sind auch mit der Bahn zu erreichen. Fahrkarten sollten im Vorverkauf besorgt werden. Für die Fernzüge ist Platzreservierung zu empfehlen. Für Talgo besteht Platzkarten- und Zuschlagspflicht.

Unterkunft

Die spanischen Hotels sind in die *Kategorien 1–5* (einfacher Gasthof bis Luxushotel) eingeteilt. In den größeren Städten bestehen Übernachtungsmöglichkeiten in allen Preiskategorien; die kleineren Orte verfügen zum Teil nur über bescheidene Gasthöfe. Hotelverzeichnisse sind über die Fremdenverkehrsämter erhältlich.

Paradores: Eine spanische Eigenheit sind die sog. Paradores, Hotels der gehobenen Klasse (Kategori 3–4), die vorwiegend an touristisch-interessanten Punkten gebaut oder in bestehenden alten Burgen, Palästen, Klöstern u. ä. unter Wahrung des historischen Ambiente eingerichtet wurden. In Andalusien gibt es folgende Staatliche Paradores (P. N.): P. N. de Antequera, Antequera (Málaga), Tel. 9 52/84 02 61. – P. N. ›Casa del Corregidor‹, Arcos de la Frontera (Cádiz), Tel. 9 56/70 05 00. – P. N. ›Costa de la Luz‹, Ayamonte (Huelva), Tel. 9 55/32 07 00. – P. N. de Bailen, Bailen (Jaén), Tel. 9 53/67 01 00-04-08. – P. N. ›Alcazar del Rey Don Pedro‹, Carmona (Sevilla), Tel. 9 54/14 10 10, 14 10 60. – P. N. ›Del Adelantado‹, Cazorla (Jaén), Tel. 9 53/72 10 75. – P. N. ›La Arruzafa‹, Córdoba, Tel. 9 57/27 59 00. – P. N. ›San Francisco‹, Granada, Tel. 9 58/22 14 93. – P. N. ›Castillo de Santa Catalina‹, Jaén, Tel. 9 53/23 22 87. – P. N. ›Gibralfaro‹, Málaga, Tel. 9 52/22 19 02, 22 19 04. – P. N. ›Cristobal Colon‹, Mazagon (Huelva), Tel. 9 55/37 60 00. – P. N. ›Reyes Catolicos‹, Mojacar (Almería), Tel. 9 51/47 82 50. – P. N. de Nerja, Nerja (Málaga), Tel. 9 52/52 00 50. – P. N. de Sierra Nevada, Sierra Nevada-Monachil (Granada), Tel. 9 58/48 02 00, 48 02 04, 48 02 08. – P. N. ›Del Golf‹, Torremolinos (Málaga), Tel. 9 52/38 12 55. – P. N. ›Condestable Davalos‹ Úbeda (Jaén), Tel. 9 53/75 03 45 (ab Ende 1985 für unbestimmte Zeit geschlossen).

Essen und Trinken

Die Mahlzeiten: Das Frühstück *(desayuno)* ist, wie auch im übrigen Spanien, karg. Auch Kaffee und Tee sind kein Vergnügen. Dagegen zeichnen sich Mittagessen *(almuerzo)* und Abendessen *(cena)* durch Üppigkeit aus. Das Abendessen wird spät eingenommen. Ein Menü besteht aus 4 Gängen: 1. Vorspeisen *(entremeses)*: Salat oder Suppe. 2. Fisch-, Reis- oder Nudelgericht. 3. Fleisch, Wild oder Geflügel mit Beilagen. 4. Dessert *(postre)*: Süßspeise, Kompott, Flán (Crème Caramel), Eis oder Obst.

Suppen: Als typisch andalusisch ist an erster Stelle *Gazpacho* zu nennen, eine kalte Suppe aus Brotkrumen, Essig, Öl, Tomaten, Zwiebeln, Knoblauch, Pfefferschoten, Gurken. Bei einem guten Gazpacho werden die kleingehackten Beigaben getrennt serviert. – Auch die *Sopa de ajo*, eine Brotsuppe mit Knoblauch, wahlweise auch Tomaten, Zwiebeln und Eiern, sollte man probieren. – In ganz Andalusien sind *Hühnerbrühen mit Minzblättern* beliebt. – Almería ist bekannt für seine *Pfeffersuppe*, Cádiz für seine *Knoblauchsuppe*, die mit Brotbrocken und hartgekochten Eiern garniert wird, gleich dem Gazpacho, doch heiß serviert. – Die mit Knoblauch gewürzte *Mandelsuppe* aus Málaga wird mit Weintrauben gereicht. – In Sevilla und Córdoba schätzt man die *Ochsenschwanzsuppe (sopa de rabo de buey)*. – Im Küstenbereich bietet man die *Fischsuppe (sopa de pescado)* und den *Fischeintopf (zarzuela de mariscos)* an, beide wegen ihrer Schmackhaftigkeit sehr zu empfehlen.

Fleischgerichte: Die *Schinken* aus Andalusien sind in ganz Spanien bekannt. Der Jabugo-Schinken aus der Keule des Hausschweins lagert einige Tage in Salz und wird anschließend an der Gebirgsluft getrocknet. Die aus Trevelez, dem höchstgelegenen Ort der Sierra Nevada, stammenden Schinken werden im Schnee gepöckelt und sind weltbekannt. – Zu empfehlen ist Hammel- *(carnero)* und Lammfleisch *(cordero)*. – *Olla potrida* ist ein Eintopfgericht aus Fleisch, Schinken und Gemüse. – Spezialitäten aus Jerez sind *Kaldaunen* (Kutteln) und *Kalbsnieren*. – Hähnchen ißt man mit Tomaten, Paprikaschoten und Reis. Hühnerfrikassee und mit Knoblauch gebratene Hähnchenstücke trifft man in ganz Andalusien häufig an.

Eierspeisen: Eier spielen in der andalusischen Küche eine große Rolle, als Spiegeleier à la flamenca mit Gemüsebeilage oder als Rühreier, die auch zusammen mit Räucherschinken, Krabben oder Gemüse serviert werden. Besonders sei die *Tortilla del Sacromonte* erwähnt, die mit Schinken, Wurstscheiben, Hirn, Bohnen, Spargel und anderen Gemüsesorten zubereitet wird.

Der Urtyp ist die *Tortilla de patatas*, das einfache Omelett mit frisch gebratenen Kartoffeln und Zwiebeln.

Käse: Außer dem fetten *Queso mancheco* und dem geräucherten *Queso allegoe* trifft man in Andalusien auch den *Cabrale* aus Asturien (ähnlich dem Roquefort) und den *Queso de Burgos* an, von dem es eine weiche und eine trockene Sorte gibt.

Meeresfrüchte: Zu den besten Fischen Andalusiens gehören Seezunge *(languado)*, Thunfisch *(atún)*, Heilbutt *(mero)* und Schellfisch *(merluza)*. Als Leckerbissen gilt geräucherter, in Scheiben geschnittener Schwertfisch *(pezespado)*. – Jungaale *(angulas)* werden in Öl gesotten, Tintenfische entweder paniert *(calamares fritos)* oder gegrillt *(calamares a la plancha)*. In vielen Bars bekommt man die Anchovis-Art der *Boquerones* gebraten angeboten. Begehrt sind auch Brandbrassen *(chopitos)* und Rotbarben *(salmonetes)*. Der *Polyp* gilt an der Bucht von Algeciras als Delikatesse. Unter freiem Himmel wird der Sardinenspieß *(chanquete frito)* gebraten. Empfehlenswert der gemischte Fischteller.

An Schalentieren Andalusiens seien die besonders prächtigen *Langusten* oder Garnelen *(gambas)* aus Sanlúcar, Málaga und Puerto de Santa María genannt. Die in ganz Spanien beliebte *Paella* steht auch häufig auf der andalusischen Speisekarte.

Süßspeisen: Sie gehören zu dem Erbe, das die Mauren der Küche Andalusiens hinterlassen haben. Überaus süß ist die *Torta de cielo* (Himmelstorte). Die *Torta de aceite* wird mit Olivenöl, Sesam und Anis zubereitet. Eigelb und Zucker befindet sich in der *Yema del tajo*. Eine Spezialität aus Motril ist die nach der Küstenstadt genannte *Tarta real*. *Polvorones* sind süße Brötchen, *Churros* fette Ölkringel. Unter *Turrón de Jijona* versteht man Nougat aus Honig und Mandeln, als *Cabello de ángel* (Engelshaar) eine Delikatesse aus den Fasern von Melone und Kürbis.

Tapas: Vor allem in den Vitrinen der Bars werden die Tapas angeboten, phantasievoll zusammengestellte, schmackhafte Gabelbissen, von denen man sich auf einem Andalusientramp allein ernähren könnte. Man belegt sie u. a. mit Ziegenkäse, kleinen Fischen, Gambas, Eiern, Fleischstücken, Schnecken, Oliven.

Weine: Sie spielen in Andalusien eine große Rolle, sei es Weiß- *(vino blanco)*, Rot- *(vino tinto)* oder Süßwein *(vino dulce)*. Den höchsten Rang der einheimischen Weine nehmen die von Jerez ein. Der ›vino de la costa‹ ist stark alkoholhaltig. Für die Blume des Málaga verwendet man nur alte Weinhefe. Wünscht man in Bars einen ›Billigen‹, so verlange man einen ›vino de terra‹, der immer herb und bekömmlich ist.

M. HISTORISCHE, KUNSTGESCHICHTLICHE UND KULTURELLE SPANISCHE FACHAUSDRÜCKE

Ajaraca: Rautenmuster an Bauten des maurischen oder Mudéjarstils

Ajimez: Zwillingsfenster mit Mittelsäule

Alcalde: Bürgermeister

Alcázar, Alcazaba: Maurische Zitadelle

Alfiz (Alfices): Rechteckiger Rahmen um Portale und Fenster

Aljibe: Zisterne

Artesonado: Ornamentierte Holzdecke

Asunción: Himmelfahrt

Ayuntamiento: Rathaus

Azulejo: Glasierte Kachel

Barrio: Stadtviertel

Callejón: Gäßchen

Camarín: Altarnische

Carretera: Landstraße

Cerro: Hügel

Churrigueresco: Spanisches Barock mit besonders üppigem Dekor

Claustro: Kreuzgang

Consejo: Ratsversammlung

Converso: Zum Christentum konvertierter Jude oder Moslem

Coro: Typische Choranlage inmitten des Längsschiffs der spanischen Kathedralen

Corregidor: Stadtrichter

Crucero: Vierung

Cueva: Höhle

Custodia: Sakramentshäuschen, Monstranz

Encarnación: Fleischwerdung

Enlacería: Architektur-Dekor mit spitzenartigem Muster

Escudo: Wappenschild

Hamam: Türkisches Bad

Hidalgo: Angehöriger des Kleinadels

Lazo: Reliefiertes oder intarsiertes Bandwerkmuster

Lonja: Börse

Medrese: Islamische Theologenschule

Mexuar: Gerichtssaal eines Palastes

Mihrab: Nach Mekka ausgerichtete Gebetsnische in Moscheen

Mimbar: Islamische Kanzel in Treppenform

Minar: = Minarett

Mirador: Aussichtspunkt, offener Turmaufsatz

Monasterio: Kloster

Morisco: Zum Christentum übergetretener Maure

Mozáraber: Unter maurischer Herrschaft lebender Christ

Mudéjar: Unter christlicher Herrschaft lebender Moslem

Mushrabije: Geschnitztes oder gekacheltes Liniensystem ohne Anfang und Ende; Sinnbild der Ewigkeit

Olambrilla: Kleine ornamentierte Fliese, welche die Musterlücken in Kachelböden ausfüllen

Parroquia: Pfarrkirche

Paso: Prozessionsfigur

Plateresco: Silberschmiedartige spanische Ornamentform zwischen Spätgotik und Renaissance

Predella: Unterteil des Altars

Pueblo: Ortschaft

Reja: Eisernes Ziergitter

Retablo: Mit der Chorwand verbundener Altaraufsatz

Romaría: Wallfahrt

Sagrario: Urspr. Sakramentshäuschen, später auch Pfarrkirche, in der die Sakramente gespendet werden

Sebka: Rautenmuster an Bauten des maurischen oder Mudéjarstils

Sillería: Chorgestühl

Soportale: Arkadengang

Torre de Roloy: Uhrturm

Torreón: Turm, Wachtturm

Trascoro: Rückwand des Coro

Tumba: Grabbau

Vega: Fruchtbare Ebene

Vela: Wache

Virgen: Jungfrau (= Maria)

Zocco: Markt

N. LITERATURHINWEISE

Ayala Cañada, P., Antología historico-artistica de la ciudad de Baeza, Jaén 1982. – Baedeker, Karl, Spanien und Portugal, Leipzig 1906. – Blanco Freijeiro, Antonia, Historia de Sevilla. La ciudad antigua. De la Prehistoria a los visigodos, Sevilla 1984. – Burckhardt, Titus, Die maurische Kultur in Spanien, München 1970. – Castejón, Rafael, Medina Azahara. Die Palaststadt der Kalifen von Córdoba, Léon 1977. – Cervantes Saavedra, Miguel de, Don Quijote, München 1980. – Colegio Oficial de Arquitectos de Madrid, Exposicion ›La Giralda‹, Madrid 1982. – Enríquez de Salamanca, Cayetano, Jaén, León 1981. – Fernández Gómez, Fernando, Catálogo del Museo Arqueológico de Sevilla, Sevilla 1980. – Galera Andreu, Pedro A., La Catedral de Jaén, León 1983. – García Barquero, Juan A., Costa del Sol, León 1980. – García Gómez, José Manuel, Huelva, León 1979. – Ders., Cadiz, León 1980. – García Lorca, Federico, Die dramatischen Dichtungen, Frankfurt 1972. – Ders., Dichtungen vom Cante Jondo, Frankfurt 1984. – Ders., Granada und andere Dichtungen, Zürich 1962. – Gautier, Théophile, Reise in Andalusien (Tra los montes-Voyage en Espagne 1843), München 1981. – Giménez Reyna, Simeón, Die Dolmen von Antequera, 1978. – Goldstadt-Reiseführer, Costa del Sol, Pforzheim 1976. – Grabar, Oleg, Die Alhambra, Köln 1981. – Guías de los Museos de España: Guia del Museo y Necrópolis romana de Carmona, Madrid 1969. – Guías provinciales de España: Malaga, Madrid 1982. – Guides Bleus: Spanien, Paris 1976. – Hamilton, Frank, Magia de Mijas, Fuengirola 1981. – Hoenerbach, Wilhelm, Islamische Geschichte Spaniens, Zürich und Stuttgart 1970. – Irving, Washington, Die Alhambra, Frankfurt 1980. – Jiménez, Juan R., Platero und ich, Frankfurt 1965. – Laffón, Rafael, Sevilla, Barcelona 1960. – León, Aurora, Museo de Bellas Artes de Sevilla, León 1977. – Lowe, Alfonso, Spaniens Süden, München 1972. – Maderiaga, Salvador de, Kolumbus, München 1966. – Manfredi Cano, Domingo, Cante y baile flamencos, León 1973. – Martín del Rey, B., Almería, León 1980. – Mata Carriazo, Juan de, La boda del Emperador. Notas para una historia del amor en el Alcázar de Sevilla, Sevilla 1959. – Merian: Andalusien, Hamburg 1977; Costa del Sol, Hamburg 1966. – Morison, Samuel Eliot, Das Leben des Christoph Columbus, Bremen 1948. – Morton, Henry V., Spanische Reise (A Stranger in Spain, London 1955), Berlin 1957. – Paez Carrascosa, José, Ronda, Madrid 1981. – Perez Bustamente, C., Síntesis de Historia de España, Madrid 1951. – Rodríguez, Manuel, La Catedral de Almería, Leon 1975. – Salcedo Hierro, Miguel, Cordoba, León 1983. – Segovia Azcarate, José Maria, El Monasterio de La Rabida, León 1983. – Sordo, Enrique, Granada, Barcelona 1964. – Stewart, Desmond, Alhambra, Wiesbaden 1975. – Vernet, Juan, Die spanisch-arabische Kultur in Orient und Okzident, Zürich und München 1984. – Villa-Real, Ricardo, Die Alhambra und der Generalife, Granada 1983.

P. ORTS- UND OBJEKTREGISTER

Wichtige Textstellen *kursiv*, Plan- und Objektnummern **Fettdruck**

Fotonachweis

Gunda Amberg: Gröbenzell: Farbfoto des Umschlags. – Bavaria-Verlag, Bild-agentur, Gauting: S. 25 (STR), 26 (Klaus Thiele), 79 (Georg Sturm). – Bildar-chiv Foto Marburg: S. 21, 23, 40. – Werner Neumeister, München: S. 13, 15, 16, 17, 28, 29, 32, 37, 39, 49, 52 (links und rechts), 53, 58, 61, 64, 66, 70, 71, 75, 96, 97 (links und rechts), 103, 106, 111, 113, 114, 116, 118, 123, 124, 126, 131, 135, 137, 139, 141 (rechts), 142, 147, 149, 154, 157, 162, 164, 169, 171, 174, 179, 180, 183, 185, 187, 189, 190, 192, 194, 195, 197, 198, 202, 204, 206, 209 (links und rechts), 210, 216 (links), 223, 225, 227, 230, 237, 239, 241, 243, 245. – Vom Autor stammen die Fotos auf S. 68, 85, 151, 213.

Eisenbahn
Provinzgrenzen

Portugal

Atlantischer Ozean

Llerena

S I E R R A M

Aracena
Almonaster **11**
14 S. Jerónimo
Medina Azahara
Almodóvar

Lora del Río
5 Villanueva
Cantillana
2 Itálica
Santiponce
Castilleja de la Cuesta **3** Carmona
Sanlúcar la Mayor **6**
Niebla
Lepe
Huelva **10**
Moguer **9**
Palos
Monasterio de la Rábida
Sevilla 1
Alcalá
7
Utrera
8 Morón
El Rocío
Coto de Doñana
12
Lebrija **8**
Sanlúcar de Barrameda
Jerez de la Frontera **34**
Puerto de Sta. María
Cádiz 33
Medina Sidonia
36
Arcos de la Frontera **35**
32 Ronda
Coín
San Pedro de Alcántara
Estepona
Marbella
Mijas
31
Costa del

Ecija
4
Aguilla
Osuna **7**
3 An
Río Guadalquivir
Río Genil
Río Guadalhorce

Cabo de Trafalgar
38
Algeciras
Gibraltar
37 Tarifa

Costa de la Luz

Río Tinto
Río Guadalquivir
Río Guadalete
E-25

0   50   100 km